KAJA ANDREA OTTO

Spiritual Feminist

KAJA ANDREA OTTO

SPIRITUAL FEMINIST

Warum es Zeit
ist für ein neues
weibliches Selbstbild,
Body Freedom und
Sisterhood

arkana

Penguin Random House Verlagsgruppe FSC® N001967

1. Auflage
Originalausgabe

in der Penguin Random House Verlagsgruppe GmbH,
Neumarkter Straße 28, 81673 München
Lektorat: Diane Zilliges
Umschlaggestaltung: ki 36 Editorial Design, München, Daniela Hofner
Umschlagmotive: Frau: © EnkaArt / shutterstock;
Pinselstriche-Illustration: © Daniela Hofner;
pinker Fond: © Ruth Botzenhardt
Satz: Satzwerk Huber, Germering
Druck und Bindung: CPI books GmbH, Leck
Printed in Germany
ISBN 978-3-442-34286-0
www.arkana-verlag.de

Besuchen Sie den Arkana Verlag im Netz

Inhalt

Einleitung

Direkt vorweg: In diesem Buch geht es nicht um Licht und Liebe im Feminismus. Sondern es geht um Fakten, historisch gewachsene Strukturen und um einen Feminismus, der unsere Spiritualität miteinbezieht. Denn Spiritualität, oder die Abwesenheit von ihr, prägt den Blick darauf, wie wir die Welt sehen und wahrnehmen. Sie prägt den Blick darauf, wie wir uns selbst wahrnehmen – als Menschen im Verhältnis zur Erde, als Frauen im Verhältnis zu anderen Menschen, zu anderen Frauen, zur Gesellschaft als solche. Spiritualität, ob als uralte erdverbundene oder als monotheistisch dominierende, bestimmt die Art und Weise, wie wir in die Welt gehen, wie wir mit uns und mit anderen umgehen. Dabei gibt es grundlegende Unterschiede zwischen erdverbundener Spiritualität und himmelsfokussierter Religion – auch und insbesondere für Frauen, ihre Rolle in der Gesellschaft und den Umgang mit ihnen.

Ich selbst habe für mich gemerkt, dass ich, solange ich Spiritualität als Aspekt des Feminismus ausblende, einen Teil meines

Selbst ausblende – denn ob es uns gefällt oder nicht, wir bestehen eben nicht nur aus Kopf mit Logik und Ratio und Verstand, sondern auch aus Herz und Seele. Solange wir Spiritualität und Feminismus getrennt denken, fallen wir auf das herein, was uns institutionalisierte Religion und der Staat spätestens seit der Gründung der katholischen Kirche glauben machen wollen: dass Staat und Kirche getrennt wären. Dass Gesellschaft und Glaube als zwei voneinander unabhängige Dinge betrachtet werden können. Doch dem ist nicht so, wie wir in diesem Buch gemeinsam herausfinden werden. Ohne die Macht und Wucht der Kirche wären viele der heutigen Staaten nie gegründet worden, würden viele der aktuellen Strukturen nicht bestehen. Wenn wir wirklich etwas verändern wollen – und als Frauen sollten wir alle ein Interesse daran haben –, dann ist es unerlässlich, den Aspekt der Spiritualität miteinzubeziehen.

Im ersten Teil dieses Buches unternehmen wir eine kurze Reise durch die Zeit – und nein, es ist kein Geschichtsbuch. Es geht darum, geschichtliche Narrative zu entdecken und ihre Entstehung zu verstehen, um Zusammenhänge im Hier und Jetzt besser erkennen und vor allem Strukturen besser transformieren zu können. Das Problem, das ich so oft beobachte, ist, dass wir eben nicht auf den Ursprung und die Wurzel schauen, sondern uns auf den aktuellen Zustand konzentrieren, den wir verändern wollen. Das ist, als ob wir bei einer überlaufenden Badewanne immer wieder das Wasser auf dem Boden wegwischen, anstatt herauszufinden, wo der Wasserhahn ist, und ihn zuzudrehen. Wir sind so mit der Gegenwart beschäftigt, dass wir uns oftmals nicht fragen: Wie konnte es so weit kommen? Denn irgendwie gehen wir davon aus, dass die Badewanne schon immer übergelaufen ist. Doch was wäre, wenn das nicht wahr ist? Wenn Frauen nicht immer schon »stutenbissig« waren? Wenn Frauen nicht immer die »Heimchen am Herd« gewesen sind? Wenn es eine Zeit gab, in der Männer und Frauen und alle anderen Gender gleichberechtigt miteinander existierten? So zeigt dieses Buch zum einen die Auswirkungen vom Sturz der Göttin und zum anderen die Konsequenzen der Entstehung des Patriarchats auf – und wie beides miteinander zusammenhängt, auch wenn diese Ereignisse oft getrennt gedacht werden.

Wir leben in bewegenden und transformierenden Zeiten. Manchmal können wir sogar das Gefühl haben, die Welt drehe sich schneller als je zuvor. Und dennoch müssen Frauen immer noch für das Recht auf ihren Körper streiten, zerreißen sich zwischen Kind und Karriere, verschwinden, je höher es die Karriereleiter hinaufgeht ... Doch woran liegt das? Und was ist eigentlich der Grund, warum Gleichberechtigung immer noch nicht zu Gleichbehandlung führt? Was haben wir Frauen selbst damit zu tun?

Die Antworten auf diese Fragen weben wir im zweiten Teil des Buches zu Erkenntnissen zusammen, die unsere Perspektive auf die Gegenwart verwandeln werden. Mein Leben hat es nachhaltig verändert, als ich herauszufinden begann, woher es kommt, dass sich Dinge und Verhaltensweisen so zeigen, wie sie es tun, anstatt mit dem Finger auf den jeweiligen Aspekt zu zeigen. Nur wenn wir wissen, woher wir kommen, können wir bestimmen, wohin wir wollen, und vor allem herausfinden, wie wir dort hinkommen. Jedes Navi kann uns nur lotsen, wenn es einen Startpunkt hat. Wir können die Welt nur nachhaltig und langfristig verändern, wenn wir Strukturen durchschauen und Ursachen erkennen, um unser Handeln dann aktiv neu auszurichten.

Eingewoben in diesen zweiten Teil sind bereits viele praktische Impulse. Der dritte Teil widmet sich dann ganz der

Ermächtigung und der praktischen Umsetzung. Hier beginnen wir gemeinsam, die Geschichte neu zu schreiben – und zwar mit weiblicher Feder. Dabei verwandeln wir den patriarchalen Glauben, der übrigens in jeder von uns steckt. Glaubst du nicht? Ging mir genauso, bis ich anfing, es zu durchschauen ... Klar ist, dass das, was vor dem Patriarchat existierte, und auch das, was ihm folgen wird, definitiv nicht das gedachte Gegenteil ist, sondern etwas gänzlich anderes. Und deswegen ist der dritte Teil gefüllt mit praktischen Übungen und alltagstauglichen Tools, die uns helfen, die alten Strukturen zu durchbrechen und aus den gläsernen Decken, an die wir bislang immer wieder stießen, gläserne Tanzböden zu machen.

Bei all dem war es mir wichtig, dass du diesem Buch auf mehreren Wegen und verschiedenen Ebenen begegnen kannst. Du kannst es einfach von vorn bis hinten durchlesen oder dir einzelne Kapitel anschauen, die dir gefallen. Du wirst Aha-Momente erleben und sicherlich auch Dinge herausfinden, die du noch nicht wusstest. Oder du kannst die eingestreuten Impulse als Anlass nehmen innezuhalten, dich auf die Gedanken und Emotionen, die hochkommen, einlassen und dieses Buch damit auch als ein aktives Transformationstool nutzen. Und wenn du noch einen Schritt weitergehen willst, dann nimmst du dir Zeit für die Aktionsimpulse und die Göttinnen-Inspirationen. Dann wird dich dieses Buch etwas länger als nur ein paar Tage begleiten und kann zu einem stetigen Impulsgeber werden. Wie auch immer du dich entscheidest: Am Ende wird die Welt nicht mehr die sein, die du kanntest, sondern viel mehr die, die sie ist. Der klare Blick erlaubt es dir dann auch, kraftvoll zu handeln.

Dieses Buch wurde von mir als einer weißen Cis-Frau in Deutschland geschrieben. Es ist wichtig, das zu erwähnen. Denn ich kann nur aus meiner Perspektive schreiben und würde mir nicht anmaßen, für andere zu sprechen. Somit ist mein Fokus in diesem Buch auch die Entwicklung in Europa – die dann allerdings einen massiven Einfluss auf die Entwicklung im Rest der Welt hatte. Deswegen geht es um europäische Spiritualität – es gibt schon genug »spirituelle Aneignung«. Mein Fokus liegt auf diesem Kontinent. Ich musste mich für einige Themen entscheiden, was bedeutet, ich musste mich gegen viele andere Themen entscheiden, ansonsten wäre dieses Buch sicherlich tausend Seiten lang geworden. Es geht um die grundlegenden Kategorien Struktur, Körper und Miteinander, während ich jeweils die Fragen aufgenommen habe, die mir immer wieder in meiner Arbeit mit Frauen gestellt wurden.

Ich habe mich dazu entschieden, in diesem Buch das Wörtchen »man« zu verwenden, da die etymologische Wortwurzel von »man« »Frau« ist. Mehr dazu im Kapitel »Der wahre Penisneid«. In diesem Buch richte ich mich vor allem an Frauen, denn das ist das Gender, welches zu Beginn des Patriarchats als Nicht-Mann geprägt wurde. Ich bin mir sehr bewusst darüber, dass diese Dualität nicht der aktuellen Lebenswelt vieler Menschen entspricht, doch vor dem historischen Hintergrund machen die Kategorien »Frau« und »Mann« im Hinblick auf die Darstellung der Umstände am meisten Sinn.

Am Anfang einiger Kapitel findest du Zitate, die für mich bedeutsam sind. Sie spiegeln in Kurzform genau das wider, was ich in dem jeweiligen Kapitel sagen möchte, oder beleuchten es auf eine andere prägnante Weise, die dich auf meine Worte einstimmt und ihnen einen zusätzlichen Blickwinkel verleiht.

Dieses Buch ist nicht perfekt – und allein der Anspruch wäre patriarchaler Bullshit. Es ist ein inspirierendes Angebot an dich und all die Menschen, denen im »klassischen« Feminismus etwas fehlt, die neugierig sind, mehr über die Zusammenhänge unserer heutigen Situation als Frauen und nicht-männliche Menschen zu erfahren, und die Lust haben, aktiv Teil einer Veränderung zu sein, für die uns unsere Enkelkinder danken werden.

In diesem Sinne

Die Entscheidung über Wirklichkeit

Ich dachte früher immer, dass es nur eine Wahrheit geben würde: die Wahrheit. Dann habe ich gemerkt, dass verschiedene Erwachsene verschiedene Wahrheiten hatten. Und vor allem wurde mir bewusst, dass wir alle in verschiedenen Wirklichkeiten leben. Ich werde dich jetzt nicht bitten, dich für eine Pille zu entscheiden und damit die ultimative Wirklichkeit zu erfahren, quasi Matrix-Style. Obwohl ich nichts dagegen hätte, neben Keanu Reeves zu sitzen, während ich dieses Buch schreibe. Meine Realität sieht jedoch anders aus. Wenn ich davon spreche, dass wir alle in verschiedenen Wirklichkeiten leben, meine ich nicht, dass wir in komplett unterschiedlichen Realitäten leben. Ich meine damit, dass die Realität unterschiedlich auf uns wirkt.

Nehmen wir einen Plausch unter vier Freundinnen in einem Café. Wenn man jede einzelne im Anschluss bittet, die vergangene Stunde wiederzugeben, so wird man mit vier verschiedenen

Geschichten konfrontiert. Die eine Frau berichtet über die Käse-Sahne-Torte, dass über Männer gesprochen wurde und wie gut es ihr tat, mal wieder mit den anderen zusammenzukommen. Sie wird einige Details der Unterhaltung wiedergeben und was sie darüber denkt. Die nächste wird sagen, dass der Tisch nicht richtig sauber war, ein schöner Tisch jedoch. Es war ziemlich laut in dem Café, und der Kaffee war auch nicht mehr richtig heiß. Tina hatte ihr pinkes Polyesterkleid an, das immer so raschelt, wenn sie neben einem sitzt. Es war eine angenehme Unterhaltung, irgendwas mit Männern, und sie haben viel gelacht. Wir könnten uns auch noch von den anderen zweien überraschen lassen, der Punkt aber ist, glaube ich, klar: Je nachdem, wie wir in die Welt schauen, so nehmen wir sie wahr. Dabei wird diese Wahrnehmung und die dadurch entstehende Wirklichkeit nicht nur durch den Moment geprägt, sondern durch alles, was wir in unserem Leben erfahren haben, und durch das, was uns mitgegeben wurde. So kann zum Beispiel eine epigenetische Prägung dafür sorgen, dass ich besonders sensibel auf bestimmte Reize reagiere, die anderen nichts ausmachen. Ebenso kann eine Erfahrung in meiner Kindheit dazu führen, dass ich immer mit Blick zur Tür sitzen muss und damit aber auch immer die Tür im Fokus habe und wenig anderes mitbekomme.

Dass jeder Mensch seine eigene Wirklichkeit hat, ist grundsätzlich erst mal nichts Schlimmes. Es kann durchaus bereichernd und lehrreich sein, wenn wir uns darauf einlassen. Kritisch wird es, wenn wir nur unsere Wahrheit und Wirklichkeit gelten lassen, weil sie die aktuell für uns einzig erfahrbare ist, und damit anderen Menschen andere Erfahrungen absprechen. Kritisch wird es, wenn es kollektive Narrative gibt, die vermeintliche Wirklichkeiten schaffen, denen wir nicht entsprechen und die uns suggerieren, dass unsere Wirklichkeit falsch oder mangelhaft ist. Kritisch wird es, wenn wir von unserer Wirklichkeit aus auf die Wirklichkeiten von anderen schließen. Denn was auf uns wirkt und in welcher Intensität, ist gebunden an die eigenen Erfahrungen. Das ist übrigens auch der Grund, warum es immer noch Frauen gibt, die Feminismus befremdlich finden: Ihre Wirklichkeit ist so anders als beispielsweise meine, dass die Notwendigkeit von Feminismus für sie nicht nachvollziehbar ist.

Doch wie finden wir zusammen? Indem wir erkennen, woher die Unterschiede wirklich kommen. Indem wir beginnen, uns die Mühe zu machen, weiter als bis zur eigenen Kaffeetasse zu gucken. Indem wir anerkennen, dass eigene Wirklichkeit und echte Realität nicht zwangsweise etwas miteinander zu tun haben. Indem wir beginnen, in Solidarität zu gehen. Und zu Solidarität gehört vor allem auch immer Mitgefühl.

Wie unsere Sicht der Welt entsteht

»Um unserer Zukunft willen müssen wir zu den
matriarchal-mystischen Quellen zurückkehren,
um von dort frisches Wasser des Lebens zu holen und
unseren Durst nach ganzheitlichem Leben zu stillen.«

JUTTA VOSS[1]

Geschichte – und genau das könnte ja auch ein Zugang zu unseren Quellen sein – war schon immer irgendwie schwierig für mich. Noch heute erinnere ich mich daran, wie schwer es mir damals in der Schule fiel, mir all die Daten und Fakten aus dem Unterricht zu merken. Meine Geschichtslehrerin – nennen wir sie Frau Hoffmann – hatte die Angewohnheit, eine Frage zu stellen, und wenn sich nicht sofort jemand meldete, schaute sie – wie mir schien, herablassend – auf ihre Uhr und dann in die Klasse ... Frau Hoffmann liebte die Ägypter. Mit dieser Lehrerin tauchten wir ein Jahr lang in die Welt der legendären Pharaonen ein – vielleicht waren es auch zwei. Frau Hoffmann selbst wurde auch eine Legende. Jedem, der jemals bei ihr Unterricht hatte, blieb sie im Gedächtnis.

Es gab noch einen anderen Geschichtslehrer – an dessen Namen kann ich mich aber nicht mehr erinnern. Ich weiß noch ungefähr, wie er aussah – ein spindeldürrer Typ mit Bart, der ob unserer Unwissenheit immer die Augen zusammenkniff. Ich glaube, wir haben mit ihm über das Dritte Reich gesprochen, es könnten aber auch die Griechen gewesen sein, denn ich weiß auch nicht mehr so richtig, in welcher Klasse ich ihn hatte. Auch meine ehemaligen Mitschülerinnen haben keine Details mehr zu ihm parat. Er spielt in unseren Erinnerungen eine flüchtige Nebenrolle.

So kam es, dass ich viel über die Ägypter wusste und wenig über andere geschichtliche Epochen. Denn: Die Geschichte wird von denen erzählt, die sie beherrschen. Und Frau Hoffmann beherrschte ihr Fach, die Zeit und uns.

An diesem kleinen Beispiel wird deutlich, wie sehr unsere Erinnerung von emotionalen Ereignissen geprägt wird. Und wie unsere Wahrnehmung der Welt von denen geprägt wird, die sie uns vermitteln.

Unsere Wirklichkeit wird von denen geprägt, die vor uns kommen. Ob durch orale Weitergabe oder schriftliche Zeugnisse, die sie hinterließen. Selten lesen wir im Nachhinein unser eigenes Tagebuch und denken, dass es zukunftsweisend sein könnte.

Oder blättern durch die Seiten und bekommen neue Einsichten. Im besten Fall taugt es für einen Diary Slam.

Frau Hoffmann schien mir ein echtes Pharaonen-Fan-Girl zu sein. Sie schwärmte von der kulturellen Überlegenheit, von der Kultiviertheit und der faszinierenden Architektur der alten Ägypter. Meine bescheidenden Fragen nach denjenigen, die diese riesigen Gebäude mitten in der Wüste erbaut hatten, wurden abgetan. Denn das Entscheidende sei, dass diese Gebäude existierten. Meine Frage nach dem Leben der einfachen Menschen wurde, so mein Eindruck, als unwichtig zur Seite gefegt, denn es ging ja schließlich um den Glanz und die Gloria der fantastischen Herrscher vom Nil. Meine Frage, woher die eigentlich kamen, waren sie doch alle vermeintlich hellhäutig, wurde einfach ignoriert. Ich lernte also: Geschichte nimmt man so hin, wie sie ist. (Mittlerweile habe ich Antworten auf meine Fragen gefunden – und viele davon sind in dieses Buch eingeflossen.)

Wenn es um Geschichte und die Deutungshoheit darüber geht, dann tun wir etwas, das sich für mich bis heute nicht erklärt: Wir nehmen Aufzeichnungen als Grundlage für eine vermeintliche Wahrheit. Und diese vermeintliche Wahrheit bildet dann die Grundlage für eine ebenso vermeintliche Weltansicht. Geschriebenes wird einfach so lange wiederholt, bis wir glauben, dass es wirklich das wiedergibt, was einst geschah. Uns wurde eine Version der Geschichte so oft erzählt, bis wir davon überzeugt waren, dass es die Wahrheit ist. Das Problem dabei ist jedoch, dass die Geschichte immer nur von denjenigen geschrieben wurde, die zum einen schreiben konnten und zum anderen auf der Seite der Gewinner standen. Wenn wir uns das klarmachen, bekommt das, was wir gemeinhin als allgemeingültige geschichtliche Wahrheit betrachten, einen ganz anderen Touch. Unsere

Ideen von der Vergangenheit beginnen zu bröckeln. Und wir können durch die entstehenden Spalte erkennen, dass es hinter der Mauer der geschriebenen Geschichte noch viel zu entdecken gibt. Eine Wahrheit, die tiefer geht als das, was unsere heutige Gesellschaft darstellt und nährt. Eine Perspektive auf die Welt, die vieles von dem, was wir gemeinhin als gegeben hinnehmen, infrage stellt. Es sind die Geschichten der Menschen, die unterlegen waren, unterdrückt wurden und als unwichtig angesehen wurden. Und damit sind es auch ganz maßgeblich die Geschichten und Wahrheiten von Frauen. Genau die werden wir uns in diesem Buch genauer anschauen.

Wer schrieb das kollektive Tagebuch?

Auch wenn die Menschheitsgeschichte schon Zehntausende von Jahren geht, so ist die geschichtliche Zeit als die, die schriftlich dokumentiert wurde, nur etwa fünftausend Jahre alt. Und es ist die Zeit, in der »der Krieg in die Welt kommt«, wie die Psychologin und Matriarchatsforscherin Doris Wolf[2] es beschreibt. Es begann mit den osteuropäischen Horden, die friedliche Gebiete überfielen. Das war im 5. Jahrtausend vor unserer Zeitrechnung. Im 4. Jahrtausend wurde Kriege dann zum Zweck strategischer Landeroberungen und zur Erhaltung von bis dahin schon zementierter Macht genutzt. Mit der Veränderung der gesellschaftlichen Strukturen und der Machtübernahme der Männer begann auch die strategische Abwertung der Frauen, um deren vormalige gesellschaftliche Position zu schwächen. Dies ging einher mit Enteignung und Entmachtung und legte den Grundstein für die bis heute existierende Unterdrückung der Frauen. Es war die Zeit des ewigen Fortschritts im Waffenbau. Es war die Zeit des Patriarchats, das sich über die Welt ausbreitete. Noch heute befinden wir uns in dieser Zeit. Die norwegische Akademie der Wissenschaften hat im Jahr 2008 errechnet, dass seit dem Jahr 3600 vor unserer Zeitrechnung bis zum Jahr 2008 insgesamt 15 513 Kriege stattgefunden haben. Dabei gab es 3,64 Milliarden Tote. Nur 292 dieser rund 5600 Jahre, also etwas über 5 Prozent, waren ohne Krieg.[3] Krieg bedeutet immer Unterwerfung und Erzwingung. Und es bedeutet eben auch, dass der Gewinner seine Version der Geschichte erzählen darf. Die Unterworfenen, Besiegten oder Eroberten werden getötet, versklavt oder ausgebeutet. Sie werden nicht gehört, und ihre Sicht der Dinge wird nicht als relevanter Teil der Geschichte dokumentiert.

Es war schon immer so, dass unsere Sicht der Welt durch die Geschichten geprägt wird, die uns erzählt werden. Denn sie sorgen dafür, wie wir Situationen einordnen, Strukturen begreifen und vor allem auch uns selbst in der Welt verorten. Wurden zu Beginn der Menschheit Erzählungen oral weitergegeben, wurde irgendwann schriftlichen Dokumentationen mehr Wert beigemessen – zudem haben sie länger Bestand. Nun ist es wichtig zu erinnern, dass orale Erzählungen durchaus demokratisch waren, denn jede und jeder konnte erzählen und weitererzählen. Interessant ist, dass heutzutage den oralen Traditionen eine gewisse Objektivität abgesprochen wird, da ja quasi jeder sie verändern konnte. Und da wird es spannend, denn: Auch die schriftliche Aufzeichnung ist subjektiv. Es ist die Wahrnehmung desjenigen – und ja, lange Zeit waren es ausschließlich Männer, die zu diesem Vergnügen kamen –, der zu einer bestimmten Zeit an einem bestimmten Ort sein Erleben schildert. Oftmals nicht aus der reinen Freude heraus, sondern im Auftrag eines Feldherrn oder

Herrschers, der diesen Schreibenden bezahlte oder dafür leben ließ – so viel zur vermeintlichen Objektivität. Verlierer hatten keine Chance, ihre Version zu überliefern. Es waren die Gewinner, die Eroberer, die Kolonialisierer, die Unterwerfenden, die ihre Version der Ereignisse festhielten. Und ihre Dokumente mussten selbstverständlich immer ihre Überlegenheit darstellen und die andere Seite als unzivilisiert, unwissend oder ungläubig darstellen – man erwies der Menschheit quasi einen Dienst, indem man sie dezimierte. Zudem musste der Spitzenmann in den Fokus gestellt werden. Von wahrer Objektivität blieb da relativ wenig übrig. Geschichtenschreiber waren quasi die Tagebuchschreiber für ihre Herren und weniger objektive Beobachter einer historischen Situation. Frauen spielten in all dem eine untergeordnete oder schmückende Rolle. Oder sie kamen gar nicht in der Geschichtsschreibung vor, weil sie nicht am Kampfgeschehen beteiligt waren. Wenn sie es waren, wurden sie nicht unbedingt erwähnt, wäre es doch eine Schmach für die Herren gewesen, gegen eine Frau zu kämpfen.

Ein Beispiel für »alternative Geschichtserzählung« sind die als Codex Florentinus bekannten Schriften »Historia General de las Cosas de Nueva España« – die »Allgemeine Geschichte der Dinge von Neuspanien«. Diese Schriften sind eine der wichtigsten Quellen für die Geschichte Mexikos vor und nach dem Kontakt mit den spanischen Eroberern. Der Codex ist ein ethnografisches und historisches Dokument über die Menschen und die Kultur Mesoamerikas, insbesondere der Azteken. Er ist das einzige Zeitzeugnis, das in Zusammenarbeit mit denjenigen entstand, die »erobert« wurden. Wurde klassischerweise davon berichtet, wie glorreich der Eroberungszug der »Neuen Welt« war und wie die zivilisierten Spanier die »unzivilisierten« Einheimischen unterwarfen, so ist in diesem Werk die Perspektive der Azteken auf die Welt und auf die Ereignisse festgehalten. Das Buch, das heute in einem Museum in Florenz ausgestellt wird, ist wahrlich beeindruckend. Es enthält farbenfrohe und detaillierte Illustrationen, die von einheimischen Künstlern angefertigt wurden. Dazu gibt es auf der linken Seite Erläuterungen in Spanisch. Und auf der rechten Seite die Übersetzung in Náhuatl, der Sprache der Azteken.

Der Missionar Bruder Bernardino de Sahagún setzte sich für dieses Werk mit den Azteken selbst zusammen und befragte sie zu ihrer Sicht auf die Welt. Dazu muss gesagt werden, dass der ursprüngliche Gedanke seiner Arbeit war, die Azteken zu missionieren. Er glaubte, je besser er ihre Religion verstehen würde, desto besser könnte er sie von der Anbetung »falscher Gottheiten« bekehren. In der Arbeit, so scheint es, ist Bernardino de Sahagún jedoch zu Respekt für die Lebensweise des Náhua-Volkes gelangt, und in ihm wuchs die Idee, durch die Aufzeichnung Teile ihrer Kultur zu erhalten.

Der endgültige Codex enthält Informationen über die aztekische Mythologie, die Religion und den Kalender, die Wirtschaft und das soziale Leben, die Tier- und Pflanzenwelt der Region und die Erfahrungen der Einheimischen mit der Eroberung. Das Buch XII des Codex mit dem Titel »Die Eroberung Mexikos« erzählt von der spanischen Invasion, die zwischen 1519, als Cortés mit etwas mehr als einhundert Männern und ein paar Pferden an der Küste landete, und 1521, als Tenochtitlán eingenommen und die Azteken unterworfen wurden, stattfand. Dabei ist das Besondere, dass in diesem Fall die Geschichte aus der Perspektive von indigenen Ältesten erzählt wird. Bernardino de Sahagún sammelte deren Berichte um 1553 bis 1555. Die Náhuatl-Erzählung beginnt mit einer Beschwörung der »Zeichen und Omen«, die vor der

Ankunft der Spanier erschienen sein sollen, und endet mit der Kapitulation von Tenochtitlán im Anschluss an eine achtzigtägige Belagerung. Dadurch, dass er sich auf Zeitzeugen und damit primäre Berichte stützte, hat Bernardino de Sahagún die Emotionen der Azteken und das Trauma, das auf ihre Niederlage gegen die Spanier folgte, eingefangen. Ebenso deutlich wird über die Rücksichtslosigkeit der spanischen Soldaten, insbesondere von Hernán Cortés, gesprochen.

Interessant dabei ist, dass der spanische Text keine strenge, wörtliche Übersetzung des Náhuatl-Textes ist, sondern in einigen Fällen eine Annäherung oder auch eine Zusammenfassung. Aus diesem Grund kommt es zu merkbaren Unterschieden zwischen den beiden Textsätzen. Diese Abweichungen sind keineswegs willkürlich. Durch sie werden einige der europäischen Vorurteile sichtbar. Deutlich wird dies an einem Beispiel: So beschreibt der Náhuatl-Text die Taktik der Náhua-Kriegsführung und den gescheiterten spanischen Versuch, ein Katapult zu benutzen. Die Beschreibung nimmt zwei ganzseitige Spalten ein. Die spanische Übersetzung hingegen besteht nur aus zwei Zeilen.[4] Denn auch Bernardino de Sahagún war nicht ganz frei in seinem Wirken. Und so ließ er die für die spanische Übersetzung reservierte Spalte weitgehend leer. Es wird vermutet, dass er die Misserfolge der spanischen Streitkräfte nicht in allen Einzelheiten übersetzen wollte. Für die Náhuatl hingegen hatten diese große Bedeutung.

Ähnliche Diskrepanzen zeigen sich an vielen weiteren Stellen im Buch XII. Die Einzigartigkeit dieses Zeitdokuments ist dabei, dass die klassische spanische Erzählweise die allgemeine westliche, christliche, patriarchale Weltsicht der Eroberung und Zivilisierung der »Wilden« zeigt und von der erfolgreichen Unterwerfung der unzivilisierten Stämme spricht. Die aztekische Version hingegen spricht über den Verlust, über die Entweihung und den Schmerz derjenigen, die am Ende den Kampf verloren, und über die absolute Brutalität, mit der die Spanier vorgingen. Es ist wahrlich ein einzigartiges Zeitzeugnis, das uns zeigt, wie relativ Geschichtsschreibung wirklich ist. Und wie relativ die Dokumente sind, mithilfe derer wir Geschichte lernen.

Als ich das erste Mal auf dieses Buch gestoßen bin, habe ich körperlich gespürt, wie es etwas in mir auslöst. Auf einmal entstand Raum für eine alternative Wahrheit. Ich hatte quasi den Beweis vor Augen. All das, was wir in den klassischen, seit Langem aufbewahrten und aufgebahrten Dokumenten lesen, entspricht nur einem Teil der Wahrheit. Das Buch bestätigte meine persönliche These der absoluten Subjektivität im Hinblick auf Geschichtserzählung. Und es bewies, dass all die Menschen, die nie wirklich im historischen Mainstream Platz hatten, auch etwas zu erzählen haben. Ob es die Azteken betraf oder die Frauen aller nur denkbaren Kulturen und Zeiten nach Entstehung des Patriarchats. Was für mich das Entscheidende war: Ich hatte erfasst, dass sich gesellschaftliche Gegebenheiten auf Fakten stützen, die eben keine sind. Und dass die Welt eigentlich ganz anders sein könnte, wenn wir uns daran erinnern würden.

Für mich wurde dies ganz unmittelbar auch in den Erzählungen über Karl den Großen greifbar. Lange wurde er als Vater Europas und Visionär gefeiert. Bis zu dem Moment, wo Fragen aufkamen und damit auch die Seite des brutalen Eroberers, der durch einen Deal mit dem Papst zum Kaiser wurde und dafür die heidnischen Stämme christianisierte, sichtbar wurde. Ich selbst bin im Teutoburger Wald aufgewachsen, einem der Schauplätze dieser brutalen Kämpfe. Karl der Große vergrößerte sein Reich mit militärischer Gewalt. Damit er die Unterstützung der

Kirche bekommen und dadurch Kaiser werden konnte, musste dieses Reich christlich sein. Doch nicht jeder war von dieser Idee begeistert. Besonders die sogenannten Waldvölker und die Sachsen leisteten erbitterten Widerstand. Eine der ersten Handlungen von Karl war daher, eines ihrer wichtigsten Heiligtümer, die Irminsul, einen gewaltigen Baum in einem heiligen Hain, eigenhändig zu zerstören. Denn Karl – der zukünftige christliche Kaiser – wollte die Sachsen nicht nur eingliedern, er wollte ihren heidnischen Glauben verschwinden lassen.

Die Sachsen wehrten sich mit aller Kraft – es kam zum ersten dreißigjährigen Krieg auf deutschem Boden. In der Zeit war Widukind der direkte Gegenpart zu Karl – ein von den Stämmen gewählter Anführer. Er brachte sie zu einem gemeinsamen großen Aufstand zusammen und fügte Karl eine empfindliche Schlappe zu. Doch dieser schlug wenig später zurück. Bei dem Massaker in Verden an der Aller sollen an einem Tag über viertausend Sachsen getötet und enthauptet worden sein. Angeblich ließ sich Widukind daraufhin freiwillig taufen, und Karl war sein Taufpate. Die alternative Geschichte lautet: Widukind konnte das Leiden nicht mehr mit ansehen und ließ sich auf einen Deal mit Karl ein. Er würde sich taufen lassen, Karl würde seine Leute dafür leben lassen. Das Ganze ging nur nicht auf, denn Widukind wurde getauft und wahrscheinlich in ein Kloster verfrachtet, wo er schlussendlich starb. Die Sachsen wurden weiter unterworfen und missioniert.

War Karl der Große nun der Vater Europas? So wie Hernán Cortés später als Eroberer Amerikas galt? Oder war er ein berechnender, brutaler und sadistischer Mann, der die Kirche strategisch nutzte? Was man übrigens auch über Cortés sagen könnte ... Auch hier wäre es interessant zu wissen, was die zu erzählen gehabt hätten, die eben nicht Teil der offiziellen Geschichte sind. Die Sachsen, die Waldvölker, die Frauen, die Unterlegenen, diejenigen, die zwischen die Fronten gerieten ... Was wäre, wenn es auch hier eine weitere Version der vermeintlich realen Geschichte gäbe?

Was also wäre, wenn das, was über die Jahrtausende auf der Erde wirklich passiert ist, eine zweite Fassung hätte? Nicht nur im Hinblick auf Karl den Großen und Bruder Bernardino de Sahagún, sondern auch für unser Thema. Denn was wäre, wenn auch die Nichtexistenz beziehungsweise die sehr eingeschränkte Existenz von Frauen in der Geschichte mit dem Blickwinkel derjenigen, die sie dokumentierten, zu tun hätte? Was wäre, wenn es eine Wahrheit geben würde, die lange nicht mehr ausgesprochen wurde und die dazu führen würde, dass wir uns und die Welt auf einmal anders sehen?

Dann wäre es denjenigen, die von der aktuellen Version der Geschichte profitieren, wichtig, alles daranzusetzen, dass diese andere Wahrheit nicht ans Licht kommt. Denn würden wir als Frauen beginnen, tiefer in vermeintliche Gegebenheiten einzutauchen, Sprache und Fakten zu hinterfragen, dann könnten wir ja beschließen, aus diesem ganzen Spiel auszusteigen. Dann würden wir nämlich erkennen, dass wir eigentlich ganz anders sind, als uns die Geschichte und das männliche Narrativ beschreiben. Dann könnten wir uns wirklich ermächtigen.

Eine der Vorreiterinnen, die sich für mehr Aufmerksamkeit auf Frauen in der Geschichte einsetzten, war Gerda Lerner, unter anderem Gründerin des Studienfachs »Women's History« – Frauengeschichte. Ihr Antrieb war der Ärger über die Diskrepanz zwischen Geschichte – also dem, was im Verlauf der Vergangenheit tatsächlich geschehen ist – und der Geschichtswissenschaft, das heißt dem, was von bestimmten, meist weißen, christlichen Männern für wesentlich befunden wurde. Denn damit entschieden diese auch, was für die Nachwelt festgehalten und später aussortiert oder weitergetragen wurde. Lerner sagte: »Frauen stellen die Hälfte der Menschheit dar, sie haben immer mehr als die Hälfte der gesellschaftlichen Arbeiten und Pflichten erfüllt und haben in der Geschichte eine aktive und bestimmende Rolle gespielt. Und dennoch erscheinen sie in der aufgezeichneten Geschichte als Randständige, die zur Entwicklung der Menschheit lediglich ›marginale‹ Beiträge geleistet haben. Es handelt sich hier um ein großes Vergessen der Hälfte der Menschheit seitens der männlichen Geschichtsschreiber, das darauf beruht, dass patriarchale Werte die Geschichtsschreibung bestimmen und ordnen, das heißt, dass die Aktivitäten der Männer von vornherein als bedeutsamer und wichtiger gelten als die Aktivitäten der Frauen.«[5]

Gerda Lerners Ziel war es nie, die noch unbeschriebenen Seiten der patriarchal definierten Geschichte zu beschreiben. Ihr ging es immer darum, eine gleichberechtigte weibliche Perspektive in die Geschichtswissenschaften einzubringen. Denn: Erst wenn sich Geschichte zu gleichen Teilen mit Frauen wie mit Männern beschäftigt, kann sie den Anspruch geltend machen, universale Geschichte genannt zu werden. Das bedeutet auch: Erst wenn der Anteil der Frauen am Gesellschaftlichen deutlich wird, erst wenn er erfasst und anerkannt wird, beginnt er, Teil des kollektiven Bewusstseins zu werden.

Damit dies geschieht, muss erst mal deutlich werden, dass die meisten Anthropologen und Geschichtswissenschaftler weiße, heterosexuelle Männer waren, die mit einer bestimmten Perspektive auf die entdeckten Tatsachen und Dokumente blickten. Wenn ich von vornherein eine bestimmte Brille aufhabe (und davon unter Umständen nicht einmal etwas weiß), bin ich nicht in der Lage, alternative Sichtweisen wahrzunehmen. Wenn meine eigenen Gedankenmuster patriarchale sind, dann werde ich mit diesen Gedankenmustern auf das blicken, was vor mir ist. Damit basieren meine Erkenntnisse auf diesen Gedankenmustern und dieser Logik und blenden andere Realitäten aus. Es gibt genügend Beispiele, in denen indigene Kulturen durch die westliche, christliche Brille eben nicht verstanden werden konnten und dann als »unzivilisiert« und »unkultiviert« oder »barbarisch« abgetan wurden. Denn die Weltsicht, auf die man traf, lag jenseits des eigenen Ermessens. Auch deswegen ist es so wichtig, dass es mehr Frauen und nicht-binäre Menschen gibt, die durch ihre Brille auf Geschichte und Gesellschaft gucken. Denn wenn es nur diejenigen tun, die vom aktuellen System profitieren, dann wird sich die Erzählung der Geschichte nicht verändern, sondern es werden vorhandene Muster vorausgesetzt und wiederholt.

Es gibt diese wunderbare Aussage: »Alle Zitate, die mit ›Anonym‹ gezeichnet sind, kommen im Ursprung von einer Frau.« Fangen wir also an, Frauen den Platz einzuräumen, den sie verdienen. Indem wir uns auf sie beziehen, sie zitieren, sie anerkennen. Und vor allem: sie sichtbar machen. Denn was wir sehen, wird Teil unserer Wirklichkeit.

Geschlechterquoten und Vorstellungsvermögen

»Nur wenn Frauen (wieder) im Zentrum stehen und alle politischen Entscheidungen von weiblichen Lebenszusammenhängen bestimmt werden, kann die Zukunft der Menschheit am Leben orientiert sein statt an Gewalt, Macht und Krieg.«

GERDA WEILER[6]

Bevor wir zur Wurzel der weiblichen Wirklichkeit herabsteigen, lohnt es sich, einen Blick auf die aktuellen Gegebenheiten zu werfen. Nur wenn wir uns im Klaren darüber sind, wo wir uns aktuell befinden, können wir die Spuren dahin zurückverfolgen, woher wir gekommen sind, und einen neuen Pfad für die Zukunft schaffen. Einen Pfad, der einem neuen Schrittmuster folgt. Einen Pfad, der uns Freiheit, Frieden und Fülle für alle bringt. Einen Pfad, auf dem sich Feminismus und Spiritualität so vereinen, dass er wirklich kraftvoll wird.

Betrachten wir die aktuelle Diskussion um Geschlechterquoten, sehen wir, dass sie oft im Kontext von Leistung und »Wer wirklich will, der kann es auch schaffen« geführt wird. Was wir jedoch außer Acht lassen, ist die Macht des »ersten Mals«, die Kraft einer neuen Realität, die mit der Quote erreicht wird. Meiner Meinung nach übrigens der wahre Grund, warum die Gegner erbittert gegen die Quote kämpfen. Denn die Quote schafft neue Realitäten, und das macht vielen aktuellen Machtinhabern Angst.

Geschlechterquoten sind wichtig, damit Frauen in Positionen kommen, in denen wir sie uns nicht vorstellen können. Und zwar können wir sie uns deswegen »dort oben« nicht vorstellen, weil wir so lange gehirngewaschen wurden, dass es undenkbar erscheint. Geschlechterquoten sind wichtig, damit wir eine Realität schaffen, die neue Pfade öffnet. Geschlechterquoten sind also eine Möglichkeit, die sehr weiße, männliche, heterosexuelle, christliche Perspektive auf die Welt aufzubrechen und ein neues Narrativ zu etablieren (selbst wenn zuweilen Frauen von ihr profitieren, die nicht unbedingt feministische Werte vertreten oder eine bewusst gelebte Weiblichkeit verkörpern).

Besonders deutlich wird das für mich an einem Artikel, der in der Zeitung »Die Zeit« erschien. Dort fragte ein Kind seine Eltern ungläubig: »Kann auch ein Mann Kanzlerin sein?« Dieses Beispiel zeigt, wie schnell sich unsere kollektiven Realitäten verändern können – positiv wie negativ, progressiv wie repressiv. Und deswegen sind Geschlechterquoten so ein machtvolles und wirksames Instrument – denn sie verändern unsere Wahrnehmung. Und wenn sich unsere Wahrnehmung verändert, dann verändert sich unsere Wahrheit und damit die Realität. Wenn wir sehen und erleben, dass Frauen auch Vorstand, Chefin & Co. sein können, dann verändert das etwas in uns. Die Idee davon, dass Frauen »das eben nicht können«, verschwindet. Das passiert allerdings immer erst dann, wenn wir es erlebt haben. Dann beginnen wir, auch unsere Welt anders zu sehen und anders davon zu erzählen.

Es ist ein wenig wie in der Geschichte vom schwarzen Schwan – ein Begriff, der von Nassim Nicholas Taleb geprägt wurde. Bis ins 17. Jahrhundert waren insbesondere die Europäer davon überzeugt, dass alle Schwäne weiß sind. Doch dann wurde Australien entdeckt und mit ihm der erste schwarze Schwan. Dieser Moment war historisch so bedeutsam, weil sich Annahmen, die Hunderte von Jahren alt waren, mit einem Schlag als fehlerhaft oder zumindest eines Überdenkens wert entpuppten. Der Begriff »Black Swan« hat sich im Englischen seitdem als

Metapher für ein extrem unwahrscheinliches Ereignis durchgesetzt. Nassim Nicholas Taleb zeigt in seinem Bestseller, dass es auch heutzutage mehr schwarze Schwäne gibt, als man gemeinhin denkt. Denn: Extrem unwahrscheinliche Ereignisse sind gar nicht so selten. Und was noch gravierender ist: Ihre gewaltigen Folgen werden systematisch unterschätzt.

Der Kampf gegen die Frauenquote ist wie ein Kampf gegen die potenzielle Existenz der schwarzen Schwäne, von denen man befürchtet, sie könnten sich breitmachen und damit das ganze System erschüttern. Damit prägen die schwarzen Schwäne bereits jetzt unser Leben, auch wenn wir sie noch nie gesehen haben. Genau darin liegt das Problem. Wir verknüpfen viel zu arglos vermeintliche Fakten zu einem für uns stimmigen Bild. Wir nehmen dabei die Vergangenheit nur allzu gern als Modell für die Zukunft. Dadurch schaffen wir uns eine Welt, die eben nicht der Realität entspricht, sondern dem erwünschten Abziehbild. Und aktuell ist es eben noch viel zu oft ein patriarchal, christlich, hierarchisch und kapitalistisch geprägtes Bild, das kreiert wird. Es ist eines, in dem Frauen bitte in der ihnen zugedachten Rolle bleiben sollen, mit den ihnen zugeschriebenen Eigenschaften. In dem sie bitte keine Erschütterung ins System bringen.

Ich bin der Meinung, dass jede Einzelne von uns zum schwarzen Schwan werden sollte. Zu einem unberechenbaren Ereignis. Zu einer unbestimmbaren Kraft. Zu dem, was sie wirklich ist, denn: Die Zukunft ist feminin, sie ist chaotisch, überraschend und unberechenbar.

Wieso wir immer im gleichen Loop hängen bleiben

»Was wir heute tun, entscheidet darüber, wie die Welt morgen aussieht.«
Marie von Ebner-Eschenbach

Bevor wir jedoch an diesen Punkt der absoluten Freiheit und Selbstdefinition einer jeden Frau und eines jeden nicht-binären Menschen kommen, müssen wir noch einen Moment innehalten und uns fragen: Warum hängen wir eigentlich immer wieder in den gleichen Loops fest? Warum finden wir uns immer wieder in den gleichen Szenarien? Und woran liegt es, dass wir uns immer neu in Verhaltensmustern ertappen, die wir eigentlich ablegen wollen?

Die kurze Antwort darauf lautet: weil uns die dazu passenden Erzählungen über vermeintliche Weiblichkeit in Knochen und Blut übergegangen sind. Wissenschaftlich heißt das Schlagwort Epigenetik, psychologisch passen die Begriffe »ererbtes Trauma« und »weitergegebene Realität«, und spirituell kann man von notwendiger Ahnenarbeit sprechen. Diesem Thema habe ich mich in meinem ersten Buch *Du bist die Antwort auf deine Fragen* eingehend gewidmet – selbstverständlich mit direkt umsetzbaren Übungen und Ritualen zur Änderung der einschränkenden ahnengeprägten Verhaltens- und Denkmuster.

Durch das angesprochene Ereignis des schwarzen Schwans verändern sich eingefahrene Verhaltensweisen und immer wiederkehrende Ereignisse, denn ihnen wird im Zweifel die ideologische Existenzgrundlage entzogen. Ohne den schwarzen Schwan oder andere disruptive Ereignisse tendieren wir jedoch dazu, in einem endlos wiederkehrenden Kreislauf zu bleiben. Denn: Der Mensch ist ein Gewohnheitstier – auch bei gesellschaftlichen Themen. Was wir kennen, erscheint uns überschaubar und verständlich, was sich ändert, kann uns Angst machen – und die kann stärker wirken als die Aussicht auf Freiheit. Das führt dazu, dass wir die erlernten Muster fortführen, auch wenn sie uns nicht mehr wirklich entsprechen; dass wir auf Bekanntes zurückfallen, auch wenn es uns nicht mehr wirklich dient. Und es kann dazu führen, dass wir uns mit weniger zufriedengeben, als uns zustehen würde.

Schauen wir auf die aktuelle Situation in Deutschland. Laut Gesetz herrscht Gleichberechtigung. Glückwunsch, alles erreicht! Zumindest theoretisch, denn das 1957 in der Bundesrepublik Deutschland erlassene Gleichberechtigungsgesetz, das den Auftrag des Grundgesetzes nach Artikel 3, Absatz 2, »Männer und Frauen sind gleichberechtigt«, im einfachgesetzlichen Bundesrecht konkret umsetzen sollte, brauchte lange, bis es wirklich in allen gesellschaftlichen Bereichen wirksam war. Man könnte fast sagen, es ist immer noch nicht in alle gesellschaftlichen Bereiche vorgedrungen. Doch es existiert auf dem Papier und hat viel Gutes bewirkt. Das Gesetz hat dafür gesorgt, dass Frauen ihr eigenes Vermögen haben und selbst verwalten dürfen, dass die väterlichen Vorrechte bei der Kindererziehung beseitigt werden, und seit 1977 gilt das Partnerschaftsprinzip, nach dem es keine gesetzlich vorgeschriebene Aufgabenteilung in der Ehe mehr gibt.

Doch wir alle wissen, dass das geschriebene Wort noch keine umgesetzte Tat ist. Manchmal erinnert es mich an die zahlreichen Gutscheine, die Mütter von ihren Kindern zum Geburtstag bekommen – fürs Treppeputzen, Spülmaschine-Einräumen und andere Tätigkeiten, die wir immer noch auf Frauen abschieben (von wegen Partnerschaftsprinzip). Es sind Gutscheine, die schlussendlich nie eingelöst werden. Der Wille ist da, die Idee ist toll, doch an der Umsetzung hapert es. Die Idee und Verschriftlichung der Gleichberechtigung ist toll, an der Umsetzung der Gleichbehandlung hapert es jedoch noch deutlich ... Wo war denn noch mal der Gutschein, wenn man ihn einlösen will? Oh, es gab ein Ablaufdatum?

Warum aber fällt es uns so schwer, die simple Idee der Gleichberechtigung auch in die simple Aktion der Gleichbehandlung umzusetzen? Tja, der Idee stehen eben die gegenüber, die Angst haben, dass ihnen etwas vom Kuchen weggenommen werden könnte. Diejenigen, die ihre Privilegien abgeben müssten, die im Zweifel zum ersten Mal nachweisen müssten, dass sie Leistung und nicht uralter Anspruch auf eine Position gebracht hat. Diejenigen, die schlichtweg von der Ungleichbehandlung profitieren.

Dieser über Jahrtausende hinweg tief verankerte Anspruch der Männer darauf, Recht, Vorzug und Anspruch zu haben, wird ebenso wenig einfach davondiskutiert wie das über Jahrtausende hinweg verankerte Verhalten von Frauen, Rücksicht zu nehmen, gemocht werden zu wollen und Anpassungsfähigkeit an den Tag zu legen.

Doch was wäre, wenn der Anspruch der Männer ebenso gemacht wäre wie das Verhalten der Frauen? Was wäre, wenn das, von dem wir denken, dass Frauen so sind, gar nicht stimmte? Was wäre, wenn es uns einfach immer wieder eingeredet worden wäre? Wenn es aus der Not heraus geborene Verhaltensweisen wären, die sich so tief in unser epigenetisches Gedächtnis gebrannt haben, dass sie noch heute getriggert werden?

Was wäre, wenn wir Frauen uns aus diesem kollektiven Korsett befreien und anfangen würden, unseren eigentlichen Raum wieder einzunehmen? Wenn wir die Rechte, Vorzüge und Ansprüche der Männer als das erkennen, was sie sind: eine Idee, die sich nur durchgesetzt hat, weil sie lang genug wiederholt wurde?

Bevor wir so richtig einsteigen, ist mir eines wichtig: Ich finde Männer grundsätzlich ganz wunderbar. Und ich glaube aus vollem Herzen daran, dass Männer auch davon profitieren, wenn wir Frauen das Patriarchat und die damit verbundenen Verhaltensweisen und Strukturen zu Fall bringen. Denn es befreit auch sie von ausgedienten Rollenmustern und Verhaltensgeboten. Fakt ist aber eben auch: Es werden Frauen und nicht-männlichen Menschen sein, die Minderheiten und die Benachteiligten, die sich aufmachen, um die Umstände zu ändern. Tun werden sie es für uns alle. Und für all diejenigen, die uns folgen werden.

Gerda Lerner bringt es auf den Punkt: »Damit Frauen das Bewusstsein von Männern verändern können, müssen sie erst selbst zu einem neuen Bewusstsein gelangen. Das bedeutet, dass sich Frauen allein und gemeinsam von patriarchalischem Denken und patriarchalischen Reaktionsweisen befreien müssen, zu denen sie indoktriniert wurden.«[7]

Lass uns beginnen.

Von Gott geliebt – oder auch nicht …

»So schuf Gott die Menschen nach seinem Bild, als Gottes Ebenbild schuf er sie und schuf sie als Mann und als Frau.«

1. Buch Moses, 1,27

Ich erinnere mich noch deutlich, wie ich in der zweiten Klasse herausfand, dass alle meine Freundinnen und ich glaube sogar auch alle meine Mitschülerinnen getauft waren. Das war, als ich in der Schule das erste Mal Religionsunterricht hatte und das erste Mal etwas von Gott hörte. Was ich lernte, war, dass Gott ein ziemlich toller Typ sein muss, der im Himmel wohnt, auf uns herunterschaut und sich um uns kümmert. Vor meinem inneren Auge entstand das Bild des Großvaters, den ich nie hatte. Und ich wollte doch so gern einen Großvater haben. Was ich im Unterricht auch lernte, war, dass Gott die Kinder, die getauft sind, liebt. Und auch wenn es nicht deutlich gesagt wurde, so wurde doch klar, dass es für die ungetauften nicht so wäre. Die Idee beschäftigte mich ein paar Tage sehr intensiv. Ich stellte mir vor, wie es wäre, einen überirdischen Großvater zu haben, der mich liebte. Also ging ich zu meiner Mutter und teilte ihr mit, dass ich mich taufen lassen wollte. Denn ich wollte, dass Gott mich auch liebhat.

Meine Mutter musste erst mal tief durchatmen – doch sie respektierte meinen Wunsch. Sie selbst war im ziemlich katholischen Münsterland aufgewachsen und hatte auf Anraten des Priesters nach dem Abi nicht Kunst, sondern Katholische Theologie studiert. Einer ihrer Dozenten damals war der spätere, mittlerweile einzige Expapst Benedikt. Was meiner Mutter zu jener Zeit ziemlich schnell klar wurde, war allerdings, dass dieses Konzept katholische Kirche für sie als Frau irgendwie nicht so richtig funktionierte. Denn für Frauen gab es ja eigentlich nichts zu tun, außer enthaltsam zu sein, fromm zu dienen und auf den Knien zu beten. Glücklicherweise brach sie ihr Studium nach ein paar Semestern ab – wer weiß, ob ich sonst existieren würde – und wechselte zur Soziologie, wo sie dann meinen Vater kennenlernte und lebensnähere und alltagstauglichere Dinge lernte und später lehrte. Für meine Mutter war also klar, dass sie ihre Kinder nicht taufen lassen würde. Sie wollte uns die freie Wahl über unseren Glauben lassen. Als ich dann mit meinen sechs Jahren vor ihr stand und getauft werden wollte, war sie doch etwas irritiert, denn bei uns zu Hause gab es wirklich keinen christlichen Rahmen. Eher einen spirituellen, in dem die Göttin genauso Platz hatte wie Meditation und Aufstellungsarbeit. Und da kam ich nun nach Hause und sagte, dass ich getauft werden wollte, weil Gott auch mich lieben sollte.

Meine Mutter führte mehrere Gespräche mit mir, doch ich blieb dabei: Ich wollte auch getauft werden, wie all meine Freundinnen. Denn ich wollte geliebt werden und dazugehören. Was dann auch meinen kleinen Bruder dazu veranlasste, getauft werden zu wollen. Händeringend wurde nach Paten gesucht, die noch in der Kirche waren, und damit war es beschlossen. Ich wurde getauft, und fortan würde Gott mich liebhaben und sich auch um mich kümmern.

Rückblickend steckt für mich in dieser Geschichte so viel. Bis zu dem Zeitpunkt in der Schule kannte ich diesen Gott gar nicht. Ich kannte Feen und Elfen und Ahnen, denn die konnte ich wahrnehmen. Damals schon, als meine Mutter mit mir im Kinderwagen ihre Runden über den nahe gelegenen Friedhof drehte, und auch danach, als wir in das Haus am Waldrand zogen und ich mit den Wesen spielte, die dort im Garten wohnten. Ich hatte immer das Gefühl, dass ich nicht allein bin, dass mich eine Energie begleitete. Und damit fühlte ich mich aufgehoben. Bis zu dem Moment, in dem ich von diesem Gott erfuhr. Und da ich ihn bis dahin nicht kannte, dachte ich, es läge daran, dass er noch nicht bei mir vorbeigeschaut hatte, weil ich nicht getauft war. Diese Taufe schien mir fast wie ein Ticket in einen besonderen Club. Es hatte etwas Exklusives, entweder bist du drinnen oder draußen. Dazu kam die Tatsache, dass eine Sechsjährige die Idee vermittelt bekam, dass sie weniger liebenswert sei, weil sie nicht einer bestimmtem Religion angehört. Das ist so toxisch, dass es mich bis heute wütend machen kann. Doch es hat funktioniert, und ich wurde eines von Gottes Schafen – wenn auch schlussendlich ein ziemlich schwarzes. Und das meine ich wörtlich, denn auf meiner Konfirmandenfahrt erwischte mich unser Pastor, wie ich schwarz gekleidet meinen Freunden zeigte, wie Gläserrücken funktioniert.

Zuvor jedoch wollte ich ein gutes Schaf sein, denn auch wenn die Taufe die Eintrittskarte war, so ging es dann doch weiter mit den Anforderungen. So einfach war das mit der Liebe nämlich nicht, wie ich feststellte. Außerdem hatte ich auch immer wieder Schwierigkeiten mit der Logik der Geschichten, die mir erzählt wurden. Wieso konnte Maria als Jungfrau schwanger werden? Woran lag es, dass alle Maria Magdalena so doof fanden? Und wieso war sie eine Hure, wenn sie doch immer bei Jesus war? Wie kann man Nächstenliebe predigen und Kreuzzüge durchführen? War Eva wirklich schuld an allem? Und bin ich auch immer noch schuld – stellvertretend für Eva? Warum war Gott eigentlich ein Mann? Und wenn es keine Göttin gibt, was sagt das dann über mich als Frau? Wieso gibt es keine Päpstin? Fragen über Fragen sammelten sich in den kommenden Jahren in mir. Fragen, die mir meine Lehrerinnen und Pastoren nicht beantworten konnten oder wollten. Und ich stellte fest, dass das Konzept Kirche storytellingmäßig irgendwie auf wackligen Beinen stand.

Wenn das, was wir sehen, unsere Realität prägt, dann prägt eben auch das, was wir nicht sehen, unsere Realität. Und in meinem Fall war es die fehlende göttliche Weiblichkeit, die nicht existierende feminine Divinität. Neben den ökonomischen und kulturellen Aspekten der gesellschaftlichen Entwicklung der letzten paar Tausend Jahre darf die spirituelle Entwicklung beziehungsweise religiöse Einflussnahme nicht ausgeblendet und unterschätzt werden. Allein wenn ich überlege, wie schnell mich die christliche Weltsicht in der Schule gefangen genommen und damit geprägt hatte. Wenn wir also Spiritualität und damit auch Religion ausblenden, dann blenden wir einen entscheidenden Faktor zur Gestaltung der Gesellschaft aus. Vor allem wenn man bedenkt, dass die damit verbundene Perspektive noch nicht wirklich alt ist. Im Jahre 381 erst wurde das Christentum eine Staatsreligion – und ist es bis heute geblieben. Im Jahre 800 ließ sich Karl der Große durch die Kirche zum christlichen Kaiser krönen – und selbst zu dieser Zeit war noch nicht wirklich jeder in seinem Reich vom christlichen Glauben überzeugt. Das ist gerade erst einmal gut 1200 Jahre her. Jetzt mag sich das auf das eigene Leben bezogen recht lang anfühlen, doch wenn wir es menschheitsgeschichtlich oder gar erdgeschichtlich betrachten, dann ist es nur ein Wimpernschlag.

Und auch hier ist es wichtig, genauer hinzugucken. Ich begegne immer wieder Menschen, die erstaunt sind, wenn ich ihnen erzähle, dass das Christentum nicht unser ursprünglicher Glauben ist und dass beispielsweise die Sachsen genauso brutal missioniert wurden wie später so viele andere Völker auf der Welt.

Diese Missionierung veränderte die Sicht auf die Welt. Denn im Gegensatz zu Spiritualität ist Religion immer patriarchal. Sie ist immer am Männlichen orientiert, und selbst wenn sie nicht monotheistisch ist – so wie Christentum, Judentum und Islam –, so gibt es doch immer die maskuline Vater- oder Herrscherfigur. Ich habe mich bewusst entschieden, in diesem Buch mit Spiritualität und Religion anzufangen und erst danach die gesellschaftlichen Belange zu besprechen. Denn: Die Welt der Götter hat immer schon das Verständnis der Menschen über die Welt abgebildet. Und wer das Geistige und damit den Geist beherrscht, beherrscht eben auch das daraus resultierende Handeln und kreiert die Wirklichkeit.

Doch wie kamen wir eigentlich von einer erdgebundenen, gemeinschaftsorientierten Spiritualität zu einer himmelsfokussierten, individualisierten Religion? Und was hat das für Frauen und nicht-binäre Menschen bedeutet? Unsere Spiritualität bestimmt unsere Sicht auf die Welt. Sie kreiert quasi die Ordnung der Welt. Und damit definiert sie auch unseren eigenen Platz im großen Ganzen.

Eine missionierende Religion hat immer den Anspruch, allein die behauptete universale Wahrheit zu vertreten. Das ist etwas, wo bei mir mittlerweile sofort die Alarmglocken angehen. Die Anhänger einer solchen Religion fühlen sich berufen, diese anderen näherzubringen – durch Predigten, Hausbesuche oder auch brutale Unterwerfung. Denn die missionierende Religion ist nicht zimperlich in ihren Mitteln, hat sie doch die universale Wahrheit zu verkünden. Sogenannte ethnische Religionen – die größtenteils alle schon vor den missionierenden Religionen existierten, also Konzepte der naturverbundenden Spiritualität – kennen keinen missionarischen Auftrag. Woran das liegt? Die kurze Antwort lautet auch hier: Patriarchat – beziehungsweise kein Patriarchat.

Für mich war es eine tiefe innere Erleichterung, als ich herausfand, dass es neben den aktuellen Mainstream-Religionen noch alternative Perspektiven gab. In mir veränderte sich dauerhaft etwas, als ich herausfand, dass das Christentum nicht die ursprüngliche Religion meiner Vorfahren war. Und vor allem berührte es mich zutiefst, dass ich mich in diesen Perspektiven das allererste Mal als Frau gesehen und anerkannt fühlte. Für mich war es wohltuend, die alten Geschichten zu lesen und zu verstehen, erinnerten sie mich doch an eine uralte Wahrheit in mir. Diese bestätigt zu wissen hat in mir eine Ruhe geschaffen.

Das Gleiche beobachte ich immer wieder bei all den Frauen, mit denen ich zusammenarbeite. Ob wir gemeinsam durch den Jahreskreis gehen oder die wahren Hintergründe christlicher Feiertage entschlüsseln – immer passiert etwas. Es ist, als ob ein Teil von uns wieder mehr zu uns zurückkehrt, als ob unsere Seele ein wenig mehr in uns Platz nimmt. Diese alten Geschichten haben mir geholfen, mehr bei mir anzukommen. Was sie zugleich auch bewirkt haben, war, dass ich die Welt, in der ich jetzt lebe, besser verstehen und entschlüsseln konnte. Und das führte dazu, dass ich freier in meinem Denken und Handeln wurde. Ja, diese alten Geschichten geben uns einen entscheidenden Schlüssel zum Verstehen unserer Welt und der Machtmechanismen, die sich darin verbergen.

Am Anfang war die Große Mutter

Worauf wir uns alle einigen können, ist, dass wir durch eine Frau das Licht der Welt erblickt haben. Wir alle sind in einer Frau gewachsen und durch eine Frau geboren worden. Am Anfang war die Mutter. Und so simpel diese Erkenntnis in all den komplexen religiösen Zusammenhängen ist, so prägend war sie für die längste Zeit der Menschheitsgeschichte. Wenn wir weit genug zurückgehen, dann kommen wir in eine Zeit, in der Frauen die Führung innehatten und die damit verbundenen Aufgaben oft auch gemeinsam übernahmen. Das bedeutet nicht, dass sie über die Männer geherrscht haben, denn das Matriarchat war nicht das Gegenteil vom Patriarchat, auch wenn es gern dazu gemacht wird. So wie es heute rückblickend aussieht, waren diese Gesellschaften friedvoll, lebten hauptsächlich vegetarisch, und ihre Weltsicht wurde durch eine sakrale Sicht auf das Land, den Glauben an Wiedergeburt und die Anerkennung der Frau als weltliche Verkörperung der Großen Mutter geprägt. Es war zu dieser Zeit üblich, dass Frauen den Landbau betrieben – gemeinsam mit den Männern, denn die strikte Arbeitsteilung, wie wir sie später erfuhren, gab es noch nicht. Die Erde wurde als eigene Entität gesehen, es galt, mit ihr zu leben, von ihr zu leben und sie dafür ebenfalls zu nähren und zu achten. Die Menschen waren in ihrem Landbau – es gab noch nicht den systematischen Ackerbau, wie wir ihn heute kennen – tief mit den Rhythmen der Natur verbunden. Es wird gesagt, dass die Menschen damals noch nicht wussten, dass Sex zur Geburt eines Kindes führen kann, Schwangerschaft und Geburt hatten damit immer noch etwas Mystisches. Ebenso war es für die Männer gewissermaßen magisch, dass Frauen bluten konnten, ohne zu verbluten (mehr dazu im Kapitel »Der wahre Penisneid«).

Die Neugeborenen wurden der Gemeinschaft von der Göttin gegeben, die Frauen gebaren sie. Die Menschen lebten relativ friedlich und sahen sich auch immer als Verwalter des Landes, das es für die kommenden Generationen zu erhalten galt. Es gab Göttinnenstatuen, und die Spiritualität war erdgebunden und nährend. Man lebte gemeinschaftlich, fußend auf Kommunikation und Miteinander. Die Weltsicht der Menschen war geprägt von einem zyklischen Wahrnehmen. Man war verbunden mit den Jahreszeiten, dem Mond und der Sonne als Taktgeber. Und man sah das Leben als Teil eines großen Zyklus an. Es gab kein wirkliches Ende und damit auch keinen wirklichen Anfang, es gab Übergänge – immer wieder. Diese spirituelle Weltsicht führte auch dazu, dass nicht das persönliche Wohl in diesem Moment oder die unmittelbare Bedürfnisbefriedigung an erster Stelle stand, sondern dass sich jeder Mensch als Teil von etwas Größerem begriff.

Hört sich fast zu gut an, um wahr zu sein? So geht es mir auch immer wieder. Allerdings dürfen wir uns daran erinnern, dass der Komfort zu jener Zeit deutlich geringer war und die Herausforderungen des Alltags um ein Vielfaches größer, als wir es heute kennen.

Impuls

Kannst du dir eine matriarchale Gesellschaft vorstellen? Wie würde sich dein Leben verändern, wenn du das Gemeinwohl über dein Alleinwohl stellen würdest?

Sichtbar wurde die tiefe zyklische Perspektive auf das Leben auch darin, dass sich die Menschen direkt in der Erde beerdigen ließen – es gab noch keine Särge. Man begrub sie in Embryohaltung, und oft hatten sie kleine Gaben dabei, die für die Wiedergeburt standen. Dies waren zum Beispiel Körner oder Samen, die aus der Erde heraus wieder zu Pflanzen werden würden. Die Menschen glaubten daran, dass sie von der Großen Mutter durch eine Frau in diese Welt gebracht worden waren und nach dem Tod zu ihr zurückkehrten. Und wenn die Zeit es wollte, so würde die Große Mutter sie wieder gebären, durch eine Frau. Die Embryohaltung symbolisierte genau das: das Kind im Bauch der Mutter, das darauf wartet, wiedergeboren zu werden. Von daher brauchte es damals auch keine großartigen Grabbeigaben, denn man ging davon aus, dass man bald wieder auf der Erde sein würde.

Übrigens entdecken wir Reste dieser Weltsicht auch noch in unserem Kulturkreis: in der Großen Mutter, die wir als Frau Holle kennen. Nördlich der Alpen und in der Alpenregion selbst ist Frau Holle die Repräsentantin der Muttergöttin, und damit ist sie auch diejenige, die uns in ihr Reich holt, wenn wir sterben, und die uns wieder zurück ins Leben schickt. Sie gebiert uns wieder, wenn wir erneut (oder zum ersten Mal) ins Leben gehen. Frau Holle bringt die Seelen und holt sie wieder zu sich. Es gibt im deutschsprachigen Raum zahlreiche Frau-Holle-Brunnen oder -Seen. Diese Orte sind der Großen Göttin gewidmet und werden auch heute noch von Frauen besucht, die einen Kinderwunsch hegen. Sie bitten die Göttin darum, ihnen eine ihrer Seelen zu schicken, dass sie durch sie geboren werden möge.

Diese Perspektive ist eine so grundsätzlich andere als die der patriarchalen Erblinie, denn sie geht davon aus, dass uns das Kind überlassen wird und dass wir nicht über sein Leben bestimmen. Frau Holle, als eine höhere Macht, ist diejenige, die über uns entscheidet. Sie ist unsere Mutter, und am Ende ist sie es dann auch, die die Seelen wieder zu sich holt. Sie entscheidet darüber, wann der Lebensfaden zu Ende gesponnen und es Zeit ist, aus der materiellen Welt wieder hinüberzugehen.

Die ganze Weltsicht damals war eine tief zyklische, in Kreisläufen denkende. Daher kommt es auch, dass die Schlange in Verbindung mit der Göttin gebracht wird. Denn sie häutet sich und erneuert sich damit immer wieder selbst. Sie gebiert sich quasi selbst. Damit gilt sie auch im alten Europa als Hüterin der Quelle des Lebens. Sie wird mit Schöpfung, Fruchtbarkeit, Wachstum und mit der Erneuerung der Lebenskraft in Verbindung gebracht.

So wie die Göttin das Leben immer wieder erneuert, so erneuert sich die Schlange. Wir kennen sie heute noch als Symbol der Heilung und Regenerierung, wenn sie sich um den Stab des Asklepios windet – das Zeichen der Mediziner und Apotheker.

Zur Zeit des Matriarchats gab es eine aktive Ahnenkultur, die sich ganz natürlich in die Weltsicht eingliederte. Mit der Idee der Wiedergeburt war es nur natürlich, mit den Ahnen verbunden zu bleiben, bis diese wiederkehrten. Denn schon damals gab es die Idee, dass sich Materie verändert, doch die Essenz erhalten bleibt. Man schaute bei jedem Neugeborenen, ob es möglicherweise ein Ahne war, der zurückgekehrt ist. Man verwaltete die Welt für diejenigen, die folgten, und war damit selbst bereits eine gute Ahnin, ein guter Ahne. Die Verbindung zu den Vorfahren funktionierte über Gaben und Kommunikation. Die Ahnen waren ja quasi nur auf der anderen Seite. Es waren die Seelen, die in Frau Holles Reich weilten und jederzeit zurückkehren konnten. Noch heute gibt es Kulturen, in denen diese Weltsicht das Handeln bestimmt.

Matriarchale Kulturen sind auf die Mutter zentriert. Sie erkennen die weiblichen Zyklen an, und Gemeinschaft ist zentral. Denn wenn wir alle von der gleichen Mutter abstammen, sind wir Geschwister. Ich finde es übrigens interessant, dass das Wort »Schwester« der Grundstamm für »Geschwister« ist, die weibliche Perspektive also alle einbezieht, während sich »Gebrüder« nur auf Männer bezieht. Dabei ist es wichtig zu wissen, dass die als »mütterlich« bezeichneten Werte und die Zentrierung der Mutter nicht auf die heutige westlich geprägte Idealisierung der Hausfrau und Mutter hinweist, sondern dass damit Prinzipien gemeint sind, die auf Mutter Natur als Prototyp beruhen. Sie bildet in solchen Kulturen die zentrale Größe in Geschichten, Gesängen und Gebeten.

Interessant ist, wie sich die Deutung des Matriarchats verändert hat. War es zuvor – als weiße Cis-Männer forschten – die Unterdrückung des Mannes, also der Umkehrschluss des Patriarchats, so wurde es durch eine umfassendere Betrachtung durch westliche und nicht westliche Wissenschaftler und Wissenschaftlerinnen zu einer eigenständigen Gesellschaftsform. Das Matriarchat basiert, wie man herausfand, auf Werten wie Gleichheit, Konsensfindung, einer Haltung des Schenkens sowie einem Herstellen und Erhalten des Friedens durch Verhandlungen. Diese Werte werden als mütterlich bezeichnet. Die moderne Forschung hat zudem gezeigt, dass das Matriarchat eine gender-egalitäre Gesellschaft war, in der jedes Geschlecht seine eigene Macht- und Handlungssphäre hatte und in der auch mehr als zwei Gender existieren durften. Einige der First Nations kannten bis zu fünfzehn Gender, bevor die christlichen »Eroberer« sie unterwarfen und missionierten. Matriarchale Gesellschaften sind charakterisiert durch Matrilinearität (es wird von der Mutter auf die Tochter vererbt) und Matrilokalität (der Bräutigam zieht ins Haus der Braut). Frauen sind die Hüterinnen des Landes und Verteilerinnen der Lebensmittel. Zusammenfassend kann man Matriarchat also als mutterzentrierte, egalitäre Gesellschaftsform definieren, in der eine Schenkökonomie praktiziert wird.

All dies zeigt deutlich, wie sich die spirituelle Sicht der Welt in der praktischen Umsetzung in der Gesellschaft wiederfindet. Die Große Mutter nährt und gibt – die Frauen im Matriarchat verteilen die Lebensmittel und schenken. Die Große Mutter ist der Ort, aus dem wir entstehen – und so sind wir verbunden mit dem Ort, an dem wir geboren werden, was sich in der Matrilokalität zeigt. Die sakrale Verbindung zum Land – mit all den Mythen – zeigt sich darin, dass Frauen die Hüterinnen des Landes sind und nicht die Herrscherinnen. Und schlussendlich ist es die Geschwisterlichkeit – sind wir doch alle Kinder der gleichen Großen Mutter –, die für die Egalität der Gender sorgt. Unsere spirituelle Sicht auf die materielle Welt prägt unser Handeln und unser Miteinander. Auch wenn wir meinen, wir seien nicht spirituell, verändert das unser Handeln dahingehend, dass wir uns weniger dem Großen und Ganzen verbunden fühlen.

Wenn du dich jetzt fragst, wie wir von dieser ziemlich inklusiven und nachhaltigen Art zu leben zu dem alten weißen Mann im Himmel gekommen sind und zu einer Institution, die Schuldscheine auf unsere Seele ausstellte und Frauen verbrannte – dann ist die Antwort wie so oft in diesem Buch: Patriarchat.

Drachentöter. Wie das Patriarchat die Göttin umbrachte

Das Erste, was passieren musste, um Frauen zu unterwerfen, war, ihnen ihre Göttlichkeit abzusprechen. In dem Moment, in dem die Hirten in Osteuropa durch den zunehmenden Fokus auf das Vieh erkannten, dass es den befruchtenden Akt braucht, damit ein weibliches Tier trächtig wird, hatten sie den Aha-Moment, dass auch Männer zum Entstehen eines Kindes beitragen. Das war bis dahin nicht im Bewusstsein der Menschen. Und als das klar wurde, wurde damit im gleichen Atemzug auch schwuppdiwupp der Frau ihre Göttlichkeit abgesprochen (mehr zu den daraus folgenden Konsequenzen im Kapitel »Die gezähmte Frau«). Denn nur damit konnten sich die Männer über sie stellen. Und vor allem konnte man damit auch die Idee des matriarchalen gemeinschaftlichen Guts verabschieden und den an den Mann gebundenen Privatbesitz einführen. Man stellte die Idee des ewigen Kreislaufs infrage, indem man die Linearität der männlichen Linie hervorrückte. Dieser Wendepunkt bedeutete die Veränderung von Gemeinschaft zu Individuum. Auch zuvor gab es immer wieder Männer, die versuchten, Macht an sich zu reißen, sie wurden jedoch von den Männern der Gemeinschaft immer wieder »eingefangen«. Man wusste: Wenn für die Gemeinschaft gesorgt war, war auch für das Individuum – als Teil der Gemeinschaft – gesorgt. Doch Dürre und Hunger brachen die bisher gut funktionierenden Strukturen auseinander. Durch den Mangel entstand der Kampf, durch die abnehmende Fruchtbarkeit des Landes und die immer geringere Bedeutung des von Frauen betriebenen Landbaus wuchs die Wichtigkeit der Viehzucht. Auf einmal öffnete sich ein Raum, in den die Gemeinschaft nicht mehr regulierend eingreifen konnte und sich egoistische Tendenzen und singulär ausgerichtete Interessen durchsetzen konnten.

All dies passierte nicht an einem Tag, sondern über einen größeren Zeitraum hinweg. Weisheit konnte das Ego nicht mehr zähmen. Die Arroganz der momentanen Macht wurde stärker als die Erfahrung von Generationen. Und so veränderte sich die Welt enorm. Es war wie ein spirituelles Erdbeben, eine wahre Zeitenwende. Die Konsequenzen erleben wir noch heute.

Mit der Zeit wurden aus der einen Göttin viele Götter und Göttinnen. Und in der patriarchalen sumerischen Religion gab es dann etwa dreitausend Jahre vor unserer Zeitrechnung auch zum ersten Mal einen sogenannten Vatergott. Enlil ist der wichtigste aller Götter, er ist der König des Himmels und der Erde. Die damals schon männlichen Könige und Herrscher waren stolz darauf, dass Enlil ihnen die Herrschaft über das Land überlassen hatte und sie durch seine Stärke all die anderen Länder erobern konnten. Doris Wolf[8] weist darauf hin, dass ein sumerischer Mythos aus Etana von einer Zeit berichtet, in der noch keine Königskrone getragen wurde und es zunächst noch keine Leitung für die Kinder der Göttin gab. Dann aber sei das Königreich vom Himmel gekommen und hat dem ein Ende gemacht. Denn es hat den Drachen besiegt und eine neue Ordnung hergestellt. Sprich: Es wurde endlich Ordnung in das Matriarchat gebracht, indem eine neue Gesellschaftsstruktur geschaffen wurde. Gab es zuvor Gleichheit unter den Menschen, in der man miteinander war und Führung nicht hieß zu herrschen, sondern zu verwalten, so veränderte sich nun die gesellschaftliche Struktur von egalitär zu hierarchisch. Das gemeinschaftliche Gut wurde in Privatbesitz umgewandelt, was mit einem Herrschaftsanspruch einherging und in den hierarchischen Strukturen, wie wir sie heute noch kennen, endete.

Wolf weist auch darauf hin, dass der Himmel, aus dem das neue Königreich entstand, keine überirdischen Gefilde bezeichnete, sondern der Name einer Stadt südöstlich des Schwarzen Meeres, in der Region des heutigen Georgiens, war. Von dieser Stadt aus soll der legendäre arisch-sumerische König Gor (Georg) gemeinsam mit seinem Sohn Michael aufgebrochen sein, um den Kampf der Himmlischen gegen die Verehrerinnen des höllischen Drachen anzutreten.

Dieser höllische Drache war die babylonische Göttin Tiamat. Die Muttergöttin. Sie ist die Göttin des Salzwassers, der Ursprung von allem. Sie blutete drei Tage lang, um die Schöpfung zu kreieren. Tiamat wird oft als Drache oder als Wasserschlange dargestellt. Sie ist der Urzustand und hat es als »die heilige Tiefe« sogar in die Bibel geschafft (Genesis 1,3). An dieser Stelle zeigt sich auch, wie wichtig es ist, nach den richtigen Spuren zu suchen, denn egal wie lange etwas her ist, sie existieren immer noch. Tiamat steht für die Dunkelheit, aus der alles entsteht. Für das Bluten aus der Dunkelheit und die sich immer wieder erneuernde Kraft. Dem Patriarchat war Tiamat ein Dorn im Auge, denn der patriarchale Machtanspruch muss alternative Mächte vernichten, um sich durchzusetzen. Der Sohn muss den Kampf an der Seite des Vaters über die Verbindung zur Mutter stellen. Das unheimliche Bluten der Frau muss kontrolliert werden, ihre Schöpferinnenkraft beherrscht.

Und so machten sich Gor und Michael aus der Stadt Himil auf und traten den Kampf gegen diejenigen an, die an Tiamat, den vermeintlich höllischen Drachen, glaubten. Es kam zum Kampf zwischen Licht und Dunkel – das Dunkel ist dabei das unkontrollierbar Feminine. Doris Wolf weist darauf hin, dass die Männer indo-arische Goten waren, die in dieser Zeit durch ihre Brutalität auffielen. In der Mythologie wurden aus ihnen Georg und Michael, die Drachentöter. Michael wurde sogar zum Erzengel befördert.

Sie sind es, die die Welt von der blutenden dunklen Muttergöttin »befreiten«. Die tapferen Männer erschlugen den Drachen in einem heldenhaften Kampf. Die Folge dieses Sieges ist die Welt, wie wir sie heute kennen. Eine Welt, die von Männern für Männer gemacht wurde.

Die Legende des Drachentöters beschreibt die offizielle Ermordung der Göttin. Es ist der Moment, in dem eine neue Weltordnung geschaffen wurde. Von da an begann historisch die Zeit der Rassen- und Klassentrennung, der Erhebung des Männlichen über das Weibliche und des Menschen über die Natur. Denn die Große Göttin ist Mutter Natur, und die galt es ab jetzt zu beherrschen. Das Töten des Drachen – der auch als geflügelte

Schlange galt – ist das Töten der Mutter, der Göttin. Indem sie getötet wird, wird das Matriarchat umgebracht, das System, das die Frau als Vertreterin des göttlich Weiblichen sieht und ehrt.

Die patriarchalen Anführer erkannten schnell, dass ihnen ein männlicher Gott von Nutzen sein könnte. Denn in dem Moment, wo es den männlichen Gott gab, wurde dieser als vermeintlicher Auftraggeber für alle Taten ausgegeben – im Namen des männlichen Gottes wurde überfallen, erobert, unterworfen und ausgebeutet. Noch heute sehen wir immer wieder, wie die Verantwortung für Gräueltaten auf einen Gott oder einen gottartigen Führer abgewälzt wird – ein patriarchales Charakteristikum.

Und nein, es gibt keine Geschichte einer weiblichen Drachentöterin. Ich habe lange gesucht und keine gefunden. Was für mich auch den Ursprung der Mythologie bestätigt. Es gibt Drachenbeschwörerinnen, doch keine Frau hat in der Mythologie je einen Drachen getötet. Es sind die Männer, wie Siegfried und Herakles, die dem Drachen – der geflügelten Schlange – immer wieder gegenübertreten. Und in späteren Erzählungen bekamen sie dann, wenn sie den Drachen besiegt hatten, als Belohnung die Prinzessin. Es ist ein nicht endender Kampf des Patriarchats um die Vorherrschaft und Macht mit der immer wieder sich aufbäumenden urweiblichen Kraft, die bis heute auch in jeder einzelnen Frau tobt.

Vertreibung aus dem Paradies

Auch die Kirche hatte – und hat weiterhin – ihre Schwierigkeiten mit der weiblichen Schöpfungskraft, oder besser gesagt: mit Frauen allgemein. Bevor wir uns dem christlichen Glauben zuwenden, ist es nicht unerheblich zu wissen, dass die Kirche, so wie wir sie heute kennen, wenig mit dem Urchristentum gemein hat. Die Geburtsstunde der Kirche fand mehr als dreihundert Jahre nach der Kreuzigung von Jesus statt. 381 wurde das Christentum dann zur römischen Staatsreligion. Und knapp fünfhundert Jahre später hatte es den deutschsprachigen Raum erreicht. Karl der Große war wie beschrieben auf Missionierung aus, um sich als Belohnung durch den Papst zum Kaiser ausrufen zu lassen. Ja, es waren immer Männer die offiziell historisch Aktiven – und auch heute braucht man in der Kirche nicht lange zu schauen, egal ob evangelisch oder katholisch, um zu erkennen, dass es immer noch so ist.

Mit der Einführung des Christentums als römischer Staatsreligion gab es auch die ersten Bibeln. Die Kaiser waren daran interessiert, das Christentum als religiöses Bindemittel zwischen den verschiedenen Reichen zu nutzen – sprich: Es sollte das Herrschen erleichtern. Und da half es natürlich, ein fixes Schriftstück zu haben (über dessen Zusammensetzung man sich auch erst im 4. Jahrhundert einigen konnte). Um dem Ganzen den richtigen Touch zu geben, sortierte man das Evangelium der Maria Magdalena kurzerhand aus – heute liegt es im Ägyptischen Museum in Berlin. Die Bibel ist also eine strategisch kuratierte Schriftensammlung.

Allerdings gibt es in der christlichen Logik mit dem unbedingten Anspruch auf Monotheismus und eine maskuline Gottheit einige Ungereimtheiten, die uns auf die vergessenen Spuren der femininen Göttlichkeit führen. Erinnerst du dich an die ursprüngliche Sichtweise, dass die Seelen von der Göttin gebracht und durch die Frauen geboren werden? Diese Betrachtung wurde in die »unbefleckte Empfängnis« der Maria gewoben – die zur reinen, sexlosen Jungfrau, deren einziger Zweck die Mutterschaft ist, hingedeutet wurde. Sprechen wir von der Dreifaltigkeit, so denken wir an Gott, Jesus und den Heiligen Geist. Der Heilige Geist, als Taube repräsentiert, ist jedoch im Ursprung kein weiterer maskuliner Anteil, auch wenn es sich im patriarchalen Codex viel schöner so liest, sondern war im Ursprung Shekina, die Göttin Sophia, die weibliche Weisheit und Schöpfungskraft. Damit hat Jesus also auch wieder eine nicht irdische Mutter.

Das Christentum wurde aus politischen Gründen zur offiziellen Staatsreligion erhoben. Und es ist aus machtpolitischen Gründen zu dem geworden, was es heute ist. Kirche und Staat sind schon immer eng miteinander verbunden gewesen – noch heute treibt der Staat die Steuer für die Kirche ein. Es ging dabei immer um Machtgewinn und Machterhalt. Mit der monotheistischen maskulinen Religion hatte das Patriarchat endlich die ideale spirituelle Sichtweise gefunden, um all sein Handeln wunderbar begründen zu können.

Dort reiht sich übrigens auch wunderbar die Geschichte von Adam und Eva ein. In dieser schuf Gott die Welt und im Zuge dessen auch Adam aus der Erde und hauchte ihm den Lebensatem ein. Dann erschuf er die Tiere, fand aber keine Partnerin für Adam. Daraufhin ließ er Adam in einen tiefen Schlaf fallen und erschuf aus einer seiner Rippen Eva. Als Adam sie erblickte, nannte er sie »Männin«, denn sie war aus seinem Fleisch und Blut (an dieser Stelle wird der männliche Schöpfungsanspruch wieder deutlich). Es war dann Eva, die sich von der Schlange dazu »verführen« ließ, in die verbotene Frucht des Baumes der Erkenntnis von Gut und Böse zu beißen. Eva verführte anschließend Adam, ebenfalls in diese Frucht zu beißen, und daraufhin ereilte sie die Erbsünde. Diese Geschichte ist allerdings ein wenig älter als die

Bibel, und ihre originäre Erzählweise unterscheidet sich auch ein wenig von dem, was die Bibel uns wissen lässt. Schauen wir also einmal genauer hin.

Mythen über den Wohnsitz eines Gottes (oder mehrerer Götter) im Nahen Osten verorten diesen nach der frühesten entdeckten Literatur, die den Sumerern zugeschrieben wird, gewöhnlich in Gärten – ein Überbleibsel der erdverbundenen Spiritualität, bevor der Glaube an Überirdisches Einzug hielt. Im Buch Genesis aber residiert Gott nicht im Garten Eden, sondern setzt Adam und Eva in diesen Garten – ein klarer Hinweis auf die Veränderung der Perspektive.

Was die biblische Schlange angeht: Sie ist es, die Eva die Erkenntnis gibt – eigentlich eine lobenswerte Tat. Denn sie lässt Eva begreifen, was wirklich wahr ist. Was oft unerwähnt bleibt, ist der zweite Baum im Paradiesgarten, der Baum des Lebens. Er soll das Gegengift zur Erkenntnis – beziehungsweise zum Wissen – haben. Seine Früchte sind die der Weisheit. Und so gibt es die Deutung, dass uns das Wissen von der Natur abgespalten hat und wir nur durch Weisheit wieder in den Einheitszustand kommen. In einer der alten Fassungen war es übrigens Adam und nicht Eva, der in die Frucht biss. Die sich darin zeigende Tendenz des Mannes, der allen dienenden Ordnung für die Befriedigung individueller Bedürfnisse zu widersprechen, macht für mich auch mehr Sinn als die Frau als »ewige Sünderin«. Im Koran gibt es nach diesem Vorfall übrigens keine auferlegte Erbsünde, jeder kommt dort bis heute sündenfrei auf die Welt.

Was mit dem Vatergott Enlil begann, zog sich weiter durch. Mittlerweile sind über 50 Prozent der Gläubigen auf der Erde Angehörige von Christentum oder Islam, gehören also einer der monotheistischen maskulinen Weltsichten an. Alles, was menschgeschaffen »mono« ist, ist aber nicht nährend und nachhaltig oder steht für Besitzansprüche – ob Monokultur, Monogramm oder auch Monogamie (auf die kommen wir im Kapitel »Die Position von uns Frauen in der Gesellschaft« zu sprechen). Der christliche Gott sagt klar: Du darfst keine Götter neben mir haben. Und das hat seine Religion unter dem Motto der Nächstenliebe auch blutig durchgesetzt.

Bei all dem ist interessant, dass Jesus selbst fast schon etwas Feministisches an sich hatte, machte er doch keinen Unterschied zwischen Männern und Frauen, egal wohin er ging. Bis heute gibt es keine stichhaltige Erklärung der katholischen Kirche, warum die Strukturen und Geschlechterquoten so sind, wie sie sind, und vor allem: so bleiben müssen. Thomas von Aquin behauptete im 13. Jahrhundert, Frauen seien missratene Männer. Ein verzweifelter Versuch, die Nichtexistenz von Frauen in der Kirche zu erklären. Man muss davon ausgehen, dass diese Vorstellungen und die starren Strukturen letztlich ihren Grund im Männlichen selbst haben. Denn es gibt keinen nachvollziehbaren Grund, warum das Feminine so handeln und denken würde.

Die eigene Heiligkeit zurückholen

Der Grund, warum ich in diesem Buch direkt in die Spiritualität einsteige, bevor wir uns auf »weltliche«, gesellschaftliche und ökonomische Aspekte fokussieren, ist insbesondere, dass ich es für mich als sehr heilsam erlebt habe zu erkennen, dass das Christentum nicht das Nonplusultra ist. Es muss kein Entweder-oder zwischen Glauben und Nichtglauben geben, sondern es gibt noch einen anderen Glauben als den monotheistisch maskulinen. So höre ich auch immer wieder von Frauen, dass es ihnen lange Zeit so ging, dass sie entweder an Gott glauben konnten oder an gar nichts. Zugleich gab es einen Teil in ihnen, der eine spirituelle Verbindung suchte. Wenn wir diese finden, dann geben wir unserer Seele einen Ort, an dem sie sein kann. Ist es allerdings so, dass dieser Ort einer ist, an dem wir uns nicht gesehen, an dem wir uns unterdrückt oder diskriminiert fühlen, dann wirkt sich das auch auf unser seelisches Wohlbefinden und damit unseren Gesamtzustand aus. Wenn wir also bei der vermeintlichen Wahl zwischen Glauben und Atheismus den Glauben wählen und damit eine monotheistische, patriarchale, maskuline Religion, dann bedeutet das permanenten Stress für unsere Seele. Denn diese Religion ist kein wirklich sicherer Ort, an dem wir als Frauen oder nicht-binäre Menschen einfach so sein dürfen, wie wir sind und wie wir sein wollen. Um Teil des Glaubenssystems zu sein, müssen wir uns verbiegen und anpassen. So wie wir wirklich sind, sind wir dort nicht akzeptabel.

Ich erinnere mich noch, dass ich nach meiner Taufe schnell merkte, dass ich damit nicht automatisch bedingungslos geliebt wurde. Und wenn es so war, dann hat die Kirche es mich nicht spüren lassen. Es gab so viele Themen, mit denen ich mich nicht zeigen durfte, Dinge, über die ich nicht sprechen durfte, und Regeln, an die man sich als gute Christin halten musste. Ehrlicherweise habe ich das nicht lange durchgehalten, und ich glaube, meine Mutter war darüber auch sehr erleichtert, war für sie die Göttin doch deutlich präsenter als der christliche Gott. Durch die beeindruckende indische feministische Aktivistin Kamla Bhasin erfuhr ich auch bald, dass der indische Götterhimmel mehr als einen Gott kannte. Ich hing an ihren Lippen und war fasziniert von dieser starken Frau, die von Zeit zu Zeit in unserem Wohnzimmer saß, Nüsse in ihren Mund warf und von Shakti, Durga und Frauenrechten sprach. Und so ging ich zwar weiterhin zum Religionsunterricht, doch ich wusste für mich, dass es neben dem einen Gott auch ganz tolle Göttinnen gab, an die ich mich wenden konnte.

Ein entscheidender Schritt war es dann zu erkennen, dass auch auf dem Kontinent, auf dem ich geboren war, eine weibliche Göttlichkeit existierte. Dass es sie eben nicht nur in Geschichten von anderswo gab, sondern dass es vor der Kirche eine spirituelle Wirklichkeit gegeben hatte, die ganz anders aussah als das, was wir heute kennen. Es war fast so, als ob die Dinge, die ich als Kind wahrgenommen hatte, auf einmal Sinn machten und meine Seele freiwillig in eine neue Heimat umzog. In dieser Spiritualität konnte ich so sein, wie ich bin. Ich musste keinen Aspekt von mir verstecken, ich musste nicht züchtig und brav sein, ich musste nicht ätherisch oder mütterlich sein. Es war ein Aufatmen meines ganzen Körpers. Und es stellte auch die aktuellen gesellschaftlichen Strukturen einmal mehr infrage.

Tief in meinem Inneren veränderte sich etwas, als ich begann, alternative Sichtweisen auf die Welt und das große Ganze zu entdecken. Zum einen geht es darin oft gar nicht unbedingt um Mann und Frau, sondern um die großen Zusammenhänge der Natur und unseren Platz als Menschen in ihr. Zum anderen: Wenn es um Mann und Frau oder besser maskuline und feminine Energie geht, existieren diese im Miteinander, und das ist nicht von Dominanz, sondern von Kooperation geprägt. Auch wenn ich vorher schon logisch und rational wusste, dass Frauen die Gleichberechtigung, Gleichbehandlung und Gleichstellung mehr als verdient hatten, so hat es etwas in meinem Fühlen und in meiner Seele verändert, dies tief im Glauben der Menschen aus indigenen und nicht religiösen Kontexten, denen ich fortan immer häufiger begegnete, verankert zu spüren.

Mein eigenes Erforschen der alten Weltsicht und der damit verbundenen Position und Wertschätzung der Frau hat mein Gefühl als Frau verändert. Und es hat verändert, wie ich mich durch die Welt bewege. Ich habe toxisch maskuline Mechanismen als solche erkannt und sie nicht mehr als gegeben hingenommen. Ich habe meine eigenen patriarchalen Denkstrukturen entdeckt und konnte sie verändern. Und ich konnte mit jeder Zelle spüren, wie sich mein Selbstwert, mein Selbstbewusstsein und mein Selbstvertrauen veränderten. Zum allerersten Mal konnte ich die Heiligkeit in mir und damit auch in allen Frauen und nicht-männlichen Menschen erkennen und vor allem spüren. Denn Heiligkeit stammt etymologisch von »heil« – und das bedeutet nichts anderes als komplett, gesund und ganz zu sein. Genau das ist es auch, wozu dieses Buch dienen soll. Dass sich jede Frau und jeder nicht-männliche Mensch, der es liest, an die eigene Heiligkeit erinnert und diese fühlen kann. Schritt für Schritt werden wir die Stücke des Mosaiks in den jeweiligen Kapiteln zusammensetzen. Und ich kann dir versprechen: Am Ende wirst du die Welt nicht mehr so sehen wie zuvor. Du wirst dich nicht mehr so sehen wie zuvor.

Der erste Schritt ist für mich die Anerkennung der femininen Energie, der femininen Divinität. Ob als Muttergöttin, als Schöpferinnenkraft oder als die Evolution selbst – was auch immer für dich stimmig ist. Gib ihr den Raum, den ihr die Gesellschaft immer noch nicht zugesteht. Wenn wir der femininen Energie, wenn wir der femininen Göttlichkeit wieder mehr Raum geben, dann geben wir auch Frauen als solches mehr Raum. Wir verändern unsere Wahrnehmung und kreieren eine neue Wahrheit.

Die der facettenreichen femininen Divinität. Und wir verändern unseren Blick auf uns selbst, auf andere Frauen, auf nicht-männliche Menschen, auf die Welt als solches. Unser Fokus verändert sich und damit auch unser eigener Ausdruck in und unser Anspruch an die Gesellschaft. Dinge, die zuvor nicht denkbar waren, bekommen wieder Raum. Und jede Einzelne wird im übertragenen Sinne wieder zum Tempel der Göttin. Es ist essenziell, dass wir uns nicht nur als gleichberechtigt ansehen, sondern auch als gleichwertig fühlen.

Der Göttin Raum geben

Die Göttin ist wie der schwarze Schwan – haben wir sie einmal gesehen, können wir sie nicht mehr übersehen. Es ist eine Art göttliche Geschlechterquote – sind die Göttinnen erst mal wieder an ihrem Platz, ist es sehr schwer, sich Göttlichkeit ohne den femininen Aspekt vorzustellen.

Dabei kann es uns helfen, die Göttin im wahrsten Sinne des Wortes vor Augen zu haben: durch Statuen oder andere bildliche Darstellungen – denn ja, von der Göttin darf man sich ein Bild machen, sie hat nichts zu verbergen. Es kann aber auch durch Symbole geschehen, die mit der femininen Weiblichkeit verbunden werden, wie beispielsweise die Schlange, die Spirale oder das Ei.

Wenn du den Impuls spürst, dann kannst du dir ein passendes Göttinnen-Wallpaper auf deinen Rechner holen oder den Screen deines Handys dementsprechend gestalten – es gibt ja wenige Orte, auf die wir so häufig schauen. Oder du kannst dir einen Altar kreieren. Ein Altar ist für mich ein Fokuspunkt für Aufmerksamkeit und Energie. Und oft hilft es, einen fixen Ort zu haben, an dem wir uns verbinden können. Denn wenn wir uns immer wieder mit den Aspekten der Göttin connecten, können wir nach und nach eine Beziehung etablieren. Wir können spüren, was die Anwesenheit femininer Göttlichkeit mit uns und unserem System macht und wie wir uns damit fühlen. Dabei muss der Altar keine Ähnlichkeit mit den riesigen Altären in der Kirche haben – wir wollen ja genau davon weg. Er kann klein und fein sein, und vor allem sollte er sich den Gegebenheiten deiner Wohnräume anpassen.

Als Erstes solltest du dir einen Ort für deinen Altar aussuchen. Dazu kannst du einen kleinen Tisch oder Hocker wählen, ich habe die Oberfläche meiner Kommode genommen. Wenn du weder einen Tisch noch ein Regalfach oder sonst eine Stellfläche frei hast, kannst du den Altar auch auf dem Boden errichten. Such dafür eine ruhige Ecke in deiner Wohnung aus, eine, an der du im Zweifel auch etwas verweilen kannst. Zuerst kannst du die Oberfläche mit Salzwasser reinigen – Salz ist dafür bekannt, Energien zu neutralisieren. Dann kannst du über die Fläche eine weiße Tischdecke geben oder auch schöne Servietten oder Platzdeckchen. Dabei gilt: ditch perfection! Wir sind nicht in der Kirche, sondern du kannst entscheiden. Und du hast immer wieder die Möglichkeit, deinen Altar zu verändern und anzupassen. Denn ein Altar ist kein statisches Objekt, sondern ein lebendiger Ort. Er wird genährt durch deine Verbindung und deinen Fokus.

Im nächsten Schritt kannst du Dinge platzieren, die du mit der Göttin in Verbindung bringst. Es muss nicht spektakulär sein. Ich finde es immer schön, eine Kerze zu haben und sie brennen lassen zu können. Es kann ein Bild von Maria dazukommen, wenn du das parat hast. Es können Karten aus einem Tarotdeck sein. Es können Statuen sein oder Postkarten. Es können Gegenstände sein, die Weiblichkeit oder Femininität symbolisieren. Du entscheidest. Dein Altar. Deine Energie. Deine Göttlichkeit.

Ich habe auf meinem »Feminine Divinity«-Altar unter anderem eine Kerze von der schwarzen Madonna aus Altötting, die Venus von Willendorf, eine goldene Tara, die ich von meiner Mutter bekommen habe, eine Frauenstatue aus Kuba, goldene Federn, einen Regenbogenmaiskolben aus New Mexico, den ich von Großmutter Flordemayo, einer Mayapriesterin, erhalten habe, die Venus von Lespugue, einen Schlangenring, den ich geschenkt bekommen habe, Wasser von den Externsteinen, ein kosmisches Ei, das meine Mutter von Flordemayo bekommen hat, eine Bienenwachskerze, ein Bündel meiner Navajoschwestern und wechselnde Göttinnenkarten. Kurzum: alles Dinge, die ich mit Weiblichkeit, Schwesternschaft, Matriarchat, alter Weisheit und Femininität verbinde. Du siehst also, du kannst ganz kreativ sein. Und wie gesagt, du kannst simpel anfangen. Mein Altar ist über Jahre gewachsen.

Ich zünde jeden Tag ganz bewusst die Bienenwachskerze an und verbinde mich mit all diesen verschiedenen Aspekten von Weiblichkeit und femininer Energie. Ich erinnere mich daran, dass Frauen und nicht-männliche Menschen genauso heilig sind wie Männer. Ich führe mir den Facettenreichtum femininer Energie vor Augen. Ich atme bewusst in meinen Körper. Und dann verbinde ich mich mit den Frauen in meinem Leben, mit meinen Ahninnen, meinen Freundinnen, den Frauen, die ich kenne, mit den Frauen, die gleichzeitig mit mir auf dieser Erde sind, und den Frauen, die uns folgen werden. Ich stelle mir vor, wie ich mich durch ein goldenes Netz mit ihnen verbinde. Denn das ist es, worum es letztendlich geht – die Verbundenheit der Frauen wiederherzustellen, die Unantastbarkeit jeder Einzelnen zu ehren, solidarisch in Schwesternschaft zu sein und gemeinsam die feminine Göttlichkeit zu verkörpern.

Spiritualität ist im Kern der Glaube an eine geistige, nichtmaterielle Ebene. Wörtlich ist es von *spiritus* abgeleitet, was so viel wie »Geist« oder »Hauch« bedeutet, beziehungsweise von *spiro*, was »ich atme« bedeutet. Spiritualität ist eine Perspektive oder das Erleben einer sinnlich nicht fassbaren Welt, die der materiellen Welt zugrunde liegt. Die gemachten Erfahrungen haben direkte Auswirkungen auf die Lebensführung und die ethischen Vorstellungen einer Person.

So wie jede patriarchale Kultur die Frauenverachtung innehat, hat auch jede patriarchale, monotheistische Religion die Abwertung der Frau inne. Wenn wir etwas immer und immer wieder hören, dann macht es etwas mit uns – bewusst oder unbewusst. Wenn eine bestimmte Weltsicht quasi unseren Atem bestimmt, dann macht das etwas mit uns. Die Vergötterung des Männlichen und die Verteufelung des Weiblichen ist auch an den Frauen, die vor uns kamen, nicht spurlos vorbeigegangen. Die kollektive Erfahrung, immer wieder weniger wert zu sein und als die weniger relevante Hälfte der Menschheit dargestellt zu werden, verantwortlich für Dinge gemacht zu werden, für die man nicht die Schuld trägt – diese kollektive Erfahrung macht etwas. Sie prägt sich epigenetisch ein, sie überträgt sich durch Handeln und Denken, sie kann unseren Wesenskern erschöpfen.

Doch sobald wir erkennen, dass das, was uns gepredigt wird, nicht die Wahrheit ist, können wir uns davon befreien. Wir können beginnen, unseren Wert zu erinnern. Wir können aufhören, Sündenschaf zu sein. Wir können uns befreien. Atemzug für Atemzug. Gebet für Gebet. Jeden Tag ein weniger mehr.

Und das bedeutet auch zu erkennen, dass die Göttin keine weiße, schlanke, langhaarige Frau sein muss – dann wären wir ja wieder zurück im kirchlichen Kuddelmuddel –, sondern dass sie alle Facetten annehmen kann. Und ja, sie kann auch nicht-binär, trans oder nicht-männlich sein.

Meine Erfahrung zeigt mir: Wenn wir den folgenden Generationen eine lebenswerte Welt hinterlassen wollen, müssen wir unsere Spiritualität wieder an den alten Werten beziehungsweise an den indigenen Wertvorstellungen orientieren. Denn die indigene Sichtweise ist die einzige, die inklusiv und nachhaltig ist. Und das bedeutet eben auch, dass wir als Menschen von unserer gefühlten Überlegenheit lassen müssen.

Spiritueller Feminismus legt den Fokus auf das, was die fehlende Repräsentation göttlicher Weiblichkeit, göttlicher Nichtmännlichkeit mit den Menschen gemacht hat. Wenn wir als Frauen, als Menschen, die sich als weiblich sehen, und als nichtbinäre Menschen auch spirituell einen Platz einnehmen und eine gleichwertige Existenzberechtigung neben dem Männlichen erfahren, verändert das nicht nur unsere Seelenempfindung, sondern auch die Art und Weise, wie wir in die Welt gehen.

Die Wurzel der weiblichen Wirklichkeit

Wenn ich zurückblicke, habe ich mich selbst so oft in Verhaltensweisen und Denkweisen wiedergefunden, die mir als Frau nicht dienten. Doch ich hatte keine alternative Blaupause, ich kannte keinen anderen Umgang, und ich glaubte dem Narrativ, das mir als kleines Mädchen schon mitgegeben wurde. Nicht unbedingt von meinen Eltern, doch in der Schule, von anderen Eltern, von den Medien, in den Läden, durch das Fernsehen – ja, damals saßen wir noch zu fixen Zeiten vorm Fernseher und warteten auf unsere Lieblingsserien. Wenn ich mir heute eine Folge »Beverly Hills 90210« anschaue, läuft es mir kalt den Rücken runter. Stolpere ich um die Weihnachtszeit aus Versehen in einen der Sissi-Filme, dann zieht sich mein Magen zusammen. Schlägt mir mein Streaming-Anbieter einen Hallmark-Klassiker vor, dann muss ich den Rechner zuklappen. Das, was mir früher stimmig erschien, ist für mich heute nicht mehr tragbar. Es sind fast Erzählungen aus einer anderen Realität. Oder besser gesagt aus einer Matrix, die ich zu einem großen Teil schon verlassen habe. Dafür musste ich keine Pille schlucken, sondern eine bewusste Entscheidung treffen. Und für mich gehörte auch das Quäntchen Glück dazu, das mir die richtigen Bücher und die richtigen Inspirationen zur richtigen Zeit in meine Welt spülte. Das bedeutet nicht, dass ich »geheilt« oder immer und jederzeit in meinen Handlungen bewusst bin. Doch ich merke dieses Alte mittlerweile viel früher und kann es bei anderen auch nicht mehr als persönliche Attacke wahrnehmen, sondern als patriarchales Verhaltensmuster.

Ein Phänomen, das wohl jede Feministin kennt, ist, dass junge Frauen Feminismus tendenziell überflüssig finden und oftmals den Bedarf dafür nicht erkennen. Auch mir ging es so. Als ich jung war, schaute ich eben »Beverly Hills 90210«, fühlte mich frei und dachte, ich könnte die Welt erobern. Da ich aus einem Haushalt kam, in dem beide Eltern es geschafft hatten, die ersten Akademiker in ihrer jeweiligen Linie zu werden, waren meine Startbedingungen ins Leben durchaus bequem. Ich hatte viele Möglichkeiten und eine materiell sichere Kindheit und Jugend. Und ich hatte die Illusion, dass ich machen kann, was ich will, dass Frauen in dieser Gesellschaft frei wählen können und dass alles möglich ist. Mein Pädagogikstudium war bei einem neunzigprozentigen Frauenanteil kein Sprung in die kalte Realität, obwohl ich mich da zum ersten Mal wunderte, dass es so viele männliche Dozenten gab, wo es doch so viele weibliche Studierende waren … Der Schlüssel ging nicht ganz auf.

Doch es brauchte noch einige Jahre, bis ich schlussendlich das wirkliche Ausmaß der Prägung der weiblichen Wirklichkeit begriff. Da war ich dann schon über dreißig. Bis dahin hatte ich strukturelle Diskriminierung erfahren, sexuelle Übergriffe erlebt, bin bei Beförderungen konsequent übergangen worden und hatte Momente, in denen mir meine Kompetenz aufgrund meines Frauseins abgesprochen wurde. All dies waren aktive Handlungen von Männern, die gegen mich gerichtet waren. Ich konnte sie klar identifizieren, denn sie kamen quasi »von der anderen Seite«. Es war Teil des Wahnsinns, den so viele Frauen tagtäglich in unserer Gesellschaft erleben. Den Teil von struktureller Benachteiligung, kollektiver Diskriminierung und individueller Entmächtigung hatte ich erfahren und verstanden. Ich äußerte mich verbal und wurde aktiv. Ich stand für meine Rechte ein. Ich war bereit, das System zu verändern.

Was mir bis dahin allerdings nicht umfassend klar war, war der Anteil, den wir Frauen – und damit auch ich – an der Aufrechterhaltung dieses Systems haben. Auch hier gilt: Das ist nicht unsere Schuld, sondern unsere Verantwortung. Erst als ich bei mir selbst und in den eigenen Reihen schaute, fiel mir auf, wie oft wir uns als Frauen gegenseitig ein Bein stellen oder die andere bereitwillig opfern. Oftmals gar nicht bewusst, sondern als Resultat einer generationenübergreifenden Prägung, die wir als Frauen nicht so kreiert haben, doch unbewusst wiederholen. Genau das ist es, was das Patriarchat so perfide macht: diese transgenerationalen unbewussten Verstrickungen, die aus systematischen strukturellen Benachteiligungen und Unterdrückungen erwachsen sind. Meiner Meinung nach ist es mehr als an der Zeit, das Ganze aufzudröseln, zu entmystifizieren und damit zu entmachten. Was gleichzeitig bedeutet, dass wir uns unsere Macht und Deutungshoheit zurückholen.

In diesem Teil des Buches werden wir darauf schauen, wie wir dahin gekommen sind, wo wir jetzt sind – denn ja, es gab ein Davor. Zum einen blicken wir auf die Frau in der Gesellschaft –

dorthin, wo ihre Position und ihr vermeintlich »angestammter« Platz sind. Wir schauen uns an, woher diese Vorstellungen kommen und wie sie sich verändern lassen. Von der Position in der Gesellschaft schauen wir auf den Frauenkörper als solches – verkörpert er doch unser Anderssein im Patriarchat. Wir schauen auf Sexualisierung, Erscheinung und die mit den Narrativen verbundenen Mechanismen. Und wir entlarven den vermeintlichen Penisneid als das, was er wirklich ist. Denn es ist Zeit, dass wir Frauen wieder die Deutungshoheit über unseren Körper zurückgewinnen. Es ist Zeit für die Befreiung des Körpers – für Body Freedom. Anschließend liegt der Fokus auf dem Miteinander: Sisterhood. Hier begegnen wir der Stutenbissigkeit und der Bienenkönigin – und finden heraus, wie viele dieser Phänomene wirklich wahr sind und wie ihre Ausprägungen unser Miteinander beeinflussen. Erkennen wir die Mechanismen, können wir sie verändern – für ein neues Miteinander. Denn es sind die Beziehungen zwischen Frauen, die uns aus dem Patriarchat führen. Und es ist Zeit für eine neue Qualität der Sisterhood – für eine souveräne, solidarische Sisterhood.

Ich möchte ehrlich sein: Auch wenn ich schon mehrfach unter den Deckmantel des Patriarchats geblickt habe, bin ich noch lange nicht am Ende. Auch ich komme immer wieder in Momente, wo ich ob der Ausmaße erschrecke, in denen das Patriarchat noch aktiv wirkt. Und ich bin mir auch darüber bewusst, dass ich als weiße Cis-Frau durchaus privilegiert bin, was meine Position in diesem System angeht.

Die Position von uns Frauen in der Gesellschaft

Beginnen wir mit dem Blick auf die Gesellschaft, in der wir leben. An vielen Stellen kann sich das Gefühl ergeben, dass wir das Patriarchat schon verlassen haben, doch oft sind die ursprünglichen Mechanismen noch vorhanden und kleiden sich einfach nur in andere Gewänder. Denn bis heute werden Frauen auf bestimmte Plätze in der Gesellschaft geschickt und müssen darum kämpfen, ihre Biografie so zu gestalten, wie sie es gern möchten. Wenn wir versuchen, Patriarchat und die damit verbundenen Narrative und Mechanismen zu erkennen, dann müssen wir erst mal erkennen und anerkennen, dass wir uns immer noch in patriarchalen Strukturen befinden, auch wenn es sich subjektiv anders anfühlen mag. Das Gute ist: Nur weil sie uns so vertraut erscheinen, bedeutet das nicht, dass sie nicht veränderbar sind.

Schauen wir in die Geschichte der Menschheit, dann ist die Herrschaft des Mannes im Patriarchat so lange allgegenwärtig gewesen, dass Patriarchat noch nicht einmal als Konzept definiert wurde. Denn die Vorstellung der Überlegenheit des Mannes als ein natürlicher Zustand war selbsterfüllend – waren es doch Männer, die Gesetze machten, Gesellschaft formten, Geschichte schrieben und Religionen erfanden. Männer hatten Zugang zu Bildung, zu Macht, zu Schrift, zu Glauben – zu all dem, was über die Deutungshoheit entscheidet. Die besondere Gabe des Patriarchats lag darin, sich selbst so unsichtbar wie möglich zu machen und so natürlich wie gottgegeben darzustellen. In den folgenden Kapiteln werden wir das ändern. Denn eines ist sicher: Das System, in dem wir uns aktuell befinden, ist nicht gottgegeben, sondern menschengemacht. Und damit ist es veränderbar.

Die gezähmte Frau

Vor allem in den letzten Jahren entstand der Trend, von der »wilden Frau« zu sprechen, als Synonym für eine freie, entfesselte Frau. Oder von der »ungezähmten Frau«, derjenigen, die noch voll und ganz mit sich verbunden ist. Das Buch *Untamed* von Glennon Doyle hat es in die Bestsellerlisten geschafft, und es gibt Workshops dazu, die wilde Frau in uns wiederzufinden. Oft habe ich mich dabei gefragt, wer denn eigentlich die wilde Frau ist. Was ist es genau, was wir uns unter der ungezähmten Frau vorstellen?

Dabei ist es interessant, dass man bei Männern nie von »gezähmt« oder »ungezügelt« spricht. Männern legt man kein Zaumzeug an. Es sind Frauen, die gezügelt und gezähmt werden. Oder im schlimmsten Fall auch »zugeritten«. Und diese Worte führen uns schon auf den Ursprung zu. Hier wird es interessant, denn wir reisen ziemlich weit zurück in der Zeit – bis zum Beginn des Patriarchats. Und wir sehen, wie die damals entstandenen Mechanismen auch heute noch dafür sorgen, dass wir uns als Frauen selbst die Zügel anlegen.

Denn: Was auf den ersten Blick wie ein Phänomen aus der spirituellen Selbstentwicklungsecke wirkt, hat einen tiefen Ursprung. Die gezähmte Frau ist etwas, das man vor einigen Jahrtausenden wirklich wörtlich nahm. Und dort, wo man die Frauen zähmen wollte, hat man sie auch gezügelt. Der Ausdruck »ungezügelt« wird bis heute für eine Frau verwendet, die sich jenseits der gesellschaftlich erlaubten Normen bewegt. Es ist eine Frau, die sich nicht in dem ihr zugesprochenen Raum bewegt, sondern einfach Grenzen überschreitet. Eine Frau, die sich nicht den Gepflogenheiten gemäß brav dressiert durch den Alltag bewegt, sondern sich anmaßt, einfach ihr Ding zu machen. Dieser Frau sollten die Zügel angelegt werden.

Ich selbst kenne es von mir, dass ich zu laut war und vor allem zu oft zu schnell vorpreschte. Eine Eigenschaft, die unterbunden werden musste. Fast so wie bei einem wilden Pferd, dessen Bewegungslust unterdrückt werden muss. Ich erinnere mich an Situationen in meiner Jugend, wo mir sogar wortwörtlich gesagt wurde: »Nun zügle dich mal.« Es ging ganz früh damit los. Besonders erinnere ich mich an einen Moment im Kindergarten. Ich trug mein liebstes Kleid – rosafarben mit blauen Blümchen und hochgeschlossenem Kragen (ja, alles kommt wieder in Mode), dazu eine blickdichte blaue Strumpfhose – es muss also in der kühleren Jahreszeit gewesen sein. Ich weiß noch, dass wir uns im Kreis versammelten, und es gab Musik. Wir sangen, ließen mit unseren Händen Löwen durch die Savanne laufen, und zum Abschluss wurde noch ein Lied gespielt. In dem Moment sprang ich auf und begann zu tanzen. Mein Körper bewegte sich zur Musik, und ich spürte die totale Lebensfreude durch mich fließen. Ich schwang mein Kleid und drehte mich … Bis zu dem Moment, in dem mich eine der Erzieherinnen am Arm packte und sagte: »Nun zügle dich mal!«

Schlagartig wich all die Energie aus mir, und ich starrte sie an. Ich bemerkte, wie anscheinend motiviert durch mein Tanzen auch andere Kinder aufgesprungen waren und sich ekstatisch und voller Freude zur Musik bewegten. Doch ich war die Wilde, die sie angestachelt hatte. Ich war das zügellose Wesen, das ausgebrochen war. Mir mussten die Zügel angelegt werden. Ich musste gezähmt werden. In dem Moment, in dem die Erzieherin mich am Arm packte, es war der linke, erstarrte etwas in mir. Auch wenn ich nicht komplett begriff, was los war, so wusste ich doch: Ich war schuld. Ich hatte mich nicht korrekt verhalten. Ich zu sein war nicht okay. Laut sein, lachen, tanzen war nicht okay, solange es nicht den Regeln folgte … Es waren oft die Momente, in denen ich lachend und tanzend meine Hüften schwang, laut mitsang und die Musik noch lauter drehen wollte. Es waren die Momente, in denen ich meiner Energie vollen Lauf ließ, in denen ich mich nicht zurückhielt, in denen ich einfach in meiner vollen weiblichen Ausdruckskraft war.

Die Situation im Kindergarten war freilich nicht die einzige, in der mir gesagt wurde, ich solle mich mal zügeln. Meine erste Ballettstunde blieb meine einzige – meine knallrote Strumpfhose allein war anscheinend wild genug, damit meiner Mutter ein alternativer Tanzstil für mich ans Herz gelegt wurde. So landete ich dann beim Jazztanz. Ich könnte noch viele weitere Momente aufzählen, doch ich bin mir sicher, du selbst hast auch ausreichend viele Erinnerungen, die du hierzu teilen könntest.

Impuls

An welche Momente in deinem Leben erinnerst du dich, in denen dir gesagt wurde, dass du dich zügeln sollst? Wie erging es dir in solchen Momenten?

Was mir rückblickend faszinierend und auch beängstigend erscheint, ist das Phänomen, dass ich irgendwann begann, mich selbst zu zügeln. Mir waren all die Bekundungen und vermeintlichen Ideen davon, dass eine ungezähmte Frau keine gute Frau ist, so in Fleisch und Blut übergegangen, dass ich begann, der Gesellschaft ihre Arbeit abzunehmen. Ich zügelte und zähmte mich freiwillig selbst. Ich legte mir die Zügel an und zerrte mich auf den vermeintlich rechten Weg, anstatt wild über die Wiese zu springen. Ich wählte meine Kleidung passend zu den Anlässen, ich ließ meine Stimme immer etwas höher erscheinen, als sie eigentlich war, und ich lächelte freundlich, anstatt laut zu lachen. Schlussendlich passte mein Zustand zu dem eines Zirkuselefanten, der an einem dünnen Seil festgebunden ist und glaubt, dass es ihn aufhalten könne – denn es ist ihm seit der Kindheit so in Fleisch und Blut übergegangen, und er kann sich nicht mehr an einen anderen Zustand erinnern.

Doch wenn wir dann auf eine Frau treffen, die ungezähmt, ungezügelt und wild ist, dann gibt es in uns diese Erinnerung. Es gibt eine Reaktion. Denn die ungezügelte Frau im Patriarchat ist immer noch die Ausnahme. Ich habe gemerkt, wie es mich getriggert hat, wenn ich Frauen in ihrem freien Ausdruck erlebte. Oft gibt es zwei Reaktionen: Zum einen wird diese Frau abgetan, als unkultiviert bezeichnet oder als unweiblich gebrandmarkt. Zum anderen gibt es die Faszination – fast so, als ob wir Eva dabei beobachten, wie sie in den Apfel beißt und nicht aus dem Paradies verbannt wird, sondern erwacht – voller Erkenntnis über all das, was im patriarchalen Garten Eden schiefläuft.

Egal, wie wir reagieren – es ist immer ein Erinnern an die ungezügelte Frau in uns. Es ist, als ob sie wieder ein wenig erwacht, angestupst durch die Frau vor uns. In uns werden Sehnsüchte geweckt und Visionen von einem anderen Leben reifen ... Trauen wir uns? Oder die ungezügelte Frau vor uns erinnert uns an die Fragilität des Systems. Sie erinnert uns daran, dass wir uns selbst verlassen haben, mit jedem Mal, in dem wir uns selbst gezähmt und den Maulkorb angelegt haben, in dem wir uns brav dressiert und hübsch gekleidet präsentiert haben. Genau da wollen wir nicht hinschauen. Also muss sie verschwinden.

Impuls

An welchen Stellen zügelst du dich selbst?
Wo beobachtest du, dass du dich zurücknimmst?
Was macht es mit dir, wenn du auf eine ungezügelte Frau triffst?

Für mich war es immer eher die Faszination, es war, als ob eine alte Erinnerung in mir wachgerufen würde. Ich wünschte mir immer, ich würde mich trauen, doch ich wusste nicht, wie ich aus meiner Trance ausbrechen sollte. Bevor ich mit dir teile, wie ich aus dieser traumatischen Hypnose wieder erwachte, lass uns zum Ursprung der gezähmten und gezügelten Frau reisen. Denn wenn wir die Wurzel von etwas verstehen, hilft uns das, die Symptome zu heilen. Wenn wir erkennen, woher die gezügelte Frau kommt und wie sie immer wieder gezähmt wurde, dann können wir sie bewusst befreien.

Von Viehzüchtern und Gebärfähigkeit

»Der Mann, der sich einen Körper nimmt, der nicht der seine ist, ihn beansprucht, seinen sogenannten Samen sät, eine Ernte einfährt – er kolonisiert einen weiblichen Körper, beraubt ihn seiner natürlichen Ressourcen, kontrolliert ihn.«[9]

ANDREA DWORKIN

Wenn wir zum Ursprung der Ausdrucksweise der Ungezähmten und Ungezügelten zurückkehren wollen, dann führt sie uns einige Tausend Jahre zurück in die eurasischen Steppen. Wir reisen in die Zeit der nomadischen Viehzüchter. Und zurück zur Geburtsstunde des Patriarchats, die wir im ersten Teil des Buches schon gestreift haben. Manche Forschenden sagen, dass der Ursprung des Patriarchats wahrscheinlich auf eine Klimaveränderung zurückzuführen war. Damals gab es in der Region des heutigen Georgiens eine anhaltende Dürreperiode, die dazu führte, dass die zuvor fruchtbare Gegend nicht mehr genügend Nahrung für alle bot und dass mehr Fleisch als Alternative zu Pflanzlichem verzehrt wurde. Das Gleichgewicht zwischen Feldbau, der von den Frauen betrieben wurde, und Weidewirtschaft, die den Männern zufiel, verschob sich zum Nachteil der Frauen, die immer abhängiger wurden von der Fähigkeit der Männer, Nahrung zu beschaffen. Es begann die Zeit der großen Wildpferdeherden, die als Nahrung dienten, und der Domestizierung der Pferde als Reittier, um die Herden hüten zu können. Diese Herden brauchten mehr und mehr Raum, und so kamen sich die unterschiedlichen Clans und Stämme nach und nach in die Quere, denn immer mehr von ihnen gingen aufgrund des dürre gewordenen Bodens zur Viehwirtschaft über.

Die Situation spitzte sich zu und endete mit dem Griff nach den Waffen. Aus einer zuvor tendenziell friedlichen Region wurde eine, in der die Menschen um ihr Überleben kämpften. Die Männer übernahmen die Macht. Denn: In krisenreichen Zeiten blicken die Menschen gern zu siegreichen Anführern auf. Und da das Problem des mangelnden Weidelandes blieb, wurden aus Hirten Hirtenkrieger, und die Region versank in dauerhaftem Unfrieden.[10]

Im Zuge dessen wurde aus einer gemeinschaftlichen Ökonomie eine des Privatbesitzes, denn das entstehende Häuptlingswesen hatte durch das bewaffnete Gefolge eine zuvor ungekannte Macht und viel mehr Möglichkeiten, sich Güter anzueignen. Je mehr

Vieh ein Häuptling hatte, desto machtvoller war er. Er entschied darüber, wer seine Waffenbrüder waren, die von seinem Ruhm profitierten – was auch zur Ungleichheit zwischen den Männern führte. Ab 4500 vor unserer Zeitrechnung beherrschten diese Hirtenkrieger schließlich das gesamte osteuropäische Steppengebiet.

Was bedeutete das nun für die Frauen in der Gesellschaft? Zunächst mussten sie den ökonomischen Bedeutungsverlust hinnehmen – und an dieser Stelle sei nochmals deutlich gesagt: Frauen waren den Männern im Matriarchat ökonomisch gleichgestellt. Wenn sie durch den Feldbau mehr Erträge erwirtschaftet und mehr Nahrung produziert hatten, so hatte dies nicht zu einer Abwertung der Männer geführt. Denn im Matriarchat ging es nicht um Macht, es ging um die Gemeinschaft und die kommenden Generationen. Das Matriarchat war eine Gesellschaftsform, in der die Gemeinschaft im Fokus stand und die frauenzentriert war – was jedoch nicht automatisch den Mann unterworfen oder minderwertig gemacht hat. Es war eine vollkommen andere Sicht auf die Welt, die auch andere Lebewesen über den Menschen hinaus miteinbezog.

Als wäre der ökonomische Bedeutungsverlust der Frauen im Patriarchat nicht schon genug, so führten die neuen Strukturen auch zur sozialen Abwertung. Wer die Macht erzwungen hat, kann auch die zuvor heilige Ordnung außer Kraft setzen. Wer sich selbst aufwertet, muss andere abwerten. Und darunter hatten vor allem die Frauen zu leiden. Und die Tiere. Zuvor noch als eingebunden in ein großes Ganzes gesehen wurden Tiere nun zu einer simplen Ressource – zu einer Handelsware, die Macht sicherte. Die weiblichen Tiere wurden als Gebärmaschinen angesehen – denn ihre Reproduktion vermehrte die Herde und damit die ökonomische Macht.

Da sie die Herden mittlerweile eng beobachteten, erkannten die Hirtenkrieger, dass es offensichtlich ein männliches Tier brauchte, um ein weibliches zu schwängern. Ihnen wurde bewusst, was das für sie selbst bedeutete: ihre eigene Beteiligung an der Fortpflanzung. Diese war den Menschen davor verborgen geblieben, zumal Monogamie zu der Zeit ein noch unbekanntes Konzept war. Man ging davon aus, dass die Kinder durch göttlichen Willen in den Frauen entstanden. Die tiefgreifende Erkenntnis der eigenen biologischen Macht führte die Männer schließlich zur Entheiligung der Frauen. Damit war die alte Ordnung endgültig zerstört.

Um den Fortbestand der eigenen Linie und damit die Erbschaft des angehäuften Reichtums zu sichern, musste nun sichergestellt werden, dass ausschließlich das Alphamännchen Zugriff auf »seine« fortpflanzungsfähige Frau hatte. So wurden Frauen wie Pferde zu einer Handelsware und auch untereinander getauscht. Wie auch immer die konkrete Situation war, die Frau wurde Besitz des Mannes. Und so »hütete« und »züchtigte« der Mann die Frau wie seine Kühe oder Pferde – denn wie sonst konnte er sicherstellen, dass sie gehorsam und monogam war? Wie sonst konnte er sicherstellen, dass der Sohn und Erbe auch wirklich seiner war?

In dieser Zeit entstand zugleich die Idee der unberührten Frau – der Jungfrau – als einzige Garantie dafür, dass die Frau ein unangetastetes Gut war. Die Frauen wurden gezügelt und gezähmt, sie wurden gefügig gemacht und auf ein bestimmtes Verhalten hin dressiert. Ihnen wurde sämtliche Heiligkeit abgesprochen, sie wurden versachlicht und hatten nur noch einen Zweck zu erfüllen. Eine »ungezügelte« Frau wurde brutal bestraft. Hatte sie einen Liebhaber, wurde der getötet, sie teilweise nur geschändet, denn als wirtschaftliches Gut hatte sie ja noch einen Zweck zu erfüllen.

So wurden Söhne zu Erben und Töchter zur Handelsware – etwas, das wir auch noch Jahrtausende später in der strategischen Verheiratung von Königstöchtern beobachten können. »Bist du schon kein Erbe, so kannst du mir wirtschaftlichen Wohlstand bringen. Dein Wohlbefinden spielt dabei keine Rolle …« Die exklusive dauerhafte Monogamie ist bei all dem ein sozial konstruiertes Konzept, das durch seine unnatürliche Entstehung nur mit Zwang und Strafe durchzusetzen war. Ob wir sie heute wirklich noch als das Maß aller Dinge stehen lassen wollen, könnten wir uns auch mal überlegen. Vor allem, wenn wir nun wissen, woher sie kommt.

Impuls

Wie geht es dir spontan mit diesem Wissen zum Thema Monogamie?

Wie fühlt es sich in Bezug auf deine eigenen Beziehungen an – aktuelle oder vergangene?

Diese krassen Praktiken galten zumeist für die herrschende Klasse, das einfache Volk hielt noch lange an der angestammten Ordnung fest. So wie es immer war – ob bei der Entstehung des Patriarchats, der Christianisierung oder der Forcierung des Kapitalismus. Die Trennung von herrschender Klasse und Volk ist ebenfalls eine, die sich bis heute durchzieht, jedoch nicht von vornherein so war. Es ist eine bewusst herbeigeführte Spaltung.

Die Überreste der eben geschilderten geschichtlichen Ereignisse lassen sich übrigens noch in der erwähnten Geschichte von Georg dem Drachentöter und seinem Sohn Michael erkennen.

Mythologisch gesprochen töteten die beiden den Drachen, der auch als Verkörperung der Göttin galt (daher findet die Schlange den Weg ins Paradies), und übernahmen so im wahrsten Sinne des Wortes die Herrschaft. Das Matriarchat mit dem Glauben an eine feminine Göttlichkeit fiel.

Impuls
Wie fühlt es sich an, diese Zeilen zu lesen?
Welche Gedanken kommen dir?
Welche Bilder entstehen?
Wie fühlt sich dein Leben im Hinblick auf diese Erkenntnisse an?

Für mich war es damals krass, diese Seite der menschlichen Geschichte zu entdecken und das Entstehen von Strukturen, die noch heute greifen, so deutlich nachvollziehen zu können. Es hat etwas in mir angerührt. Und es hat etwas aufgeweckt – fast so, als ob eine uralte Erinnerung zurückgekehrt wäre, die nicht mehr verschwindet. Das Wissen darum, dass die Welt, so wie wir sie gerade kennen, nicht so sein muss, sondern so gemacht wurde. Von Hirtenkriegern aus der osteuropäischen Steppe vor über sechstausend Jahren. Ganz schön skurril, dem weiterhin zu folgen.

Die Zügel lockern

Wenn wir uns unser ungezähmtes, wildes Sein erlauben wollen, bedeutet das auch, dass wir es anderen erlauben müssen. Viel zu lange haben sich Frauen gar nicht mehr in ihrer wahren Ursprünglichkeit ausleben können. Viele können sich überhaupt nicht vorstellen, wie die wilde Version von ihnen aussieht. Denn noch ist die Angst zu groß, anzuecken, ausgestoßen oder mit Entzug von Liebe oder Zugang zu Lebensnotwendigem oder zu Luxus bestraft zu werden. Wir haben die Wahl: Wollen wir lieber im warmen Stall sitzen bleiben, oder wollen wir in die freie Natur? Im Stall wissen wir, was uns erwartet. Wir kennen die Zeiten, zu denen es Futter gibt, wir wissen, wann ausgeritten wird, wir springen gut dressiert über sämtliche Hürden, die vor uns aufgebaut werden. Doch wir entscheiden nicht über unseren Tagesablauf, über unsere Verfügbarkeit und können uns auch nicht aussuchen, ob wir Lust haben, schon wieder zu springen. In der freien Natur kann es mal frisch werden, das Futter ist vielleicht nicht ganz so regelmäßig verfügbar, doch es ist ausreichend. Wir haben die Freiheit zu entscheiden, wann wir wo sein wollen. Und vor allem mit wem. In der freien Wildbahn werden wir allein nicht überleben – wir brauchen eine Herde. Dort wärmen wir uns gegenseitig, und wir teilen die Nahrung.

Zurück in die freie Wildbahn zu gehen bedeutet, sich Unwägbarkeiten auszusetzen – anders als beim immer gleichen vorhersehbaren Ablauf. Doch es bedeutet eben auch freie Wahl. Zurück in die Freiheit zu gehen bedeutet, dass wir nicht mehr permanent auf die Bedürfnisse und Ansprüche anderer reagieren müssen. Ich kenne es von mir und beobachte es bei vielen anderen Frauen – es ist fast so, als ob da ein ahnengeprägtes Sicherheitsmuster abläuft. Auch wenn ich es gar nicht musste, so habe ich doch immer wieder die Bedürfnisse anderer erfasst und geschaut, wie ich sie erfüllen kann. Bis mir klar wurde, dass ein entscheidender Teil dieses Verhaltens epigenetisch geprägt ist. Zu spüren, wie die Angst und die Sicherheitsmechanismen meiner Ahninnen noch in mir saßen, hat mich erschreckt und gleichzeitig zu

Tränen bewegt. Zu merken, wie tief es noch in so vielen von uns steckt – dieses unbewusste schnelle Reagieren auf Bedürfnisse und Anforderungen von anderen, vor allem aber von Männern. In dem Kontext verfluche ich Schlagzeilen wie »Zehn Dinge, die Männer an einer Frau mögen!« oder »Fünf Kleidungsstücke, die Männer absolut abtörnen«. Denn solche Schlagzeilen triggern permanent altes Trauma, reaktivieren diese alten Verhaltensweisen und sorgen dafür, dass wir immer wieder in eine traumatisch bedingte Handlung verfallen. Dies ist übrigens auch ein Grund, warum ich den meisten Frauenmagazinen abgeschworen habe – denn sie dienen nicht den Frauen, sondern dazu, sie zu zähmen.

Wenn wir das nächste Mal von jemandem gefragt werden, was wir machen wollen, dann dürfen wir uns das Recht rausnehmen, uns Zeit zu lassen, um es herauszufinden. Dieser Automatismus, dass wir sagen »Ist mir egal«, ist nämlich anerzogener Bullshit. Es ist niemandem egal. Doch oft sind wir so weit von unseren Vorlieben oder Wünschen entfernt, dass wir sie nicht benennen können. Oder wir sind unbewusst so darauf trainiert, die Wünsche anderer über unsere zu stellen, dass uns unsere eigenen egal erscheinen. Auch das darf ein Ende haben.

Impuls

An welchen Stellen spürst du, dass du auf die Bedürfnisse anderer reagierst, ohne es gefühlt beeinflussen zu können?

In welchen Situationen richtest du dein Handeln oder dein Erscheinungsbild an vermeintlichen Erwartungen oder Präferenzen anderer aus?

Was würdest du tun oder lassen, wenn du dich nur noch an deinen Erwartungen und Präferenzen ausrichten wür-

dest? Wie würde sich dein Auftreten, dein Handeln und dein Sein in der Welt verändern?

Eine Sache, die ich immer wieder höre, ist: Wenn ich frei bin, was soll ich denn dann machen? Nach all den Generationen von Frauen, die gezähmt und gezügelt wurden, können sich nicht mehr alle bewusst daran erinnern, was es heißt, eine wilde, freie Frau zu sein. Wie auch? Es gibt so wenige Vorbilder. Doch es geht auch nicht darum, direkt alle Fesseln zu sprengen und nackt in der Wildnis zu enden – obwohl ich die Idee eigentlich ganz verlockend finde. Es geht darum, uns der Zügel bewusst zu werden. Immer klarer wahrzunehmen, wann wir uns selbst zügeln, und damit aufzuhören. Es geht darum, anderen Frauen Mut zuzusprechen, wenn wir spüren, dass sie sich selbst zügeln, denn keine allein wird diese Strukturen verändern. Alle gemeinsam werden es tun.

Dies ist eine Einladung an all diejenigen, die schon wild und frei sind, sich in ihrer Wildheit und Freiheit zu feiern, wissend, dass sie damit für alle anderen den Raum wieder größer machen. Sie sind eine Erinnerung an all diejenigen, deren Zügel enger sind als ihre, sich aus ihnen zu befreien. Und wenn du dich noch nicht frei und wild fühlst, dann wisse: Wenn du einer wilden, freien Frau begegnest, dann ist sie keine Gefahr für dich. Sondern sie öffnet dir den Raum, das zu tun, was du dich vielleicht bisher nicht getraut hast.

Oft haben wir nicht nur unsere Zügel in der Hand, sondern auch die derjenigen, von deren Schicksal wir profitieren. Audre Lorde sagt: »Ich bin nicht frei, solange eine einzige Frau unfrei ist, selbst wenn ihre Fesseln sich von meinen unterscheiden.«[11] Nur wenn wir gemeinsam die Ketten lösen, die Zügel loslassen, das Zaumzeug abnehmen, werden wir frei.

Es ist also unsere gemeinsame Aufgabe, unsere Wünsche wiederzubeleben, unsere Vorlieben wieder herauszukitzeln, unsere Bedürfnisse wieder zu ehren. Und uns nicht mehr zurückzunehmen. Gleichzeitig bedeutet es, dass wir all dies nicht auf dem Rücken anderer austragen, denn dann verstärken wir das Patriarchat. Es geht nicht um kurzfristige Triebbefriedigung oder Konsum, um unsere emotionale Leere zu füllen. Es geht um wirkliche Bedürfnisse und unser wahres Wohlbefinden. Die Freiheit, unsere Wünsche zu äußern. Die Reife, die Wünsche anderer zu hören. Und die Weisheit, einen Weg zu finden, wie alle Frauen wieder frei werden können. Das geht nicht über die patriarchal geprägten Mechanismen von kompensierendem Konsum. Denn wenn wir kompensieren, erlauben wir uns immer noch nicht das, was dahintersteckt, und sorgen immer noch nicht langfristig und nachhaltig für uns.

Aktionsimpuls

Oft hilft es uns, überhaupt wieder wahrzunehmen, welche Bedürfnisse wir wirklich haben. Dabei sind die am einfachsten zu benennen, die wir uns nicht erlauben, weil wir mit diesen Bedürfnissen immer wieder konfrontiert werden und in Konflikt geraten. Sei es, weil wir das Gefühl haben, dass sie uns nicht zustehen, oder weil wir glauben, dass wir ungezügelt wären, wenn wir sie uns eingestehen und ihnen Raum geben. Doch das Verneinen unserer Bedürfnisse macht uns nicht liebenswerter oder begehrenswerter – es führt nur dazu, dass wir ein bisschen weniger existieren. Denn es gibt einen Teil von dir, den du der Welt vorenthältst – in deinem Selbstausdruck und dem Raum, den du einnimmst. Erinnere dich immer daran: Du hast das absolute Recht darauf, deine Zügel abzulegen und dir deine Bedürfnisse zu erfüllen. Dazu braucht es nicht die Erlaubnis von jemand anderem.

Zu Beginn kannst du dir die folgenden Fragen stellen:

- Welche Bedürfnisse sprichst du dir ab?
- Welche Ausdrucksweisen deiner selbst erlaubst du dir nicht?
- An welchen Stellen konsumierst du noch, anstatt dich um die wahren Bedürfnisse dahinter zu kümmern?

Um diese Fragen zu beantworten, stell dir einen Wecker und nimm dir für jede zehn Minuten Zeit. Oft tun wir die Beantwortung nämlich schnell ab. Nehmen wir uns jedoch Raum, kommt beim Schreiben oder Warten doch noch das eine oder andere zutage. Es kann hilfreich sein, vor der Beantwortung dieser Fragen zu tanzen oder deinen Körper anders zu bewegen. Denn sind wir im Körper und präsent, dann antworten wir aus uns heraus und nicht aus dem Verstand. (Das gilt übrigens immer und nicht nur für diese Fragen.) Schreib dir zu jedem Punkt mindestens zehn Dinge auf – auch wenn sich das erst mal viel anhört.

Im zweiten Schritt gehst du durch deine Listen und wählst jeweils drei Punkte aus, denen du Priorität geben willst. Nimm einen neuen Zettel und notiere dir, wie du jeweils aktiv werden kannst. Wie kannst du sicherstellen, dass du dein Bedürfnis erfüllst? Vielleicht trägst du dir eine Zeit im Kalender ein … Wie verleihst du deinem Selbst mehr Ausdruck? Ein Anfang kann sein, die entsprechende Kleidung im Schrank nach vorn zu hängen oder dich zu trauen, den roten Lippenstift auch wirklich zu tragen. An welchen Stellen kannst du dir, anstatt zu konsumieren, Raum für deine wahren Bedürfnisse nehmen? Vielleicht indem du feste Telefontermine mit Freundinnen machst, regelmäßig in die Natur gehst oder früher schlafen?

Sei dir und deiner Freiheit gegenüber verbindlich. Und vergiss nicht: Wenn wir uns trauen, brauchen sich die kommenden Generationen nicht mehr zurückzuhalten.

Göttinnen-Inspiration

Wenn es eine Göttin gibt, die allumfassend das Wilde und Ungezähmte repräsentiert, dann ist es die Göttin Fauna – die römische Göttin der ungezähmten Wildheit. Faunas Wurzeln liegen in der Jungsteinzeit. Sie ist die tiergebärende Mutter, die Beschützerin des Lebens in Wald und Flur. Fauna ist das wilde und unbezwingbare Element, das auch in uns Frauen existiert. Die Wildheit, die noch tief in uns schlummert, sich aber an die Zeiten der Freiheit erinnert.

Fauna wurde offiziell als Bona Dea, als die »Gute Göttin«, bezeichnet – es wird vermutet, dass die Frauen mit der Geheimhaltung ihres wahren Namens ihre eigene Natur schützen und ihre wilde und unabhängige Seite bewahren wollten. Denn die Bona Dea war die domestizierte Form der Fauna, wurde sie doch zur Göttin der Fruchtbarkeit von Feldern und Vieh und sorgte somit quasi für das gezähmte Land und die gezügelten Tiere.

Fauna in ihrer ursprünglichen Energie ist immer noch da. Bis heute haben wir ihren Namen nicht vergessen, und sie kann uns überall in der wilden Natur begegnen. Um die Fauna um Unterstützung zu bitten, bietet es sich an, einen wilden – vielleicht sogar etwas verborgenen – Ort in der freien Wildbahn zu finden. Wir können dies auch wunderbar gemeinsam mit anderen Frauen tun und zusammen in die Natur gehen, um unserem inneren wilden Anteil die Chance zu geben, sich wieder mit dieser unbändigen Energie zu verbinden und sie zu aktivieren. Wir kommen in die Natur, um uns an die Fauna in uns zu erinnern und ihr Raum zu geben. Wenn es die Jahreszeit erlaubt, hilft es, dabei barfuß zu sein. Finde also zunächst deinen Ort. Auch wenn es in der Wildnis sein sollte – du musst dabei nicht die Zivilisation verlassen. Doch es ist gut, wenn du ungestört bist, um der Wildheit in dir Raum zu geben.

Du darfst dem Ort deine Ehrerbietung erweisen – durch ein paar Gaben. Vielleicht möchtest du Blumen geben oder Nüsse. Du könntest einen Altar im Freien gestalten – vorsichtig mit Feuer und vor allem bitte nur natürliche Materialien verwenden, die keine Spuren hinterlassen. Verbinde dich mit dem Ort, den du gewählt hast, und komm an ihm an. Sag zum Beispiel: »Ich bitte darum, dass ich diesen Ort mit meinem ganzen Sein betreten darf. Ich bitte darum, mich heute und hier durch die Hilfe dieser wilden Natur mit der wilden Seite in mir zu verbinden.«

Das, was wir der Göttin Fauna wirklich darbringen können – neben den Gaben –, sind wir selbst. Werden wir uns unserer Wildheit wieder bewusst, dann wird auch sie wieder präsenter und kann durch uns wirken. Für deine Verbindung hilft es, eine Rassel oder eine Trommel dabeizuhaben, sind es doch diese beiden Instrumente, die uns mit dem Rhythmus der Urzeit verbinden. Und dann bitte die Göttin, durch dich zu tönen und sich durch dich zu bewegen. Wir geben unseren Körper der wilden Natur hin – durch Tanz und Bewegung. Wir geben der Wildheit in uns Ausdruck durch unsere Stimme – als Gesang, Tönen oder Urschrei. Und wir folgen dabei dem Rhythmus der Trommel oder Rassel, die uns trägt. Bist du allein, finde deinen eigenen Rhythmus, deine eigene Melodie – nicht jede von uns muss eine brüllende Löwin sein, es gibt viele Energien in der freien Wildbahn. Von der kleinen Maus bis zur großen Bärin. Vom freien Reh bis zur wilden Wölfin. Die Idee, dass wir immer die predatorische Überlegenheit eines Beutemachers in uns finden müssen, ist patriarchaler Bullshit.

Finde in deinem Tanz, in deiner Bewegung, in deinem Rhythmus, in deiner Stimme deine eigene Wildheit. Dabei kannst du Fauna immer wieder darum bitten, dass du dieser wilden Seite in dir mehr Raum geben, sie wiederbeleben, sie wach werden lassen kannst. Bewerte und beurteile deine Bewegungen und dein Tönen nicht – sie sind wild und nicht liebreizend und höflich. Sie müssen keinem Maßstab entsprechen und nirgendwo reinpassen. Es kann auch sein, dass du einfach still dasitzt, während die Wildheit in dir erwacht. Auch das ist okay.

Wenn du ans Ende kommst, dann bitte Fauna, dir zu zeigen, wie du diese Wildheit mit in deinen Alltag nehmen kannst. Vielleicht darfst du klarere Grenzen setzen, vielleicht darfst du mehr barfuß laufen, vielleicht darfst du lauter werden – was auch immer es ist, nimm es an und bedanke dich. Dann spüre noch einmal in deinen Körper hinein, wie er sich nun anfühlt und wo du ganz bewusst deine Wildheit in dir wahrnehmen kannst. Das wird dir helfen, im Alltag zu spüren, ob du schon wieder handzahm bist oder noch verbunden mit der wilden Seite in dir. Zum Abschluss kannst du dich bei Fauna und all den Wesen, die teilgenommen haben, bedanken. Sammle deine Gegenstände ein und verlass den Ort so, wie du ihn vorgefunden hast – wild und unberührt.

Das Heim für die Frau, die Herrschaft für den Mann

Wie oft haben wir es schon gehört? Frauen gehören ins Heim und an den Herd. Die kleine Welt für die Frau, die große Welt für den Mann. Genau das passt zusammen mit dem bereits beschriebenen immer größer werdenden Bewegungsradius der Hirtenkrieger und dem immer kleiner werdenden der Frauen damals. Da sie noch nicht einmal mehr ins Feld gehen konnten, weil die Böden ausgetrocknet waren, blieb ihnen nichts anderes als Heim und Herd.

Schon in den matriarchalen Gesellschaften gab es die Tendenz, dass Feldbau und Landpflege zu den Frauen gehörten und Jagd und Vieh zu den Männern. Die Frauen waren mit dem Land verbunden, in der sakralen Sicht der Welt war die Erde weiblich, und die Frauen gehörten eng zu ihr. Diese Aufteilung funktionierte wunderbar, es gab Gleichberechtigung zwischen den Geschlechtern. Ja, die Frauen waren der Kern der Gesellschaft, doch die Ethik war gemeinschaftliches Handeln. Mit dem Entstehen des Patriarchats, das mit dem Ausbau der Viehzucht und mit immer größeren Einzugsgebieten einherging, veränderte sich die gesellschaftliche Struktur. Durch verschiedene Kälteperioden ging im dritten Jahrtausend vor unserer Zeitrechnung dann auch der restliche Feldbau zugrunde, denn die Waldsteppengebiete nahmen ab, die Grassteppe dörrte aus, und die Wüste gewann an Raum. Aus den einst friedlichen Hirtenvölkern waren brutale Stämme geworden, Überfälle und Raub waren an der Tagesordnung. Alles war permanent in Bewegung – und Frauen verschwanden in der Bedeutungslosigkeit. Von den Hüterinnen des Landes waren sie zu Melkerinnen und Milchverwerterinnen geworden – besitzlose Dienerinnen der Männer. Was ihnen blieb, war laut Heide Göttner-Abendroth das Zelt oder die Jurte mit dem Haushalt, die von der Mutter an die Tochter weitergegeben wurde. Ihnen blieben im wahrsten Sinne des Wortes Heim und Herd.

Durch die Dürreperioden und die notwendigerweise immer größeren Einzugsbereiche der eurasischen und osteuropäischen Hirtenvölker drangen diese immer wieder auch bis nach Europa vor und trafen auf die dort angesiedelten Völker. Durch die anderen Gegebenheiten in der Landschaft gab es in Europa nicht das gleiche dynamische Nomadentum. Die Menschen hatten sich fest angesiedelt oder waren in wesentlich kleineren Bewegungsradien unterwegs. Als die kriegerischen Steppenvölker kamen, flohen die friedlichen und unbewaffneten europäischen Stämme oft und siedelten um – teilweise in schwer zugängliche Gebiete, was ihre Not verdeutlicht. So verschwand auch die uralte Verbindung der Menschen zu ihrem Land. Auch hier waren zuvor Land und Frauen eng verwoben. Nun wurden uralte Göttinnen-Tempel und am Ende ganze Kulturen zerstört. An die Stelle der vertriebenen matriarchalen Hochkulturen trat die der patriarchalen Viehzüchter. Und so hielt das Patriarchat Einzug in Europa.

Die unterworfenen Stämme behielten oft ihre matriarchalen Traditionen bei, und so entstand eine Zwei-Klassen-Gesellschaft. Die Idee der wissenden, herrschenden Oberschicht und der unwissenden, hart arbeitenden Unterschicht hat sich ja bis heute erhalten und ist auch in unser gegenwärtigen Gesellschaft sichtbar.

Im Rahmen einer jeden Eroberungswelle wurden Männer der unterworfenen Kultur getötet, damit die Vorherrschaft der eigenen DNA gesichert werden konnte. Die Frauen wurden entführt, vergewaltigt und in Ehen mit den Eroberern gezwungen. Denn die erobernden Männerhorden hätten nichts von ihren Feldzügen gehabt, hätten sie sich nicht fortpflanzen können.

Patrilokalität – Warum Frauen alles stehen und liegen lassen

Es gibt ein Phänomen, das sich auch heute noch beobachten lässt und bei dem emanzipierte Feministinnen die Hände über dem Kopf zusammenschlagen. Es ist der Moment, in dem Frauen alles aufgeben, um dem Mann hinterherzuziehen. So sprach ich mal mit einer Bekannten, die als Berufsberaterin an der Universität Bielefeld arbeitete. Als wir auf das Thema Praktika und Jobwahl zu sprechen kamen, packte sie aus. Sie sei immer wieder entsetzt festzustellen, dass sich junge Frauen in einer Partnerschaft mit ihren Wünschen nach dem aktuellen Partner richten. Wenn der ins Ausland gehen will, sind sie bereit mitzugehen. Ist er in der Heimat verwurzelt, sind sie bereit, ihre Träume aufzugeben und auch dort zu bleiben. Dies gilt natürlich nicht für alle Frauen, doch sie sagte deutlich: »Es gibt fast keinen Mann, der diese Überlegung macht. Die Männer denken ans Gehalt, die Chancen und das Prestige. Die Beziehung kommt bei Karriereentscheidungen an zweiter Stelle.« Ich konnte es damals fast nicht glauben, dass dieses uralte Muster immer noch in uns aktiv ist. Doch auch wenn wir schon älter sind, gibt es immer wieder Geschichten davon, dass er ein Jobangebot in einer anderen Stadt bekommen und angenommen hat und sie perspektivisch hinterherzieht. Andersherum höre ich die Geschichte eher selten.

Und auch die Zahlen scheinen es zu bestätigen. Schaut man sich eine Umfrage des Mannheimer Zentrums für Europäische Sozialforschung aus dem Jahr 2020 an, liest man: »Insgesamt lassen sich deutliche Geschlechterunterschiede in der Umzugshäufigkeit erkennen. Der Anteil derjenigen, die noch nie umgezogen sind, liegt bei Männern mit 18 Prozent deutlich höher als bei Frauen, von denen lediglich 10 Prozent noch nie umgezogen sind. Größere Geschlechterunterschiede zeigen sich bei häufigeren Umzügen. 26 Prozent der befragten Frauen, aber nur 18 Prozent der befragten Männer sind bereits zwischen vier und sechs Mal umgezogen – ein Unterschied von circa 8 Prozentpunkten. (...) Tendenziell scheinen Frauen demnach häufiger umzuziehen als Männer, wobei in beiden Gruppen ein ein- bis dreimaliger Umzug am häufigsten vorkommt.«[12]

Zum gleichen Thema heißt es im »Stern«: »Die Gründe spiegeln aber noch deutlich die traditionellen Geschlechterrollen wider: 55 Prozent der Frauen sind schon mindestens einmal für ihren Partner umgezogen, bei den Männern sind es 43 Prozent. Für einen Job haben dagegen nur 21 Prozent der Frauen und 31 Prozent der Männer schon die Kisten gepackt.«[13]

Diese Idee, dass Frauen Liebe über die eigene Karriere stellen, wird auch aktiv von Hollywood befeuert. In zahllosen Romantic

Comedies gibt sie ihre Karriere in der Großstadt für die Liebe in der Kleinstadt auf. Die Botschaft dahinter ist klar: Lass die Karriere sausen, und du findest die wahre Liebe. Sei nicht erfolgreicher als der Mann, den du liebst. Erkenne, dass all deine Träume Unsinn waren, und lass all deine Prinzipien für die Liebe fahren.

Impuls

In welchen Momenten in deinem eigenen Leben hast du schon mal den Gedanken gehabt, die Idee Liebe über den Beruf oder die Karriere zu stellen?
Hast du es getan? Wenn ja, wie ist es dir ergangen? Wenn nein, was hat dich abgehalten?
Kennst du die romantisierte Idee, alles für den richtigen Mann aufzugeben und mit ihm wegzugehen?

Ich selbst habe in meinem Leben zweimal die Erfahrung gemacht, dass Beziehungen scheitern, wenn ich mich nicht nach meinem Partner richte. Das erste Mal war es eine Beziehung mit einem wirklich liebenswerten Mann, die zu Schulzeiten begann und im Studium endete. Er war so voll und ganz in unserer Heimatstadt verwurzelt, doch ich konnte mich nicht »zurückhalten« und folgte meinem Fernweh. Ich nutzte meine Chancen, studierte in den USA, machte Praktika in Brüssel und versuchte Spanisch in Salamanca zu lernen (von dem Spanisch ist nicht mehr viel übrig). Ich sah dies damals nicht als Problem für unsere Beziehung, denn es ging doch darum, dass wir beide das tun können, was uns glücklich macht. Und ich kam ja immer wieder zurück. Doch das Konzept ging nicht auf. Wir trennten uns, und er verpartnerte sich schwuppdiwupp mit einer Frau, die auch so lokal eingestellt war wie er – und deren kompletter Fokus fortan auf ihm lag. Bei diesem ersten Mal war die Beziehung zwar zu Ende, doch ich hatte es geschafft, mir einigermaßen treu zu bleiben – auch wenn ich ohne ihn sicherlich komplett weggezogen wäre.

Beim zweiten Mal war es dafür anders. Rückblickend tappte ich voll in die patriarchale Falle. Dieser Freund lebte in Hamburg, ich in Bielefeld. Ich hatte einen Job, in dem ich ortsungebunden war – einzig die Nähe zu einem Flughafen war wichtig, denn ich war zuständig für das Management von vierzehn Ländern und europaweit unterwegs. Er war in Hamburg in einem Nine-to-five-Büro-Job zuständig für das Marketing von Digitalkameras. Als klar war, dass sich seine WG auflösen würde, waren wir gut ein Jahr in einer Fernbeziehung zusammen, und es war für ihn eine Selbstverständlichkeit, dass wir jetzt in Hamburg zusammenziehen würden. Denn schließlich hatte er ja seit Kurzem diesen grandiosen Job. Ich fragte ihn, was er davon halten würde, wieder in eine WG zu ziehen, wenn es das Finanzielle sei. Schließlich lebte ich gern in Bielefeld. Er drohte mit dem Ende der Beziehung. Ich schlug vor, dass ich eine Wohnung in Hamburg kaufen und dort mit ihm einziehen könnte, und er würde mir eine günstige Miete zahlen – er tat erfolgreich alles, um mir das auszureden. Wir mieteten also gemeinsam eine Wohnung. Ich zog nach Hamburg, mit einem Kloß im Bauch so groß, dass er mir den Atem nahm. Ich wollte zu diesem Zeitpunkt nicht weg von meiner Familie. Mein Vater und ich lagen uns zum Abschied tränenreich in den Armen, es war ein sehr schmerzhafter Prozess. Doch ich wollte auch nicht verlassen werden und glaubte in dem Moment, dass dies eine gute Beziehung sei. Ich gab also alles auf und zog um. Dass in mir ein uraltes Muster reaktiviert worden war, wusste ich zu dem Zeitpunkt noch nicht. Wäre mir klar gewesen, was da passierte, wäre ich nie umgezogen.

Die Quittung bekam ich dann knapp anderthalb Jahre später. Kaum hatte ich mir ein Netzwerk aufgebaut und den Schritt in die berufliche Selbstständigkeit gewagt, meinte mein damaliger Partner, er müsse jetzt einen Job in England annehmen. Er sagte »bei London« – Fakt war, dass es ein Ort war, der über eine Stunde von London entfernt liegt. Wie selbstverständlich ging er davon aus, dass ich mit ihm ziehen würde – denn ich hätte ja Freunde in London und könnte mein Business auch von dort aus starten. Er mietete sich ein Haus, dessen Miete so hoch war, dass er seinen Anteil an unserer gemeinsamen Wohnung nicht mehr zahlen konnte. Da stand ich also – diesmal in der deutlich schwächeren Position. Ich hatte gerade meinen Job gekündigt, war offiziell arbeitslos und gerade dabei, meine Selbstständigkeit umzusetzen. Doch diesmal spürte ich, dass ich mich nicht bewegen würde. Denn ich erkannte, dass meine zukünftig noch größere Selbstständigkeit und Unabhängigkeit auf der einen Seite dafür sorgten, dass eine vermeintliche Abhängigkeit auf der anderen Seite erzeugt werden sollte. Fakt war: Allein ohne Job in einem anderen Land wäre ich auf meinen Partner angewiesen. Fakt war auch: Allein in Hamburg bleibend würde ich meine Wohnung nicht zahlen können, und mein Netzwerk war nicht tief verwurzelt, da ich, seit ich dort wohnte, mindestens 60 Prozent der Zeit unterwegs gewesen war. Doch ich wusste: diesmal nicht. Nicht noch einmal. Nachdem ich also bereits meinen Job gekündigt hatte, kündigte ich meine Wohnung und dann auch meine Beziehung. Ich war mit einem blauen Auge davongekommen – so blauäugig, wie ich in das Ganze hineingestolpert war.

Rückblickend hatte ich nicht nur mein soziales Umfeld aufgegeben, sondern auch meine potenzielle wirtschaftliche Unabhängigkeit und meine Altersvorsorge – durch den Verzicht, Eigentum zu kaufen, als ich es gut gekonnt hätte. Ich hatte mich dem niedrigeren Lebensstandard und den geringeren Möglichkeiten meines Partners angepasst, um die Beziehung nicht zu gefährden, und war damit vollkommen unbewusst in die alten patriarchalen Strukturen getappt.

Impuls

Ist es dir auch schon passiert, dass du bereit gewesen wärst, für einen Mann deine fixen Strukturen aufzugeben?

Wenn ja, welche Gefühle hattest du dabei?

Und wie ist es ausgegangen?

Was war mir passiert? Und was passiert immer noch Tausenden von Frauen? Das uralte Traumaprogramm, das gern in uns aktiviert wird, heißt: Patrilokalität.

Solange wir in matriarchalen Zusammenhängen existierten, waren wir mit dem Land verbunden, auf dem wir geboren waren. Denn es war das Land der Mütter, die uns gebaren. Mit dem Aufkommen des Patriarchats verschwand diese Verbundenheit, denn durch die Veränderung der Strukturen wurden die Menschen mobiler. Frauen waren nun nicht mehr mit dem Land, sondern mit dem Mann verbunden. Es zählte nicht mehr die Mutter, sondern nur der Vater. Frauen wurden als Kriegsbeute mitgenommen, als Tauschware mitgegeben, sie hatten dem Mann an seinen Ort zu folgen. Durch diesen Umzug, Nachzug oder Mitzug wurde die Frau aus ihrer sozialen Struktur gerissen, was dem herrschenden Mann noch mehr Macht über sie gab.

Mit der Ausbreitung des Patriarchats breitete sich auch die Patrilokalität aus. Bei den nomadischen Völkern musste die Frau mit dem Stamm des Mannes mitziehen. Bei sesshaften Kulturen wohnte das Paar am Ort des Mannes beziehungsweise der männlichen Linie. Noch heute sehen wir Reste dieser Praxis in Indien, wo die Frau in das Haus der Eltern des Mannes ziehen muss und der Schwiegermutter untergeordnet wird. Selbst bei uns war bis 1957 im Bürgerlichen Gesetzbuch festgelegt, dass der Wohnsitz des Ehemannes automatisch als der der Ehefrau galt – quasi mit der Hochzeit. Ebenso konnte der Ehemann aufgrund des geltenden »ehelichen Entscheidungsrechts« – des sogenannten Gehorsamsparagrafen 1354 – den gemeinsamen Wohnsitz nach eigenem Ermessen und Gutdünken festlegen. Sprich: Er wählte, und sie musste folgen. So sagte es das Gesetz vor noch nicht einmal siebzig Jahren!

Dies macht deutlich, wie wenig bis gar keine Bedeutung der Familie der Frau zukam. Bestenfalls gab es noch eine wirtschaftliche Verbindung – beispielsweise bei Königshäusern oder Wirtschaftsdynastien. Der Begriff »Sie kommt aus einem guten Stall« stammt übrigens auch aus der Zeit der Viehzucht und wurde als Prädikat für eine gut gezähmte Frau mit gutem ökonomischem Hintergrund verwendet, die man gern in den eigenen Bestand integrierte, um den Fortbestand der männlichen Linie zu sichern. Umso krasser, dass wir diesen Ausdruck noch heute so salopp verwenden.

In der männerzentrierten Gesellschaft liegt der Fokus auf der Verbindung zwischen Vater und Söhnen, zwischen Brüdern und ihren Familien. Die Familie der Frau ist unerheblich. Väter, Brüder, Söhne bilden das Zentrum und fokussieren sich in der Identität auf die Abstammung von dem einen Stammvater. Die Frauen dienen als Gebärende der nächsten Generation. Durch die Patrilokalität wurden die Frauen nicht nur aus ihren Strukturen gerissen, sondern auch aus der fraulichen Gemeinschaft (auf die Folgen gehe ich beim Thema Stutenbissigkeit ein). Und die ursprüngliche Macht von Heim und Herd wurde systematisch untergraben.

Während ich dieses Buch schreibe, sitze ich übrigens am Schreibtisch meines bereits gestorbenen Vaters. Ich lebe übergangsweise mit meiner Mutter und in der Stadt, in der ich geboren wurde. Auch wenn die Situation pandemiebedingt entstanden ist, so spüre ich doch, wie ein Teil von mir tief dankbar dafür ist, dass ich jetzt ganz bewusst die Wunde der Patrilokalität heilen kann. Jeden Tag den Wald meiner Kindheit zu sehen berührt etwas in mir. Ich spüre, wie sich mein Nervensystem beruhigt, wenn ich über die Felder spaziere. Wir Frauen sind verbunden mit dem Land, und ich spüre, wie in den letzten Monaten etwas in mir geheilt ist. Es war wichtig für mich, diesen Schmerz in mir und den Schmerz meiner Ahninnen anzuerkennen und ihn zu fühlen. Ich habe geweint und bin geheilt.

Bedeutet das, dass ich nun für immer und ewig hier bleiben werde? Nein. Ich glaube nicht, dass Frauen nicht genauso mobil und flexibel sein können wie Männer. Wichtig ist nur, dass wir es wirklich aus freien Stücken tun und nicht, weil irgendein altes unbewusstes Programm in uns angetriggert wurde. Ich glaube übrigens auch nicht, dass Männer nicht mit dem Land verbunden sind – ich kenne viele, vor allem indigene Männer, die eine tiefe Beziehung zu dem Land, auf dem sie geboren sind, und zu dem Land, auf dem sie wohnen, haben.

Impuls

Kennst du das Land, auf dem du wohnst?

Woran denkst du als Erstes, wenn du an deinen Wohnort denkst?

Wie fühlt es sich an?

Wenn wir uns wieder mit dem Land verbinden, auf dem wir leben, dann können wir uns mit einer uralten Weisheit und Macht verbinden. Verbinden wir uns mit dem Land, verabschieden wir uns auch ein wenig von dem vermeintlichen Herrschaftsanspruch über die Natur und gehen wieder in Dialog mit unserer Umwelt. Wir verändern unsere Perspektive von einem Monolog in einen Dialog. Wir erkennen an, dass wir nicht allein sind auf dieser Welt. Wir beginnen wieder, die feminine Energie der Gemeinschaft zu beleben. Wir öffnen einen Weg, der es auch den Generationen, die uns folgen werden, erlaubt, die Wunder der Natur um uns her zu erleben.

Frauen und das Land

»Ich führe einen Dialog zwischen der Landschaft und dem weiblichen Körper (basierend auf meiner eigenen Silhouette). Ich bin überwältigt von dem Gefühl, aus dem Mutterleib (der Natur) geworfen worden zu sein. Durch meine Erde/Körper-Skulpturen werde ich eins mit der Erde, ich werde eine Erweiterung der Natur, und die Natur wird eine Erweiterung meines Körpers.«

Ana Mendieta[14]

Was Frauen und Natur auch verbindet, ist, dass sie im Patriarchat beide unterworfen wurden und weiterhin dominiert werden. Wichtig dabei zu erinnern ist: Stand das Bild der Großen Mutter oder Mutter Natur in vorpatriarchalen Zeiten für einen energetischen und weniger absolut geschlechtsgebundenen Aspekt, ist diese Bezeichnung im Patriarchat als gezieltes Instrument zur Entmachtung der Natur genutzt worden. Denn: Im Patriarchat werden Männer als Herrscher betrachtet. Und die Aufspaltung in zwei Geschlechter – und das Ausblenden all der Erscheinungsformen zwischen den beiden – sorgt für die vermeintliche naturgegebene Unterordnung der Frau. Und damit eben auch für die Unterwerfung der personifizierten Mutter Natur. Auch sie hat sich der patriarchalen Linie, deren Interessen und dem überirdischen Gott zu unterwerfen.

In den alten Erzählungen sind wir verbunden mit dem Land. So wie das Land die Göttin verkörpert, so sind wir ihre Kinder. Und Frauen die Verkörperung der Göttin. So ist ein Teil von uns immer mit dem Land verbunden, auf dem wir geboren wurden. Wenn wir uns für einen neuen Wohnort entscheiden, hilft es uns, wenn wir uns ebenfalls mit dem Land dort verbinden. So habe ich es schlussendlich auch mit Hamburg gemacht. Wenn ich an Hamburg denke, dann denke ich nicht an die Schanze oder die Reeperbahn. Ich denke an den Stadtpark, in dem ich meine Lieblingsbäume habe und die Stellen kenne, an denen die Buschwindröschen wachsen und die Bussarde ihr Nest haben. Ich denke an den Alsterlauf bis nach Ohlsdorf, an dem ich im Sommer die Brombeeren pflücke und wo ich die Füße ins Wasser gleiten lasse. Ich denke an den Ahorn in meinem Hinterhof, den Eichelhäher, der regelmäßig vorbeischaut, und das Eichhörnchen, das die Nüsse in den Blumentöpfen der Nachbarn versteckt. Und ja, ich denke auch an mein Lieblingscafé und den leckeren Kuchen.

Was ich dabei allerdings auch bemerkt habe: Ich kann mich tief mit dem Land verbinden und trotzdem mit der Energie der Stadt hadern. Denn Hamburg ist eben weiterhin eine Stadt, die durch Kapitalismus, Kolonialwaren und Klassenunterschiede groß geworden ist.

Wenn uns die Verbundenheit fehlt oder wir uns abgeschnitten fühlen, hilft es uns, wenn wir uns mit dem Land verbinden, auf dem wir sind. Ein erster Schritt dazu ist es, die Natur, die Pflanzen und die Tiere wahrzunehmen. Anzuerkennen, dass wir und unsere domestizierten Tiere nicht allein auf dieser Welt sind. Es bedeutet auch zu spüren, wie groß unser eigenes inneres Patriarchat noch ist, wenn wir meinen, dass die Natur zu geben hat und wir nehmen können, wie wir wollen.

Die Mythen der Diné (auch als Navajo bezeichnet, wohnhaft im Südwesten der heutigen USA) beispielsweise sind tief verbunden mit ihrem Land. Die heiligen vier Berge Sis Naajiní, Dootł'izhii Dził, Dook'o'oosłííd und Dibé Nitsaa begrenzen geografisch wie kulturell Dinétah – das Land der Diné. Was in der Mythologie existiert, wird in der Natur sichtbar – und umgekehrt. Es ist ein tiefes Verbundensein mit dem Land und all den Tieren, Pflanzen und Wesen, die dort leben. Denn sie alle sind Teil der Mythologie. Und so werden alle mit Respekt behandelt. Uns ist unsere ursprüngliche Mythologie des Landes an so vielen Stellen verlorengegangen. Ersetzt wurde sie durch den Garten Eden – der Tausende von Kilometern entfernt liegt. Manchmal frage ich mich, ob das der Grund ist, warum wir so wenig mit der Natur verbunden sind. Weil uns die Geschichten dazu fehlen. Weil uns im ach so zivilisierten Westen die Erinnerung daran fehlt, wie nah uns die Natur eigentlich ist. Weil vielleicht auch der unbewusste transgenerationale Schmerz dazu geführt hat, dass wir mit jeder Umsiedlung aufgehört haben, die alten Geschichten zu erzählen – denn außerhalb des Kontextes sind sie nicht mehr stimmig. Und so verstummten die Frauen, und ihre Verbindung zum Land verschwand.

Was aber, wenn wir uns wieder bewusst verbinden? Wenn wir bewusst nach den alten Geschichten suchen und diese wieder zu erzählen beginnen? Die Geschichten der heiligen Haine, der mystischen Wälder, der wilden Flüsse? Wenn sie wieder Teil unseres Bewusstseins werden, dann wird auch die Natur wieder Teil unseres Bewusstseins. Und wir beginnen, anders mit ihr umzugehen. Wir können uns wieder ganz anders verwurzeln. Dort, wo wir sind. Egal, woher wir kommen oder für wen wir hierhergezogen sind.

Impuls
Kennst du alte Geschichten von deinem Wohnort? Gibt es Mythen über Geister oder andere Geschöpfe? Gibt es Orte oder Straßen, die nach Mythen benannt sind? (In Hamburg beispielsweise gibt es den Feenteich, der schon im 13. Jahrhundert erwähnt wurde.)

Die Heimat in uns finden

Wir sind es als Kollektiv der Frauen gewohnt, keinen Anspruch auf unsere Wurzeln zu haben und flexibel sein zu müssen, was unsere Lokalität angeht. Noch immer ziehen Männer Richtung Frau, wenn es für sie einen beruflichen Aufstieg bedeutet, noch immer ziehen Frauen Richtung Mann, auch wenn es für sie einen beruflichen oder finanziellen Abstieg bedeutet. Doch es ist an der Zeit, das zu ändern. Unsere Position wieder an uns auszurichten und nicht an den Bedürfnissen anderer. Uns wieder mit unserer Umgebung zu verbinden und den patriarchalen Irrtum von Herrschaft gehen zu lassen. Denn solange wir die Natur beherrschen wollen, werden auch wir nicht wirklich frei sein.

Im Englischen sagt man »to stand your ground« – was im Deutschen mit »seinen Mann stehen« übersetzt wird. Ich würde es lieber mit »fest auf beiden Beinen stehen« übersetzen. Wir sind eingeladen, die alten Mythen der ewigen Liebe gehen zu lassen und wieder selbst über unseren Ort zu entscheiden. Wir dürfen erkennen, dass wahre Liebe Entfernung aushält, aber eine solide Altersvorsorge keine Gehaltseinbußen. Wir dürfen unsere langfristigen finanziellen Bedürfnisse über die akuten Bedürfnisse der Beziehung, in der wir sind, stellen. Wir dürfen unsere Karriere richtig gut finden und sie faulen Kompromissen vorziehen.

Aktionsimpuls

Um uns mit dem Land unter uns zu verbinden, hilft es als Erstes, wenn wir uns mit unseren »Mitbewohnern« verbinden. Bäume, Pflanzen, Tiere und auch Insekten bewohnen oft den gleichen Ort wie wir, auch wenn wir sie nicht direkt und unmittelbar wahrnehmen. Ich habe beispielsweise einen großen Ahorn in meinem Hof stehen. Nachdem ich eingezogen war, habe ich begonnen, den Baum jeden Morgen beim Lüften zu grüßen. Da er auf dem Nachbargrundstück steht, konnte ich ihn nicht umarmen oder berühren, doch ich habe ihn immer wieder wissen lassen, wie sehr ich mich freue, dass er da ist. Und ich habe ihn in meiner Mondzeit über den Zaun hinweg gewässert (mehr dazu im Kapitel »Der wahre Penisneid«). Durch die Verbindung mit dem Baum bin ich auf die Vögel aufmerksam geworden, die dort umherfliegen, Ahornsamen picken, sich ausruhen oder einfach nur vorbeischauen. Nach und nach erkannte ich, dass bestimmte Vögel immer wieder hier einkehrten. Und so entdeckte ich auch das Eichhörnchen, das in meinem Hinterhof wohnt. Kurzum, über den Baum habe ich ein ganzes Ökosystem mitten in der Stadt entdeckt. Ebenso gehe ich immer wieder die gleichen Runden, wenn ich spaziere – ich beobachte die Bäume und die Tiere und gucke bewusst nicht auf mein Handy.

Wenn wir die Perspektive wechseln, verändern sich unsere Beziehungen. Um uns mit dem Land zu verbinden, müssen wir uns erinnern, dass wir nicht diejenigen sind, die es kontrollieren, sondern dass wir es uns mit vielen anderen teilen. Jede von uns kann sich auch in der Großstadt mit dem Land verbinden. Denn wir alle haben einen Kiez, ein Quartier, einen Bereich, in dem wir uns normalerweise aufhalten – einen regelmäßigen Bewegungsradius. Finde zunächst heraus, welcher das für dich ist. Und dann fang an zu beobachten, wo sich Bäume und Pflanzen befinden. In manchen Städten ist es nicht ganz so einfach wie auf dem Land. Fang an, sie bewusst wahrzunehmen und sie zu grüßen, wenn du vorbeigehst, so wie du auch einen Nachbarn auf der Straße grüßen würdest. Wir beginnen mit den Pflanzen, weil die immer am gleichen Ort sind und somit zu Orientierungspunkten werden können.

Von den Pflanzen ausgehend kannst du dann die Tiere beobachten. Du wirst merken, wie sich deine Sinne schärfen und du die tierischen Mitbewohner in deinem Viertel mehr und mehr wahrnimmst. Immer wieder rückmelden mir Frauen, wie überrascht sie über die Menge an Tieren waren, die sie in der Stadt entdecken konnten. So verbinden wir uns mit unserer Umgebung und fangen an, uns wieder als Teil eines Ökosystems zu erfahren. Wir verbinden uns wieder. Du wirst spüren, wie auch dein zentrales Nervensystem darauf reagieren wird. Und ja, dies ist auch eine Einladung zum Innehalten und zur Achtsamkeit.

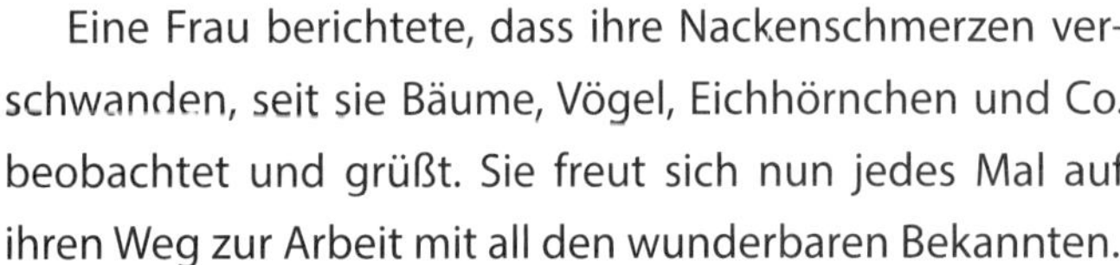

Eine Frau berichtete, dass ihre Nackenschmerzen verschwanden, seit sie Bäume, Vögel, Eichhörnchen und Co. beobachtet und grüßt. Sie freut sich nun jedes Mal auf ihren Weg zur Arbeit mit all den wunderbaren Bekannten.

Ein anderer Aspekt, der sehr kraftvoll ist: Informiere dich über die Geschichte der Stadt oder des Ortes, an dem du wohnst. Ein für mich beeindruckendes Beispiel war, als ich mich bewusst auf die Suche nach den Ahnen von Hamburg machte. Ich recherchierte zu den Anfängen der Stadt – vor Pfeffersäcken und Hanse. So erfuhr ich, dass die Hammaburg als große Taufkirche zur Christianisierung der lokalen Bevölkerung von Karl dem Großen initiiert wurde. Als mir bewusst wurde, welche Grundenergie damit in der Stadt steckte, erklärte sich für mich persönlich auch einiges, was ich im Alltag in Hamburg wahrnahm. Und so begann ich, mich mit den Ahnen dieses Ortes zu verbinden, denjenigen, die vor der Christianisierung hier lebten. Die Gegend um die Stadt ist moorig – und das Land vergisst nie. Ich ging bewusst in die Moorlandschaften, die noch zugänglich sind, und bot meine Gaben an. Ich saß im stillen Gebet, und ich sang. Immer mit dem Satz an die Ahnen dieses Landes: »Ihr seid nicht vergessen. Ich erkenne euer Schicksal an. Das Land erinnert sich. Durch das Land erinnere ich mich.« Dieser Satz war für mich sehr kraftvoll.

Was jedoch noch kraftvoller war als meine Verbindung zu dem moorigen Land war der Impuls, auf einer Imbolc-Experience mit über dreißig Frauen gemeinsam in diese Verbindung zu gehen. So lud ich zur Eröffnung der gemeinsamen Zeit auch die Ahnen des Ortes, die vor der Christianisierung hier gelebt hatten, zu uns in den Kreis, damit sie mit uns ihre Weisheit teilen. Selten gab es schon direkt am Anfang so viele Tränen. Viele Frauen meldeten zurück, dass sie physische Reaktionen hatten und es fast so wäre, als ob sich durch diese Einladung etwas in ihnen geshiftet hätte. Auf einmal waren wir nicht mehr im Freimaurer-Pfeffersäcke-Hamburg, sondern verbunden mit der Weisheit der Moore und der Menschen, die dort gelebt hatten. Ich bin seitdem zwar nicht anders mit Hamburg verbunden – wir haben weiterhin so unsere Schwierigkeiten. Doch ich bin seitdem ganz anders mit dem Land verbunden. Und wenn ich barfuß laufe, dann ist es manchmal fast so, als ob die Ahnen der Moore mir etwas zuflüstern.

So kannst auch du recherchieren und herausfinden, wie dein Wohnort entstanden ist. Wenn du nichts findest, kannst du ohne Probleme trotzdem die oben stehenden Sätze benutzen. Dabei darfst du Schritt für Schritt mehr und mehr in die Verbindung gehen – vor allem wenn du in der lauten, hektischen Großstadt wohnst. Nimm dir Zeit und gib dem Land die Chance, dich zu hören und wahrzunehmen. Dabei hilft es, barfuß auf der Erde zu laufen, denn dann sind wir nicht nur seelisch, sondern auch körperlich in Verbindung.

Göttinnen-Inspiration

In ganz Europa gibt es Erdgöttinnen – sogar der Kontinent selbst ist nach einer Göttin benannt worden. Die Verbindung mit diesen alten Göttinnen kann uns helfen, wieder mehr eine Heimat in uns zu finden, denn auch in vielen europäischen Kulturen wurde die Erde als lebendes Wesen wahrgenommen. So gibt es im Norden Europas die Göttin Erda, die tief im Erdinneren lebt und den Brunnen der Weisheit bewacht, aus dem sich das Bewusstsein der Menschen speist. In den slawischen Ländern gibt es die Erdmutter Mati. Sie ist eine der ältesten Göttinnen – sie soll mehr als 30 000 Jahre alt sein. Dort ist bis heute der Brauch lebendig, dass man erst ab dem 25. März – nach Eqinox – die Erde pflügen darf, da die Erdmutter davor als schwanger gilt.

Um wieder in Verbindung mit der Erdmutter zu treten, kannst du dir einen ruhigen Ort in der Natur suchen. Dort gräbst du eine kleine Grube in die Erde – diese wird quasi dein persönliches Sprachrohr. Um die Grube herum kannst du liebevoll Blätter und Blumen drapieren oder andere Dinge, die du in der Natur findest. Du kannst auch Gaben mitbringen. Am besten ist es, bei dieser Zeremonie barfuß zu sein. Spüre zunächst den Boden unter deinen Füßen. Schließ deine Augen und zentriere dich. Formuliere dein Anliegen. Dann gehst du vor der Grube in die Hocke. Wenn du magst, kannst du der Erde ein Lied singen oder für sie tönen – dass es aus dem Herzen kommt, ist wichtiger, als dass es perfekt klingt. Gesänge sind eine uralte Darbietung an die Erdmutter. Oder du bringst ihr etwas von deinem Menstruationsblut – ebenfalls ein uralter Brauch. Dann kannst du einen Bissen Erde zu dir nehmen, ein Brauch, der bis heute in slawischen Ländern Bestand hat, wenn man sich zeremoniell mit der Erde verbinden möchte. Wir sind ihre Enkeltöchter, und der Bissen Erde verbindet uns symbolisch. Es muss kein Mundvoll sein, ein paar symbolische Krumen reichen aus.

Anschließend sprichst du mit der Erdgöttin, indem du in die Grube sprichst. Du kannst die Erdmutter um Verbindung und Verwurzelung bitten, darum, Heimat zu finden. Du kannst ihr auch andere Anliegen vortragen. Ich stelle mir immer vor, wie Erda im Erdinneren sitzt und mir lauscht. Du kannst der Erde dein Leid klagen oder auch von dem berichten, was dich bewegt. Nachdem du dein Anliegen vorgetragen hast, ist es Zeit zu lauschen. Dazu kannst du dein Ohr an die Grube oder auf die Erde legen. Manchmal braucht es etwas, weswegen es angenehm sein kann, sich flach auf die Erde zu legen. Je mehr Haut die Erde berührt, desto besser sind wir verbunden. Zum Abschluss bedankst du dich bei Erda und schließt die Grube wieder – in ihr die Gaben, die du mitgebracht hast.

Lebensführung. Kind, Karriere & Klunker

Wir sind im 21. Jahrhundert angekommen, und uns Frauen stehen vermeintlich alle Türen offen – wenn wir denn nur wollen. Denn falls es nicht klappt, liegen Schuld und Verantwortung bei uns. Wenn es klappt, werden wir als Vorzeigeobjekt dafür herangezogen, dass es doch eben jede schaffen kann – wenn sie nur wirklich will. Ausnahmen sollen hier einen illusorischen Regelfall bestätigen, der aber in Wahrheit die Ausnahmesituation ist. Frauen werden mit ihrer biografischen Wahl beziehungsweise ihrer biografischen Realität gegeneinander ausgespielt.

In meiner Umgebung gibt es mehr erschöpfte Frauen, die Kinder und Karriere unter einen Hut bringen, als nicht erschöpfte (auf die Erschöpfung kommen wir im nächsten Kapitel genauer zu sprechen). Das bedeutet nicht, dass sie es nicht trotzdem weiter versuchen und dafür kämpfen, doch es ist ebenso oft genau das: ein Kampf. Denn das System, in dem wir uns aktuell befinden, tut immer noch nicht genug, um Frauen eine wahre Wahlfreiheit und vor allem biografische Gestaltungsfreiheit zuzusichern. Nachdem die BRD davon ausging, dass alles im Osten schlecht war, musste eben auch das selbstverständliche berufliche Engagement der ostdeutschen Frauen daran glauben, denn mit der DDR verschwanden auch die Strukturen, die es ermöglichten. Und so finden sich seither Millionen zusätzlicher Frauen in alten verkrusteten Strukturen wieder. Von da aus kämpfen sie weiterhin um die Vereinbarkeit von Kind und Karriere.

Gleichzeitig gibt es ein besonderes Phänomen, dem ich in meiner Arbeit immer wieder begegnet bin. Das Phänomen des urplötzlich aktivierten Heim-und-Herd-Triebes werdender Mütter. So oft habe ich es in meiner Praxis erlebt, dass Frauen, die entweder selbstständig mit unternehmerischen Visionen waren oder angestellt mit Karriereperspektiven, im Laufe ihrer Schwangerschaft von einem plötzlich auftauchenden emotionalen Gemenge überrascht wurden, welches sie dahin trieb zu denken, dass sie vielleicht doch Vollzeitmutter sein wollen. Wichtig dabei ist: Jede Frau hat das Recht, sich voll und ganz auf ihre Mutterrolle zu fokussieren. Wenn sie dazu auch noch die finanziellen Mittel hat und gleichzeitig ihre Altersvorsorge sicherstellen kann – auf geht's! Enjoy yourself. Und jede Frau hat das Recht zu sagen, dass sie sich Kinder wünscht und gleichzeitig aktiv im Job sein und bleiben will. Wenn es das ist, was dich glücklich macht: Auf geht's! Denn ich finde es wichtiger denn je, dass wir als Frauen solidarisch die Entscheidungen der anderen Frauen respektieren.

Wenn ich jedoch ehrlich bin, hat es etwas gedauert, bis ich zu dieser solidarischen Haltung gekommen bin, denn lange war ich durchaus wertend, wenn es um die Lebensführung anderer Frauen ging. Die Idee, die eigene Karriere für ein Kind hintenanzustellen, fand ich verwerflich und blauäugig. Und gleichzeitig kannte ich den Gedanken in mir, dass man auch Zeit mit seinen Kindern verbringen sollte, wenn man schon welche bekommt. Das war meine Bewertung, wenn ich auf Frauen traf, die ihre Karriere klar im Fokus hatten und deren Kinder ganztags in der Kita waren, während sie sie in der Woche nur noch abends für Abendbrot und Ins-Bett-Bringen sahen. Ich, die kinderfreie Frau am Beginn ihrer Karriere, bewertete munter das Lebenskonzept anderer Frauen – inneres Patriarchat hoch zehn! Bis ich merkte, dass diese Bewertungen anderer eigentlich nur eine ganze Menge über mich aussagten, und mich hinsetzte, um meine eigenen Rollenmuster zu klären. Vor allem meine eigenen Erwartungen an mich. Bis ich erkannte, dass es eben nicht reicht, Lippenbekenntnisse über die freie Lebensführung abzugeben, solange ich innerlich nicht überzeugt davon bin. Feminismus fängt in uns an. Und Solidarität eben auch. (Zum »inneren Patriarchat« kommen wir noch genauer im dritten Teil dieses Buches.)

Indem ich meine Bewertungen und die Motivation dahinter anschaute, wurde mir klar, dass ich wohl keine Unterstützung für meinen Lebensweg erwarten konnte, wenn ich nicht andere Frauen in ihrem mindestens respektiere und akzeptiere. Denn ich weiß, dass die Art und Weise, wie ich mein Leben führe, durchaus immer wieder für Kontroversen und Diskussionen sorgt. Ich weiß, dass ich für viele Menschen eine Herausforderung bin. Und ich bin dankbar für all die Frauen in meinem Leben, die meinen unkonventionellen, bisher kinderfreien, schon länger partnerfreien, ortsungebundenen, unabhängigen Lebensweg akzeptieren und respektieren. Und ich bin immer wieder berührt, wenn er anderen Frauen als Inspiration dienen kann. Nur wenn wir es schaffen, in Solidarität zueinander als Frauen in einem System zu sein, welches von Männern für Männer gemacht wurde, werden wir es schaffen, das System zu verändern. Denn das permanente gegenseitige Bewerten ist nicht zuletzt ein gewollter Mechanismus des Patriarchats. (Dazu mehr im Kapitel »Miteinander. Wie wir zur Sisterhood finden«.)

Impuls

Was ist deine erste Reaktion auf »Kind und Karriere« und auf »Kind oder Karriere«?

Was denkst du über Frauen, die sich exklusiv fürs Muttersein entscheiden?

Was denkst du über Mütter, die sich ihrer Karriere widmen?

Was ich – jenseits aller Bewertungen – interessant fand, war die Tatsache, dass ich immer wieder Frauen in meiner Praxis hatte, die sehr klar zum Lager »Kind & Karriere« gehörten und in der Schwangerschaft auf einmal all ihre Ideen dazu über Bord warfen und sich der Vollzeitmutterrolle hingeben wollten. Es waren Frauen, die selbstständig waren, mit der Option, sich ihre Rückkehr in die berufliche Tätigkeit flexibel zu gestalten, und es waren Frauen, die in sicheren Anstellungen waren und positive Aussichten nach der Rückkehr hatten. Doch irgendwann in der Schwangerschaft passierte etwas. Es war fast so, als ob ein Schalter umgelegt wurde. Und so saßen wir dann voreinander. »Ich erkenne mich nicht wieder«, ist einer der Sätze, die immer wieder fielen und fallen in solchen Momenten. Würden wir es uns einfach machen, würden wir es auf die Hormone schieben. Doch mein Gefühl war ein anderes. Nachdem ich anfangs auch überrascht war, konnte ich bald ein Muster erkennen. Denn in all den Frauen wurde ein epigenetischer Trigger aktiviert. Ein ahnengeprägtes Verhaltensmuster wurde aktiv, das bis zu dem Zeitpunkt keine Relevanz hatte, doch dafür jetzt umso stärker zuschlug. Denn: Wir sind eben nicht nur diejenigen, die wir wahrnehmen. Wir sind auch ein Produkt unserer Ahnen, und Epigenetik kann manchmal stärker sein, als wir es uns vorstellen können. Auch wenn es sich im Einzelfall leicht unterschiedlich äußerte, so war den Frauen doch eines gemein: die unbedingte Idee, voll und ganz für ihr Kind da zu sein. Und mit dieser Idee verschwanden all die zuvor gemachten Pläne.

Bei einer Frau war es besonders beeindruckend, denn sie konnte ganz klar sagen, dass sie weiß, dass die hundertprozentige Mutterrolle sie nicht erfüllen würde. Ihr war sehr klar, dass Bauklötze und Bilderbücher zwar ein Teil ihres Lebens sein würden, jedoch nicht der, der ihr Erfüllung schenken würde. Und doch spürte sie diesen inneren Drang, alles stehen und liegen lassen und sich ausschließlich auf die Mutterrolle fokussieren zu wollen. So kam sie zu mir und sagte: »Wir müssen machen, dass das aufhört. Wenn das so weitergeht, fange ich an, mir meinen bisher erarbeiteten unternehmerischen Erfolg zunichtezumachen. Ich würde meine eigene wirtschaftliche Unabhängigkeit torpedieren. Das kann ich nicht zulassen.« Als wir uns auf die Suche nach der Wurzel der intensiven Allzeitmutter-Gedanken machten, stellte sich ziemlich schnell heraus, dass diese im Ursprung nicht ihre eigenen waren, sondern zu Frauen gehörten, die ihr in ihrer Linie vorangegangen waren.

Falls du mein erstes Buch zum Thema Ahnenarbeit nicht kennst: Epigenetik könnte man kurz gesagt als Wissenschaft der vererbten Emotionen bezeichnen. Ich spreche auch gern von ahnengeprägtem Verhalten, das in bestimmten Momenten oder Situationen getriggert und damit aktiv wird. Diese dann in Bewegung gesetzten Gedanken- oder Verhaltensmuster sind im Ursprung nicht unseren eigenen, sondern über Generationen in unserem Emotionalkörper beziehungsweise auf unserer DNA abgespeichert worden. Und je nachdem, wie unser Leben verläuft, werden sie aktiv oder bleiben inaktiv. Dabei können es kollektive Traumata sein oder auch historische, die transgenerational weitergegeben werden. Das bedeutet, dass wir die Person, die sie im Ursprung erlebt hat, nicht einmal mehr persönlich kennen müssen, um eine traumatische Antwort auf bestimmte Erlebnisse in uns wahrzunehmen.

So war es auch im beschriebenen Fall meiner Kundin. Wir konnten ziemlich schnell das Lebensereignis identifizieren: eine Ahnin, für die es überlebenswichtig war, in die Mutterrolle zu schlüpfen und das Überleben des potenziellen Erben zu sichern. Nichts war wichtiger als das. Wir landeten bei einer Frau in der Linie ihrer Mutter fünf Generationen zurück. Damit kamen wir in die Mitte des 19. Jahrhunderts. Zu der Zeit lebte der Großteil der Menschen noch auf dem Land, die Arbeit war hart und ein Erbe essenziell. Frauen waren mithelfende Arbeitskräfte, und wenn sie Kinder bekamen, war nicht immer Raum dafür da, sich in Ruhe um sie zu kümmern. Es gab eine recht hohe Kindersterblichkeitsrate – etwa ein Viertel aller Kinder überlebte nicht. Die häufigste Todesursache war dabei Durchfall, wobei vor allem Kinder gefährdet waren, die nicht oder nur sehr unregelmäßig gestillt wurden. Dabei hatten ärmere Gesellschaftsschichten, in denen die Frauen mehr und härter arbeiten mussten, eine höhere Sterblichkeit als reiche, die sich im Zweifel eine Amme leisteten und damit das Stillen in andere Hände gaben.

So zeichnete sich auch die Situation der Ahnin meiner Kundin ab: Sie war eine hart arbeitende Landfrau, hatte bereits einige Kinder verloren und musste nun einen Sohn gebären. Es war das Wichtigste überhaupt: die Geburt und vor allem das Überleben des potenziellen Stammhalters und Erben. Zuvor würde der Junge eine nötige Arbeitskraft sein. Alles andere musste hintenanstehen. In dem Moment, in dem die Schwangerschaft meiner Kundin »sicher war«, wurde in ihr nun das alte Programm angeworfen. Im Verlauf der Sitzung stellte sich heraus, dass sich auch ihre Mutter trotz einer soliden Ausbildung und der Offenheit des Vaters damals für die Vollzeitmutterrolle entschieden hatte. Auch sie hatte der epigenetische Trigger ereilt.

Nachdem wir all dies aufgedröselt hatten und meine Kundin die Wurzel kannte, konnten wir das Thema lösen und transformieren. Das Anerkennen des Schicksals der Ahnin war ein machtvoller Moment und ließ viele Tränen fließen – die Verzweiflung und Not waren greifbar und spürbar. All dies durfte sich aus dem System meiner Kundin lösen. Ebenso konnte sie anerkennen, was ihrer Mutter widerfahren war. Und damit auch noch eine neue Perspektive auf die Frau entdecken, die ihre Mutter war. Schlussendlich kam sie wieder bei sich an und konnte damit auch all ihre Gedanken und Emotionen der letzten Zeit ganz anders einordnen und verorten. Das alte Programm war aufgelöst, und sie spürte, wie sie wieder für sich selbst entscheiden konnte. Einige Tage später schrieb sie mir eine E-Mail und teilte mir mit, dass sie nun das erste Mal wieder durchgeschlafen hatte und sich wieder in ihrem Körper zu Hause fühlte. Sie hatte das Gefühl, wieder bei

Sinnen zu sein, und berichtete mit Freude über die Pläne für ihr unternehmerisches Wirken als Mutter.

Der Grund, warum ich diese Geschichte in diesem Kontext teile, ist, dass ich es immer wieder erlebe, wie uns alte Programme daran hindern, unser Leben im Hier und Jetzt so zu leben, wie wir es gern würden. Allzu oft beobachte ich, wie wir unser Leben aus dem Moment heraus beurteilen und uns nicht die Zeit nehmen, kurz in den kollektiven historischen Hintergrund zu schauen. Doch dieses kollektive Hintergrundrauschen sorgt oft dafür, dass wir unsere eigenen Wünsche nicht laut genug hören können. Gerade beim Thema Kinder und Karriere können so viele alte Trigger aktiviert werden, war das Kinderkriegen doch essenzieller Teil der Überlebensstrategie für viele Frauen. So kann es passieren, dass uns dieses alte Programm einen Strich durch unsere ansonsten klare Rechnung macht.

Impuls

An welchen Stellen in deinem Leben hast du das Gefühl, nach einem alten Programm gehandelt zu haben?
In welchen Momenten hast du rückblickend nicht für dich, sondern im Sinne von familiären oder gesellschaftlichen Erwartungen entschieden?

Gleichzeitig ist es immer wieder wichtig, uns vor Augen zu führen, dass allein die Tatsache, dass sich viele Frauen heutzutage noch zwischen Beruf und Mutterschaft entscheiden müssen, dafür spricht, dass der Staat kein wirkliches Interesse an voll berufstätigen Müttern hat. Während ich dieses Buch schreibe, verkündet Annalena Baerbock ihre Kanzlerinnenkandidatur – als zweifache Mutter. Es ist jetzt schon interessant zu sehen, wie die Reaktionen ausfallen werden. Welche Gründe gefunden werden, warum sie es als Mutter nicht kann. Wie allein heute schon ein Ruck durch die Nation geht. Eine vierzigjährige Frau, die zweifache Mutter ist, sieht sich in der Lage, das höchste Amt im Staat auszuüben, und wird dabei auch noch von einem Mann – Robert Habeck – öffentlich unterstützt. Denn Fakt ist: Wenn Annalena Baerbock als Mutter zweier schulpflichtiger Kinder in die Position der Kanzlerin käme, dann wäre sie wie der schwarze Schwan – etwas, das vorher für das kollektive Bewusstsein unvorstellbar gewesen ist und doch existiert. Schon allein ihre Kandidatur konnte spürbare Erschütterungen in der kollektiven Bewusstheit der Frauen hinterlassen. Wir werden vielleicht nicht mehr zweifeln, ob so etwas geht, sondern fordern, dass es möglich gemacht wird. Wir werden uns nicht mehr fragen, wie es gehen soll, sondern klar formulieren, was getan werden muss, damit es geht.

Bis heute ist die Entscheidung für Kinder ein biografischer Einschnitt für Frauen. Noch immer leben wir in einer Gesellschaft – für ostdeutsche Frauen wahrscheinlich immer noch ein Rückfall in die Steinzeit –, die es Frauen nicht ermöglicht, Mutter und Managerin zu sein. Kind und Karriere ist immer noch oft ein Entweder-oder – und das liegt nicht an den inneren Programmen der Frauen. Wir sind in einer gerade mal etwa dreihundert Jahre alten Vorstellung davon verhaftet, wie Frauen zu sein haben oder vermeintlich sind. Der Mangel an Auswahl scheint diejenigen, die es sich leisten können, in die Rolle der Supermutter zu drängen, die das Kind als Erweiterung des eigenen Wirkungsbereichs ansehen. Ohne dass es ihnen bewusst wäre, werden dabei Verhaltensmuster wiederholt, wie sie vor zweihundert Jahren gängig waren. Denn die Tochter »aus gutem Hause« musste besonders gut erzogen werden, um möglichst gut verheiratet zu werden. Der Sohn »aus gutem Hause« erhielt die beste Ausbildung, denn mit der konnte man sich rühmen und zeigen, dass man es sich leisten konnte. Der Erfolg des Unterfangens entschied darüber, ob die Frau schlussendlich eine gute Mutter und damit eine gute Frau war oder nicht. Schlugen die Kinder aus der Art, war es ihre Schuld. War eine Tochter widerspenstig und nicht einfach zu verheiraten, war es ihre Verantwortung. Versagte der Sohn auf dem sozialen Parkett, wurde auf die Mutter geschaut. Die Bewertung ihres Seins lag also im Gebären von Kindern und im erfolgreichen Erziehen. In diesem Fahrwasser finden wir heute die Idee, dass Kinder in bilinguale Kindergärten oder auf bestimmte Schulen müssen. Der Zeitplan einiger Kinder ist voller als der eines Erwachsenen mit Vollzeitstelle, präzise zusammengestellt von der Mutter, die ihren persönlichen Erfolg mit dem des Kindes verknüpft. Kinder müssen leisten, was der Frau gefühlt bisher verwehrt blieb: die Anerkennung für ihr Sein. Auch dies schreibe ich nicht bewertend, sondern mit der Erkenntnis, wie sehr uns alte Rollenmuster prägen und wie schnell wir in diese zurückfallen, wenn bestimmte Trigger in uns aktiviert werden. Es fühlt sich fast wie ein »proven concept« an – es hat vorher schon funktioniert, es kann heute funktionieren.

Wählen wir immer das Bekannte, bleiben wir jedoch als Frauen in den ewig gleichen Strukturen hängen. Es erfordert Mut und vor allem die Solidarität der anderen Frauen, sich aus diesen herauszuwagen und neue Wege zu betreten. Mittlerweile habe ich gelernt, in Verständnis und Mitgefühl und vor allem ohne Bewertung zu sein, wenn ich sehe, wie alte Muster wiederholt werden. Denn ich weiß nicht um die individuelle Biografie und vor allem nicht um die epigenetischen Trigger und Traumata, die in einer Frau aktiv sind. Wie wir diese erkennen und lösen können, darauf gehe ich im dritten Teil dieses Buches ein.

Die Angst des Patriarchats vor der kinderfreien Frau

»Die kinderfreie Frau ist das ›Andere‹, die ›Mutter‹ die Norm – und beides muss sich ändern.«
VERENA BRUNSCHWEIGER[15]

In den vorherigen Kapiteln ist sicher schon deutlich geworden, dass Frauen vom Patriarchat auf ihre Gebärfähigkeit reduziert wurden. Das war nämlich das Einzige, was Mann ihnen nicht absprechen konnte. Männer konnten Frauen die Hoheit über den Ackerbau nehmen, ja sogar über die Frauenkunde. Sie entmächtigten die Hausfrau mit maschineller Effizienz und sorgten immer wieder dafür, dass die Frau das dienende und vor allem gebärende Wesen ist, das sich ihnen gegenüber gefügig verhalten muss.

Das Schwängern einer Frau und die Mutterschaft geschah oft auf Wunsch des Herrschenden beziehungsweise Höherrangigen – also des Mannes –, um die Erbfolge zu sichern. Frauen willigten oft nicht freiwillig in die Partnerschaft ein und damit auch nicht in die Sexualität, die der Empfängnis ja nun mal vorausgeht. Und sie waren oftmals auch nicht scharf darauf, die potenziellen Erben der Linie des Mannes auszutragen. Doch mit der Geburt geschah dann Folgendes: Die Kinder sind eben auch ihre Kinder. Die Frauen sind durch die Verbindung zu den Kindern dann auch an den Mann gebunden. Durch die Schwangerschaft sichert er sich im Optimalfall nicht nur die Erbfolge – wenn es ein Sohn ist – oder ein potenziell wirkungsvolles Pfand – wenn es eine strategisch zu verheiratende Tochter ist. Der Mann kann auch endgültig die Frau, die er zuvor so intensiv gezähmt hat, an sich binden. Frauen zu Müttern zu machen ist damit auch ein Machtinstrument.

Jetzt kann man argumentieren, dass die Zeiten sich doch vollkommen geändert haben und Frauen frei entscheiden können. Dass keine Frau mehr gezwungen werden kann. Doch an der Stelle, glaube ich, schauen wir zu oberflächlich. Ich möchte noch einmal daran erinnern, dass erst seit 1997 die Vergewaltigung in der Ehe als Straftatbestand gilt. Das war ein Jahr, bevor ich mein Abitur gemacht habe. Die Männer, die damals dagegen stimmten, leben immer noch – unter anderem Friedrich Merz.

Und ja, es gab selbstverständlich schon immer Frauen, die die Männer, mit denen sie verpartnert waren, mochten und die gern Mutter werden wollten. Das ist auch wichtig zu erwähnen. Und gleichzeitig müssen wir uns daran erinnern, dass das Konzept der romantischen Liebe ziemlich jung ist. Auch heute muss eine Frau die Konsequenzen tragen, wenn sie sich dazu entschließt, Mutter zu werden. Sie hat finanzielle Einbußen, riskiert im Zweifel ihre Altersvorsorge beziehungsweise ihre Rentenansprüche. Sie wird von der Karriereleiter gekickt und oftmals unschön aufs Abstellgleis geschoben. Sie wird übergangen, wenn es um Beförderungen geht – Mütter sind eben nicht mehr verlässlich. Sie wird in Abhängigkeiten gezwungen. Kurzum – sie wird kleingehalten. Das Ideal der Vereinbarkeit von Kind und Karriere ist ein ziemlich fragiles.

Die einzige Alternative dazu war und ist die kinderfreie Frau. Denn in den von der Kirche geprägten gesellschaftlichen

Strukturen – welche ja erst seit Kurzem aufzubrechen beginnen – waren die einzigen Frauen, die die Möglichkeit hatten, Vermögen zu bilden, die ledigen Frauen. Nur ledige oder verwitwete Frauen waren rechtlich eigenständige Wesen und konnten damit auch selbst über ihr Vermögen verfügen. Und ledig bedeutete damals eben auch kinderfrei. Es waren die Frauen, die im Zweifel begannen, sich mit Themen zu beschäftigen, die nicht unbedingt den patriarchalen Strukturen dienten. Es waren die Frauen, die den verheirateten Müttern eine sichtbare Alternative zu ihrem Lebensmodell zeigten. Es waren die Frauen, die das System erschütterten.

Noch heute fordert die kinderfreie Frau die gesellschaftlichen Strukturen heraus. Und dabei verwende ich das Wort »kinderfrei« bewusst. Denn kinderfrei ist eine Entscheidung – kinderlos ist ein Schicksal oder ein Makel. So wird es zumindest gern dargestellt. Wer als Frau keine Kinder bekommen kann, verdient wenigstens das Mitgefühl der anderen. Wer als Frau keine Kinder bekommen will, wird auch heute noch schräg angeguckt, als kompliziert bezeichnet, als beziehungsunfähig, oder es wird gesagt: »Wenn sie nur endlich den Richtigen treffen würde ... Aber so wie sie ihr Leben lebt, wird das schwierig ...« Kinderfreien Frauen wird interessanterweise auch suggeriert, dass sie besonders schwierig sind – für den Fall, dass sie auch noch ledig sind. Frauen, die ihren Kinderwunsch nicht aktiv betonen und – statt nach dem potenziellen Vater ihres potenziellen Kindes zu suchen – »nur« offen für eine Partnerschaft sind, gelten als problematisch.

So schreibt Tanja Dükers in der »Zeit«: »In den letzten fünf bis zehn Jahren hat sich das Bild der Deutschen von der Mutterschaft verändert: Es gibt zwar noch die Hausfrau, die für längere Zeit zu Hause bei den lieben Kleinen bleibt, während der Gatte das

Geld zum Häuslebauen heranschafft. Das Gegenbild der attraktiven und glücklichen kinderlosen Frau – in den Siebzigern und Achtzigern verbreitet – scheint dagegen aus der Mode gekommen zu sein. Es wurde ersetzt durch die zunehmend beruflich erfolgreiche Mutter, die chic gekleidete, mehrsprachige Kinder mit bemüht kosmopolitisch klingenden Vornamen vorführt. Kinder zu haben ist hip geworden. Kinderlose sind out.«[16]

Was also vor gut dreißig Jahren als gesellschaftsfähig galt, wird mittlerweile verpönt. Bin ich kinderlos – also ungewollt ohne Kinder –, dann werde ich für mein Schicksal bemitleidet. Dabei passiert es, dass auch mein Makel des Nicht-Mutter-werden-Könnens bemitleidet wird, die Tatsache, dass ich nun keine vollumfängliche Frau in all ihren Facetten sein kann. Bin ich gewollt und bewusst kinderfrei, dann erfahre ich als Frau wieder mehr Ächtung. Es gibt kaum eine Frau ohne Kinder, die ab fünfunddreißig nicht regelmäßig auf ihre vermeintliche Unvollkommenheit angesprochen wird. Es wird impliziert, dass die Existenzberechtigung beziehungsweise der Wert der Frau von ihrer Gebärfähigkeit und vor allem ihrem Gebärwillen abhängen. Männern im gleichen Alter gesteht man den gleichen Zustand übrigens ohne Nachfragen zu. Ziel der Verwunderung und quasi gesellschaftlichen Anklage sind die unwilligen Frauen – und das Ganze ist auch erfolgreich, denn ein Viertel aller Männer ist mit neunundvierzig Jahren kinderlos, aber nur 16 Prozent der gleichaltrigen Frauen. Dass Frauen oft unter dem Umstand der ungewollten Kinderlosigkeit leiden, liegt teilweise auch daran, dass immer noch für viele eine Mutterschaft unbedingt zu einem ausgefüllten Frauenleben dazugehört. »In Umfragen stimmt der Aussage knapp die Hälfte aller Kinderlosen zu. Dass Vaterschaft ein zwingendes Element des Mannseins ist, glaubt hingegen nur jeder Dritte.«[17]

Und auch bei der Kinderlosigkeit ist es klassischerweise das Weib, das die Schuld trägt. Der Mann hat das Recht, die Frau die Verantwortung. Also muss die Frau schuld sein an der Misere. Genauso wie es beim Fremdgehen des Mannes die andere Frau ist, die schuld sein muss – ja selbst untereinander hängen wir in dem alten Muster fest. Gern übertragen wir das Ganze dann auch noch auf die kollektive Ebene. Tanja Dükers bringt es in dem erwähnten Artikel wunderbar auf den Punkt: »Während keine Frau schwanger wird, um dem Staat ein Kind zu schenken, müssen sich Kinderlose dafür rechtfertigen, dem Staat kein Kind zu schenken.«

Ich weiß, wovon ich spreche. Mit Mitte dreißig verabschiedete ich den letzten festen Partner. Bis dahin war ich mehr Zeit meines Lebens in (potenziellen) Beziehungen und Partnerschaften gewesen als ohne. Ich hatte meinen ersten Freund in der sechsten Klasse, da war ich elf. Ab dem Zeitpunkt gab es nur noch wenige Momente, in denen ich »männerfrei« war. Entweder gab es jemanden, der mich gut fand, jemanden, den ich gut fand, oder ich war in einer Beziehung. Der Entschluss, mich mit fünfunddreißig da bewusst für einige Zeit rauszunehmen, gründete darauf, dass ich mich wieder in den Mittelpunkt des Geschehens stellen wollte. Mich, als ledige, kinderfreie und ökonomisch unabhängige Frau. Ich merkte, dass ich zwischen all den individuellen und kollektiven Erwartungen eine Pause brauchte. Mit achtzehn hatte ich mich verlobt. Nein, wir haben nie geheiratet. Doch von dem Moment unserer Verlobung an wurden mir mit einem schiefen Grinsen Kinder auf den Arm gelegt und Dinge gesagt wie: »Das steht dir aber gut.« Sobald ich einem Kind nur nahe kam, wurde gesagt: »Sie kann ja so gut mit Kindern.« Bis zu dem Zeitpunkt dachte ich, dass mir Kleider oder Schuhe gut stehen können, ich wusste nicht, dass Kinder auch dazu gehörten. Bei meinem damaligen Verlobten habe ich das übrigens nie gehört. Da wurde zu seinem neuen Auto gesagt: »Das passt zu dir!« Und ich lernte, dass mein guter Umgang mit Kindern irgendwie automatisch zur Mutterschaft führen müsse, mein guter Umgang mit Tieren allerdings nicht umgehend dazu, einen Hund haben zu müssen. Mein Exverlobter fand die Idee von Kindern auch nicht schlecht – ich wollte damals allerdings erst mal mein Abi machen und studieren.

Der Großteil meiner Beziehungen waren längerfristige, die erste ging von vierzehn bis sechszehn, was in dem Alter und für die Zeit schon lang war. Die meisten meiner Partner wollten ziemlich schnell Kinder mit beziehungsweise von mir – ja, die Formulierung lautete öfters »von dir« als »mit dir«. Im Nachhinein betrachtet könnte ich wahrscheinlich schon mehrfache Mutter sein. Doch irgendetwas hielt mich jedes Mal zurück. Rückblickend bin ich meinem jüngeren Ich dankbar dafür. Denn es hat mir erlaubt, die letzten Jahre als kinderfreie und ökonomisch unabhängige Frau zu erleben. Und es hat mir gezeigt, wie sehr meine Existenz jenseits von Partnerschaft und Mutterschaft die Gesellschaft triggert.

Wurden mir anfangs Kinder auf den Schoß gesetzt, wurde ich später daraufhin überprüft, ob ich es ernst meinen würde. Mir wurde unterstellt, dass ich doch eigentlich einen Partner haben will und nur auf den Richtigen warte – Prinzessinnenkomplex. Ich wurde gefragt, ob ich es nicht bereute, die bisherigen Chancen auf Mutterschaft nicht ergriffen zu haben – Rolle als Identität. Mir wurden Bindungsschwierigkeiten unterstellt – die ich leider durch mehrere längere Beziehungen widerlegen konnte. Kurzum: Es wurde entweder mitleidig oder skeptisch auf mich geguckt. Erst heute – viele Jahre später – scheint es mein weiteres

Umfeld respektiert zu haben, auch wenn meine Kinderfreiheit noch nicht vollkommen akzeptiert ist, denn ich werde doch hin und wieder noch mal gefragt. Und ich sehe es auch schon kommen, für den Fall, dass ich doch noch einen Mann treffe, mit dem ich mich – aus welchen Gründen auch immer – für ein Kind entscheiden sollte, dann heißt es: »Wir wussten es ja.« Dann ist die Bestätigung da, dass die Erfüllung einer Frau eben doch im Kinderkriegen liegt und auch ich mich dem nicht entziehen konnte.

Impuls

Bist du kinderfrei? Wie fühlt es sich an, die letzten Zeilen hier zu lesen?
Bist du kinderlos? Was bräuchtest du, um dich unabhängig vom Kinderwunsch glücklich zu fühlen?
Bist du Mutter? Wie geht es dir mit Frauen, die sich für Kinderfreiheit entscheiden? Gibt es einen Teil in dir, der darauf reagiert? Wenn ja, welcher?
Als Mutter: Welche Emotionen kommen in dir auf, wenn du eine glückliche kinderfreie Frau siehst?

Warum ich meine Erfahrung teile? Weil ich weiß, dass es da draußen viele kinderfreie Frauen gibt, denen es wie mir oder ähnlich geht. Denn die kinderfreie, zufriedene Frau ist wie ein Stachel im Po des Patriarchats. Ihre Existenz sticht unaufhörlich an einer wirklich unbequemen Stelle und erlaubt es dem System nicht mehr, sich entspannt auszuruhen. Denn Frauen, die keine Kinder kriegen, haben Zeit und Geld für andere Dinge. Frauen, die keine Kinder kriegen, können ihre Ressourcen anderweitig einsetzen.

Ich kann tun und lassen, was ich will, ich muss niemandem Rechenschaft ablegen, ich bin frei in meinen Entscheidungen.

»Eine Frau, die grundsätzlich keine Kinder will, gilt als sonderbar«, sagt auch Sarah Diehl. Dabei seien das oft interessante Menschen. »Sie haben ein anderes, größeres Selbstbewusstsein. Und das brauchen sie auch, denn sie haben sich für ein Leben abseits der Norm entschieden.«[18]

Wenn Frauen wegen eines Kinderwunsches zu mir kommen, dann schauen wir nicht als Erstes, wie sich dieser Wunsch verwirklichen lassen könnte. Wir beleuchten den Wunsch als solches und die damit verbundenen Emotionen. Was mich interessiert, ist die Wurzel des Wunsches: Woher kommt er? Was ist sein Ursprung? Welche Glaubenssätze sind damit verbunden? Oft stellt sich heraus, dass es eben gesellschaftliche Erwartungen sind, familiäre Implikationen oder ahnengeprägte Emotionen, die den Wunsch nach einem Kind nähren. Wenn wir diese erkennen und transformieren können, dann kann sich auch der Wunsch verändern. Immer wieder begegnen mir dabei Glaubenssätze wie: »Nur mit Kind bin ich eine komplette Frau. Muttersein wird mich erfüllen. Ein Kind gibt mir Sicherheit. Ich möchte eine gute Frau sein …« Was wir rational abtun, kann unterbewusst kraftvoll in uns wirken. Identifizieren, lösen und transformieren wir diese Glaubenssätze, dann erst können wir herausfinden, was unser eigentlicher Wunsch ist. Dabei ist es nicht immer so, dass der Kinderwunsch der Frauen verschwindet. Doch er fühlt sich auf einmal anders und nicht mehr so existenziell an. Für alle Frauen entspannt sich das Verhältnis zum Thema Kinder, viele sind nicht mehr auf den Kinderwunsch fixiert und können ihre eigenen Bedürfnisse wieder besser wahrnehmen. Einige merken, dass es wahrlich ihre Entscheidung ist und sie die Wahl treffen können, wann und mit wem sie wollen. Andere spüren, dass sie in Wahrheit überhaupt keinen Drang nach dem Kinderkriegen haben, und sind sichtlich erleichtert, von dem »Wunsch« befreit zu sein.

In einem Beitrag der »Neuen Zürcher Zeitung« erklärt Diana Baumgarten, Soziologin und Geschlechterforscherin am Zentrum Gender Studies der Universität Basel: »Wir können davon ausgehen, dass rund ein Drittel einer Generation immer schon kinderfrei war, aufgrund von Heiratsbeschränkungen zum Beispiel. Knechte und Mägde durften ja nicht heiraten. Ja, es gab immer schon Menschen, die ohne Kinder geblieben sind. Was sicher ein historisch neues Phänomen ist, ist, dass wir jetzt bewusst kinderfreie Menschen haben.«[19] Sie weist darauf hin, dass Frauen zwar heute nicht mehr unbedingt Kinder kriegen müssen, doch trotzdem immer wieder von der Gesellschaft und von ihrem familiären Umfeld dazu angehalten werden. Frauen, die sich sehr bewusst gegen Kinder entscheiden, verstoßen eigentlich immer noch gegen die ungeschriebene Norm.

Ein zentrales Element in der wählbaren Kinderfreiheit war die Erfindung der Pille (lassen wir die Aspekte der dadurch permanenten sexuellen Verfügbarkeit der Frau und die physischen Nebenwirkungen mal außer Acht) und der immer bessere Zugang zu Verhütung. Diese haben es Frauen das erste Mal ermöglicht, überhaupt darüber nachzudenken, so Baumgarten, ob und wenn ja, wann sie Kinder wollen. Erst dadurch wurde auch die vorherige Ermutigung der Frauenbewegung leichter umsetzbar, über das Kinderkriegen als Option und nicht als Pflicht nachzudenken und es damit zu einer souveränen Entscheidung zu machen.

Diese Souveränität ist es meiner Erfahrung nach, die diese Entscheidung zur Kinderfreiheit so umstritten macht. Denn zum einen zeigt sie auf, dass es einen anderen Weg als den propagierten gibt. Zum anderen ist eine souveräne Frau eine freie Frau.

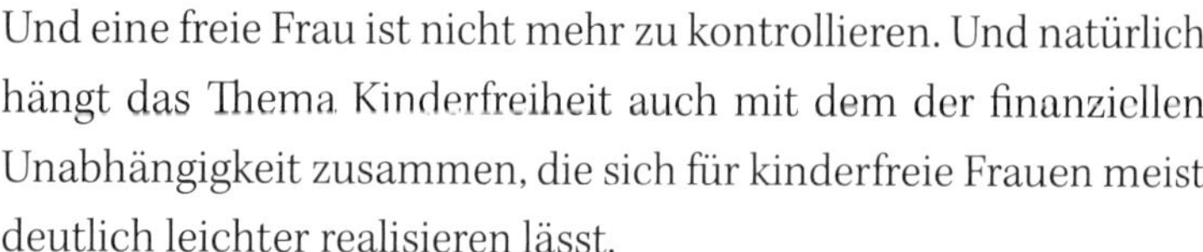

Und eine freie Frau ist nicht mehr zu kontrollieren. Und natürlich hängt das Thema Kinderfreiheit auch mit dem der finanziellen Unabhängigkeit zusammen, die sich für kinderfreie Frauen meist deutlich leichter realisieren lässt.

Frauen, Finanzen und Freiheit

Von wegen: Frauen können keine Finanzen. Beim Thema Frauen und Finanzen gibt es so viele Vorurteile, dass sich allein damit ein ganzes Buch füllen ließe. Ich werde mich hier auf ein paar Kernaspekte fokussieren.

Auch ich habe relativ lange gebraucht, bis ich mich mit dem Thema auseinandergesetzt habe. Denn subjektiv gesehen hatte ich ja ein cooles Leben und konnte mir leisten, was ich wollte – für den Moment. Nachdem mir mein Exfreund die Investition in eine Eigentumswohnung ausgeredet hatte, waren für mich Finanzen erst mal kein Thema mehr. Bis ich mich selbstständig gemacht hatte und sich meine Finanzkraft auf einen Schlag deutlich änderte, Prioritäten sich verschoben und vermeintliche Selbstverständlichkeiten nicht mehr so selbstverständlich waren. Erst da poppte das Thema Altersvorsorge wieder vor meinen Augen auf. Und als ob das nicht schon erschreckend genug gewesen wäre, ertappte ich mich immer wieder dabei, wie ich das Thema aufschob und Gedanken von einem reichen Mann, der mich heiraten wird, durch meinen Kopf schwebten. Beim ersten Mal schob ich es auf zu viele Sissi-Filme an den Feiertagen. Doch als der Gedanke wiederkehrte, zwang ich mich hinzuschauen. Denn Fakt war: Zu Beginn meiner Selbstständigkeit verdiente ich deutlich weniger Geld als zum Ende meines vorherigen Jobs. Ich hatte also alle Motivation der Welt, Geld zu verdienen und das Verdiente gut und langfristig für mich zu investieren.

Klar, erst mal muss frau genug verdienen, um etwas zur Seite zu legen – übrigens eine große Herausforderung für viele Frauen, die in den sogenannten frauenspezifischen Jobs arbeiten, alleinerziehend oder von einem zahlungsunwilligen Idioten geschieden sind. In voller Transparenz: Zu Beginn meiner Selbstständigkeit wäre ich ohne das ALG II nicht durchgekommen. Ich musste das komplette erste Jahr den Gürtel deutlich enger schnallen als zuvor – es war eine neue Erfahrung für mich. Und da schlich sich die fiktive Idee des wohlsituierten, gut aussehenden potenziellen Partners in meinen Kopf. Auch wenn mein feministisches Bewusstsein rebellierte, so fand er doch immer wieder einen Weg in meine Gedanken. Doch das Warten auf Prince Charming wäre die größte professionelle und finanzielle Selbstsabotage gewesen, die ich mir hätte geben können. Also schaute ich hin, und was ich herausfand, half mir sehr, mein Konsumverhalten und mein Verhältnis zu Geld und Vermögen zu verstehen und zu verändern.

Impuls

Wie geht es dir mit dem Thema Geld und Finanzen?
Lebst du im konsumorientierten Jetzt, oder planst du deine investitionsorientierte Zukunft? Hast du eine Altersvorsorge?
Kennst du den Traum vom reichen Mann?

Ich weiß, dass Frauen genauso gut, wenn nicht sogar besser mit Geld umgehen können als Männer, ich erlebe es immer wieder. Haushalten wird jedoch als sparsames Wirtschaften beschrieben, sprich: Es geht nicht um die systematische Vermehrung von etwas, sondern um den sinnvollen Einsatz von Gütern. Und das ist etwas, das ich immer wieder bei Frauen beobachte: die Fähigkeit, auch mit kleinem Budget lange auszukommen. Etwas, das leider immer noch für deutlich mehr Frauen als Männer Notwendigkeit ist.

Was das Haushalten also nicht unbedingt beinhaltet, ist die Vermehrung der Güter, die Gewinnmaximierung durch Handel oder die langfristige Investition im Finanzsektor. Diese Ideen des Wirtschaftens entstanden erst durch die Einführung des Privateigentums und die Idee, dass die Herrschenden mehr haben sollten als die Beherrschten. Denn sobald Besitz privat wurde, veränderte sich die Bedeutung: War Besitz vorher gemeinschaftlich gedacht und kam damit der gesamten Gruppe zugute, so wurde der Benefit nun auf eine Person fixiert, und alle anderen guckten in die Röhre. Die Fähigkeit des Haushaltens wurde für viele Menschen noch entscheidender, denn ihr Zugang zu den zuvor gemeinschaftlich verwalteten Gütern verschwand und sie mussten mit weniger Ressourcen den Alltag bestreiten. Die Fähigkeit des Wirtschaftens hingegen wurde von der herrschenden Elite und der kriegerischen Klasse perfektioniert. Zunächst durch die brutale Aneignung von Vieh und Frauen anderer, schlussendlich durch die Einführung von Geld. Zu all dem hatten Frauen keinen Zugang – waren sie selbst ja lang genug Ware, die gehandelt oder über die verhandelt wurde. Frauen wurden für wirtschaftliche Zusammenschlüsse verheiratet, hatten jedoch keinen direkten Zugriff auf die Reichtümer. Im besten Fall wurde ihnen ein Budget zugestanden, mit dem sie haushalten durften. Was wieder bedeutete: eine fixe Summe, die es möglichst lang zu strecken galt.

Das Erbe wurde strikt an Söhne weitergegeben – auch so konnten Frauen nicht hoffen, an eine eigene wirtschaftliche Unabhängigkeit zu gelangen. Gab es keinen Sohn, wurde die Tochter gewinnbringend und Bünde schmiedend strategisch verheiratet, um so den Wohlstand und den Einfluss der eigenen Familie und der folgenden Generationen zu sichern und im Optimalfall zu mehren.

Auch wenn die Enteignung der Frauen in den osteuropäischen Steppen begann, so wurde sie in Europa systematisch fortgesetzt. Beginnen wir direkt mit dem harten Tobak. Gab es vor langer Zeit in Europa noch das Mutterrecht, waren Haus und Hof also grundsätzlich im Besitz der Frauen, so endete dies spätestens mit der Christianisierung – die durch Karl den Großen aktiv bis nach Hamburg vorangetrieben wurde und dann später auch bis auf die Inseln und nach Skandinavien. Das Mutterrecht hielt sich im Norden Europas wohl bis ins 14. Jahrhundert. Dabei spielte laut Manfred Hammes[20] die Hexenverfolgung als Geldmaschine für die Kriege der europäischen Fürsten einen entscheidenden Part, wurden die Frauen – welche durch das Mutterrecht noch Haus und Hof besaßen – doch dabei auch enteignet. Auch die Kirche profitierte, agierte sie seit Karl dem Großen ja auch im nördlicheren Europa Hand in Hand mit den Herrschenden. Sicherlich gab es die Schlechtwetterperioden und auch die vermiesten Ernten, die dazu führten, dass der Glaube an die Hexen und der Frust der Menschen wuchsen. Doch der ökonomische Aspekt ist nicht außer Acht zu lassen. Der Kirche ging es nicht immer nur um Glauben, sondern wie schon in ihrer Gründungs-DNA angelegt um Macht. Die katholischen Mönche haben (vor allem in Schottland) im 11. Jahrhundert damit begonnen, die Frauen mit der Beschuldigung der Hexerei zu enteignen, wobei das Eigentum der zum Tode Verurteilten an die Kirche fiel.

Im Mittelalter war die Frau vom Mann abhängig – wen wundert es? Sie hatte keinen Zugang zu Geld oder dem Familienvermögen. Ihr einziger Schutz und damit auch Pfand waren Kinder und die Mutterrolle. Die Produktion von Erben und Arbeitskräften sicherte ihr ein Auskommen, sprich: ihre Existenzberechtigung im sozialen Gefüge. Söhne waren weiterhin das Nonplusultra in der Erbfolge, gab es mal keinen Sohn, ging das Erbe an die ledige Tochter. Sobald diese jedoch heiratete, fiel es automatisch dem Besitz ihres Mannes zu. Ledig zu sein war für eine Frau die einzige Möglichkeit der rechtlichen Gleichstellung mit dem Mann in der Gesellschaft, denn sobald eine Frau heiratete, ging sie rechtlich gesehen mit all ihrem Vermögen in seinen Besitz über.

Waren Frauen besser situiert, war es ihre Aufgabe zu haushalten – sie waren die Verwalterinnen der Wohnsitze und des Grundbesitzes der Männer, während diese zum Beispiel im Krieg waren. Wer sich dabei die Hände rieb, waren die Kirchenoberen, denn sie legten strengen Wert auf die Einhaltung der Gesetze. Die Einführung des Zölibats war nicht zuletzt eine wirtschaftliche Entscheidung der Kirche: Durch das Verbot sexueller Aktivitäten konnte die Kirche sicherstellen, dass es niemanden geben würde, der potenzielle Erbansprüche stellen konnte. So verleibte sie sich systematisch Güter ein und stellte sicher, dass sich ihr Grundbesitz stetig mehrte. Wenn wir uns klarmachen, dass das Mittelalter für Frauen nur einen limitierten bis gar keinen Zugang zu Geld bedeutete und in der Zeit auch noch der deutschsprachige Raum christianisiert wurde – was bewusstes Ledigbleiben noch schwerer machte –, war es eine krasse Zeit. Und das Ganze ist noch nicht einmal sechshundert Jahre, also circa zweiundzwanzig Generationen her.

Frauen hatten zwar meist kein eigenes Vermögen, waren jedoch auch in den folgenden Jahrhunderten in der Landwirtschaft und außerhäuslich tätig. Ihre Arbeitsbedingungen waren oft schlecht und die Löhne immer niedriger als die der Männer. Noch Mitte des 19. Jahrhunderts lebten etwa 75 Prozent der Bevölkerung auf dem Land. Die meisten Frauen waren damals in der Landwirtschaft als mithelfende Familienangehörige tätig – und schon dort gab es das Problem, dass ihre Tätigkeit lange nicht in den Statistiken erfasst und damit wertgeschätzt wurde. Denn was nicht beziffert wird, hat keinen Wert – von wegen Wertschöpfungskette und so. Noch heute sehen wir dieses Phänomen in der aktuellen Diskussion um Care-Arbeit und die unbezahlte Arbeit, die Frauen zu Hause leisten. Die Arbeit der Landfrauen damals war körperlich außerordentlich belastend, so sehr, dass laut Gerhard Schildt noch bis in die Mitte des 20. Jahrhunderts Landfrauen durchschnittlich früher starben als Männer.[21] Denn neben der gemeinschaftlichen Arbeit hatten sie auch noch Kinderbetreuung und Haushaltsverantwortung. Auch hier kurz ein Blick auf den Zeitstrahl: Mitte des 19. Jahrhunderts liegt etwa sechs bis sieben Generationen zurück, Mitte des 20. Jahrhunderts im Zweifel nur noch drei Generationen. In meinem Fall sogar nur zwei, denn meine Großmutter wurde 1918 und meine Mutter 1944 geboren. Und wenn wir uns daran erinnern, dass wir als Eizelle schon im Bauch unserer Großmutter waren, als diese mit unserer Mutter schwanger war, dann kommt das alles epigenetisch, erfahrungstechnisch und emotional auf einmal ganz schnell näher.

So richtig Bewegung kam erst Ende des 19. Jahrhunderts in die Sache. Mit der Entstehung der ersten Frauenbewegungen forderten die vermögenslosen Frauen das Recht, einer frei gewählten Erwerbstätigkeit nachgehen zu können. Die Forderung »Gleicher Lohn für gleiche Arbeit« stieß allerdings lange auf heftigen männlichen Widerstand mit dem Argument, dass Frauen ja sogenannte Leichtlohntätigkeiten ausführen würden. Erst nach der hart erkämpften Einführung des Frauenwahlrechts in Deutschland, mit dem 1919 erstmals weibliche Abgeordnete (knapp 10 Prozent) in das Parlament einzogen, veränderte sich merklich etwas. Frauen bekamen Zugang zu bestimmten Berufsgruppen – sie konnten nun auch Rechtsanwältinnen werden, Mindestlohn und die Aufnahme in die Sozialversicherung für Heimarbeiterinnen wurden erreicht. Weiterhin hatte allerdings der Mann die Verfügungsgewalt über das Vermögen der Frau. Einzige Möglichkeit, dem zu entgehen, war es, ledig zu bleiben und damit als nicht vollwertige Frau angesehen zu werden. Denn ledige Frauen entzogen sich ihren »eigentlichen Pflichten« von Kinderkriegen und Muttersein. Die wirtschaftliche Unabhängigkeit und damit auch die eigentlich überhaupt erstmals wirksame Freiheit der Frau wurde in Westdeutschland erst Mitte der 1970er-Jahre durch die Reformen des Familien- und Eherechts hergestellt. Allerdings ist die Forderung »Gleicher Lohn für gleiche Arbeit« auch heute noch immer nicht vollständig Realität geworden.

Das folgende Zitat fasst es wunderbar zusammen: »Das Verhältnis von Frauen und Geld [ist] in erster Linie als eine Geschichte der Unterdrückung, Enteignung und Enterbung zu lesen.«[22] Da sie keinen Zugang zu ihrem oder zu einem Vermögen hatten, wirtschafteten Frauen in den letzten Jahrtausenden also nicht, sie waren das Wirtschaftsgut beziehungsweise die Investition. Was sich erst mal krass anhört, war für mich ein Schlüssel im Verständnis zu meinem schrägen Verhältnis zum Thema Geld. Und als mir klar wurde, was das bedeutete, schrieb ich mir den Satz noch mal auf: Frauen wirtschafteten nicht, sie waren das Wirtschaftsgut.

Für mich machte es an dieser Stelle »klack« – ich sah auf einmal all die Bilder von Frauen vor mir, die sich besonders attraktiv machten. Die Frauen, die ihr Geld dahingehend investierten, zu einem begehrenswerten Wesen zu werden. Denn: Wenn mich ein Mann, der wohlhabender ist als ich, erwählt, dann bekomme ich Zugang zu einem größeren Budget. Allein kann ich keinen Wohlstand aufbauen, doch durch einen Mann kann ich ihn erlangen ... Es ratterte in meinem ganzen System, denn etwas, was mir intellektuell vorher klar war – in meinem Studium der Gender Studies hatten wir auch darüber gesprochen –, war nun in meinem ganzen Körper spürbar. Und vor meinem inneren Auge poppten Bilder auf, in denen ich mich genauso verhalten hatte, wie es Generationen von Frauen vor mir getan hatten. Mit dem großen Unterschied, dass es für die Frauen vor fünfhundert Jahren überlebenswichtig war, während es für mich eine Selbstsabotage bedeutete. Ich erinnerte mich an die Momente, in denen ich besonders sexy sein wollte, mich besonders eloquent präsentierte, besonders liebreizend auftrat – je nachdem, was die Situation erforderte und die Aufmerksamkeit garantierte. Ich sah, wie ich meine Reize und Fähigkeiten einsetzte, um möglichst attraktiv zu wirken. Ich erinnerte all die Momente, in denen mir eine Geschichte von einer Prinzessin erzählt wurde, die vom Prinzen erwählt wurde, oder in der der Prinz die Prinzessin als Lohn für seinen Einsatz bekam. Ich erinnerte die Momente, in denen ich mit meiner besten Freundin Barbie spielte und wir das Problem hatten, dass es nur einen Ken gab – und alle Barbies mit ihm befreundet sein wollten. Ich erinnerte mich an all die Momente, in denen ich mich und meinen Körper für nicht gut genug befand, um abends in der Disco angesprochen zu werden. Und ich erschrak darüber, wie tief diese alten Verhaltensmuster

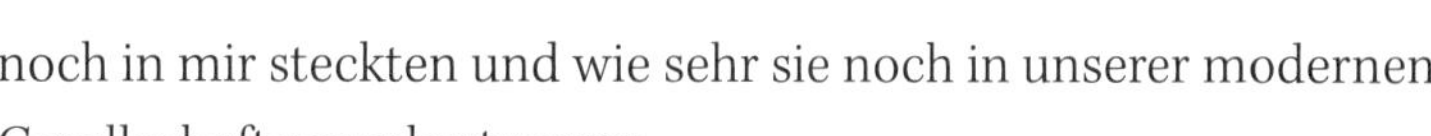

noch in mir steckten und wie sehr sie noch in unserer modernen Gesellschaft verankert waren.

Impuls

Erkennst du dich in dem Beschriebenen wieder?
Gab es Momente, in denen du besonders »wählbar« wirken wolltest?
Oder Momente, in denen du dich für nicht gut genug erachtet hast, um gewählt zu werden?
Kennst du die Angst davor, Dinge zu besitzen?

Eine Konsequenz dieses tief verankerten Verhaltens ist, dass Frauen das Geld, das sie verdienen, nicht unbedingt langfristig investieren, also zur Vermögensbildung einsetzen, sondern für direkt sichtbare Ergebnisse einsetzen – sie treffen also oft klassische Konsumentscheidungen. Wenn ich ehrlich resümiere, wie viel Geld ich für Dinge ausgegeben habe, die keinen dauerhaften Wert hatten – Make-up, Klamotten, Beauty-Dienstleistungen –, dann treibt es mir die Tränen in die Augen. 2016 gab jede deutsche Frau im Schnitt allein 164 Euro für Kosmetik aus – ein Betrag, der in den letzten Jahrzehnten kontinuierlich gestiegen ist.[23] Bei der Bekleidung wird vor allem der Unterschied zwischen Männern und Frauen deutlich. Gaben 2007 alleinlebende Männer durchschnittlich 336 Euro im Jahr für neue Klamotten aus, lag der Betrag bei alleinlebenden Frauen bei 588 Euro.[24] Daneben besitzen Frauen in Deutschland mehr als doppelt so viele Schuhe wie Männer, nämlich im Durchschnitt siebzehn Paare, Männer hingegen nur acht.[25] Von den Ausgaben für die ganzen Diätmittel und Weight-Watchers-Mitgliedschaften will ich gar nicht erst anfangen. Außerdem steigt die Anzahl der Frauen, die sich für einen operativen Eingriff entscheiden, um gefühlte oder tatsächliche Makel ihres Körpers zu korrigieren oder ganz zu beseitigen. Dabei werden zwei Gründe angegeben: der Erhalt der jugendlichen Attraktivität bis in spätere Lebensjahrzehnte und dass sie das äußere Erscheinungsbild mit dem ästhetischen Selbstempfinden in Einklang bringen möchten.

Zählt man all diese Ausgaben und Investitionen in nicht vermögensaufbauende Dinge zusammen, dann wird schnell klar: Von dem im Durchschnitt geringeren Gehalt der Frauen geht ein deutlich höherer Betrag in dekorative, saisonale Konsumgüter. Was bedeutet, dass am Ende noch weniger Geld zum Investieren in langfristige Anlagen bleibt.

Was mir an dieser Stelle ganz wichtig ist: Die Programme, die hierbei ablaufen, sind uns nicht immer bewusst, und sie sind nicht Teil unseres wahren Seins. Es sind über die Generationen hinweg tief konditionierte Verhaltens- und Denkweisen, die deshalb noch heute greifen, weil sie von der Industrie und der Werbung permanent getriggert werden. Auch in meiner Brust schlagen zwei Herzen, während ich das hier schreibe: Die Feministin in mir argumentiert, dass ich das System ja kenne und darauf nicht reinfalle. Doch die Frau mit ahnengeprägtem Verhalten muss zugeben, dass ich auch heute noch manchmal Ausgaben tätige, die einzig und alleine dem »Gefälligsein« geschuldet sind – so sehr ich mir auch versuche einzureden, dass es Selbstliebe wäre. Es ist ein Mechanismus, der so tief in uns steckt, dass es gar nicht so leicht ist, ihn loszuwerden.

Wenn ich persönlich zurückblicke, schockt es mich immer noch, dass ich mich mit siebenundzwanzig von meinem Exfreund vom Kauf einer Eigentumswohnung habe abbringen lassen – denn: Ich war jung und hatte das Geld. Was ich rückblickend nicht brauchte, war die Beziehung. Und gleichzeitig kann ich in Mitgefühl mit meinem jüngeren Ich gehen – wenn ich sehe, wie panisch und hin- und hergerissen sie war und so gar nicht sie selbst, da in der damaligen Situation mehrere Trigger gleichzeitig aktiviert waren. Ich habe für mich gelernt, dass die traumatischen Situationen vergangener Generationen und die kollektive Konditionierung nicht zu unterschätzen sind. Ich habe gelernt, dass ich meine individuelle Unabhängigkeit im Hier und Jetzt manchmal überschätze. Ich bin eben Teil einer Linie, ich bin Teil einer kollektiven Erfahrung, und ich bin Teil einer Gesellschaft, deren Systemik immer noch in vielen Bereichen die alten Muster aufrechterhält und fördert.

Es bleibt also festzuhalten: Frauen fehlt nicht die natürliche Fähigkeit, finanziell erfolgreich zu sein, sondern uns fehlt der gleiche Zugang zu Vermögen und die kollektive Übung. Erst seit 1958 dürfen Frauen in Westdeutschland über sich bestimmen, bis dahin hatte der Ehemann das alleinige Bestimmungsrecht über sie und die Kinder. Erst 1962 durften Frauen auch ohne Zustimmung ihres Mannes ein Konto eröffnen. Und nach 1969 wurde eine verheiratete Frau überhaupt erst als geschäftsfähig angesehen. Kurz: Bis vor gut fünfzig Jahren konnten Frauen im Allgemeinen keine Erfahrung mit der Generierung und Verwaltung eines eigenen Vermögens machen. Und das Ganze hatte System.

Bei der Betrachtung ist ein Aspekt immer hervorzuheben: In der DDR war im Gegensatz zur BRD die Gleichberechtigung der Frau und die Förderung von Frauen in Beruf und Gesellschaft in der Verfassung verankert. Es gab Maßnahmen zum Schutz der Frau und Mutter. Dies waren beispielsweise Schwangerschafts- und Wochenurlaub, ein erhöhter Grundurlaub für vollbeschäftigte Mütter und bezahlte Freistellung nach dem Wochenurlaub. Außerdem hatten Frauen das Recht auf freie Berufswahl und Zugang zu höherer Bildung. Die staatlichen Strukturen waren darauf ausgelegt, Frauen die Arbeit neben der Kindererziehung zu ermöglichen. Beziehungsweise die Erziehungsaufgaben zu verstaatlichen. Denn Arbeitskraft war wichtig im sozialistischen Deutschland und ein Kernbestandteil des Systems. Was es den Frauen rückblickend gebracht hat, zeigt sich seit der Wiedervereinigung: Frauen, die in der DDR berufstätig waren, leiden deutlich seltener unter Altersarmut und haben eine signifikant höhere Rente als Frauen, die in der Zeit bis zum Rentenalter in den westlichen Bundesländern gelebt hatten. Sie haben ein anderes Selbstverständnis von Erwerbstätigkeit und Teilhabe am Arbeitsleben und sind selbstsicherer, wenn es um Beförderungen und um Aufstiegsoptionen oder Zugänge in für westdeutsches Denken frauenuntypische Tätigkeitsfelder geht.

Was also tun? Für mich gab es zwei Erkenntnisse, die den Umgang mit meinen Finanzen verändert haben. Zum einen war es das Anerkennen der Tatsache, dass ich weder das System Kapitalismus, so wie wir es aktuell haben, noch die Idee der Maximierung des Privateigentums erstrebenswert finde. Ich glaube an gemeinschaftliches Wirtschaften und an Güterverteilung. Ich möchte mit meinen Investitionen eine Welt schaffen, die mich nährt und gleichzeitig auch nachhaltig und nährend wirksam für diejenigen ist, die mir folgen. Meine ersten Kontakte mit Finanzberatern waren unschön, hinterließen ein schwieriges Gefühl, und ich gab mein Geld aus einer vermeintlichen Logik heraus in andere Hände statt aus tiefer Überzeugung. Ich fühlte mich nie gut dabei. »Das macht man so.« Erst als ich mich zu trauen begann, Geschäftsprinzipien zu hinterfragen und meine

Werte deutlich zu äußern – als sie mir denn klar waren –, konnte ich meinen Umgang mit Geld verändern. Denn ich konnte mich aus dem vorgegebenen Ideal der persönlichen Gewinnmaximierung und Ressourcenbindung lösen.

Zum anderen wurde mir klar, dass ich keinen Finanzberater brauchte. Ich wollte jemanden, der mich auf dem Weg zu meinem Vermögen begleitet. Eine Vermögensbegleiterin. Ich suchte mir bewusst eine Frau als Finanzberaterin, die meine Werte anerkannte und sich Zeit nahm, mir alle einzelnen Schritte zu erklären. Ich fragte dazu bei meinen Freundinnen nach, die finanziell gut aufgestellt waren, und bat um Empfehlungen. Ich wollte nicht »den Besten«, ich wollte die Ehrlichste, Geduldigste und Zuverlässigste. Ich wollte jemanden, der meine Bedürfnisse anerkennt. In meinem Fall hieß das auch, dass ich zu Anfang meiner Selbstständigkeit keine regelmäßigen Zahlungen machen konnte, sondern quartalsweise schaute, was ich mir leisten konnte. Ich wollte einen Finanzplan, der sich meiner Lebensrealität anpasste, und keinen, dem ich mich anpassen musste.

All dies war ein nicht ganz einfacher Prozess. Und ich bin noch lange nicht am Ende angekommen. Was mir jedoch wirklich geholfen hat, war der Blick in die Vergangenheit, die Anerkennung der kollektiven Realität der Frauen und der Glaube daran, dass sich ein System, das menschheitsgeschichtlich gesehen noch relativ jung ist, verändern lässt.

Impuls
Was hält dich jetzt noch davon ab, dich um deine Finanzen zu kümmern?
Was brauchst du, um dich mit dem Thema auseinanderzusetzen?
Wovor hast du Angst?

Frei und finanziell unabhängig

»Question, tell me what you think about me
I buy my own diamonds and I buy my own rings
Only ring your celly when I'm feelin' lonely
When it's all over please get up and leave
Question, tell me how you feel about this
Try to control me, boy, you get dismissed
Pay my own fun, oh, and I pay my own bills
Always fifty fifty in relationships
The shoes on my feet, I've bought it
The clothes I'm wearing, I've bought it
The rock I'm rockin', I've bought it
'Cause I depend on me if I want it
The watch I'm wearin', I've bought it
The house I live in, I've bought it
The car I'm driving, I've bought it
I depend on me, I depend on me
All the women, who are independent
Throw your hands up at me …«

»Independent Woman« von Destiny's Child

Der zitierte Song stellt es perfekt dar. Doch noch immer gibt es zu wenige Frauen, die unabhängig und nach ihren Bedürfnissen handeln, Geld verdienen und investieren und ihre Altersvorsorge über den Alltag stellen. Die Frauen, die es tun, werden oftmals noch als anstrengend, kaltherzig, kompliziert oder wahnsinnig bezeichnet. Doch das Wunderbare ist: In dem Moment, in dem eine Frau finanziell unabhängig ist – und dazu braucht es kein Millionenvermögen wie bei Beyoncé –, kann es ihr egal sein. Denn in dem Moment, in dem wir zu finanzieller Unabhängigkeit kommen, können wir uns aus so vielen anderen Bindungen lösen, wenn wir wollen. Das bedeutet nicht, dass wir uns nicht mehr verpartnern, befreunden oder mit Menschen umgeben, die wir lieben, mögen und schätzen. Es bedeutet jedoch, dass wir als Frauen nicht mehr in einer Beziehung bleiben müssen, weil wir ökonomisch abhängig von ihr beziehungsweise der anderen Person sind.

Diese Freiheit wird erst nach und nach für Frauen zugänglich. Im reichen Westen sicherlich schneller als in anderen Teilen der Welt. Wobei es hierzulande immer wieder das Phänomen des gefühlten Wohlstands gibt, der Frauen davon abhält, sich um ihre finanzielle Zukunft zu kümmern. Das Gefühl, dass aktuell alles konsumierbar und verfügbar ist, führt manchmal zu einer persönlichen Umnächtigung, was den Blick voraus angeht. Fakt ist jedoch: Die wahre Freiheit schaffen wir nicht ohne finanzielle Unabhängigkeit. Egal, wie emotional souverän ich sein mag, solange ich finanziell abhängig bin, bin ich abhängig und gefangen in den patriarchalen Strukturen. Erst durch meine finanzielle Unabhängigkeit kann ich meine emotionale Souveränität wirklich leben. Deswegen ist es auch so wichtig, dass wir gemeinsam dafür sorgen, dass alle Frauen in die finanzielle Unabhängigkeit kommen – egal ob Angestellte, Soloselbstständige, alleinerziehende Mutter oder ein anderes Lebensmodell.

Was ich immer wieder höre, ist, dass für viele Frauen das Finanzsystem, wie es aktuell existiert, und auch das Wirtschaftssystem, wie es aktuell besteht, keine erstrebenswerten und angenehmen Systeme sind. Ich kann das voll und ganz verstehen. Sind in beiden doch Verhaltensweisen an der Tagesordnung, die ich ebenfalls abscheulich und kriminell finde. Doch es gibt Alternativen. Es gibt Frauenbanken, Frauenfinanztraining, nachhaltige Fonds und weibliche Finanzberaterinnen, die sich Zeit für dich nehmen. Ich verstehe, dass vielen das Anhäufen von Vermögen im Stile von Jeff Bezos nicht erstrebenswert erscheint, geht es doch direkt zurück auf das Horten von Privatbesitz als einen Kernpunkt des Patriarchats. Doch auch hier können wir entscheiden, wie wir das Geld, das wir verdienen, erwirtschaften oder kreieren und dann einsetzen wollen. Wir können neue Jobs für andere Frauen schaffen, Umweltprojekte fördern, Lesekoffer verteilen, Frauenprojekte unterstützen. Nur weil wir aktuell noch hauptsächlich das toxische patriarchale Anhäufen von Reichtum sehen, bedeutet das nicht, dass es keinen anderen Weg gibt. Unser wahres Sein ist solidarische Gemeinschaft. Und dazu können wir uns entscheiden. Übrigens auch mit jeder einzelnen Konsumentscheidung, die wir treffen. Das Einzige, was von uns in Bezug auf Finanzen gefordert wird, ist: Verantwortung zu übernehmen. Für uns und für die Frauen, die nach uns kommen. Denn je mehr finanziell freie Frauen es gibt, desto selbstverständlicher wird es für diejenigen, die uns folgen.

Aktionsimpuls

Nur wenn wir uns mit unseren Finanzen beschäftigen, können wir sie wirklich kennenlernen und beginnen, mit ihnen zu arbeiten. Dazu ist es unvermeidbar, unseren Kontostand zu kennen und uns der Realität zu stellen. Es ist nie hilfreich, die Augen vor dem, was ist, zu verschließen und zu hoffen, dass es besser wird. Es ist Zeit, in Verantwortung zu gehen und die Antwort zu werden, die du dir wünschst. Das bedeutet: Kontostand checken, Kontoauszug ausdrucken, Übersicht verschaffen. Herausfinden, welche Fixkosten du hast: Was geht jeden Monat fix vom Konto ab, und wohin geht der Rest des Geldes? Verschaff dir eine Übersicht über eventuelle Anlagen oder Fonds. Spüre die damit verbundenen Emotionen und lass dich davon nicht abhalten. Der Satz »Ich lebe im Jahr 2022 und die Welt ist eine andere als die meiner Ahninnen« kann bei deinem neuen Umgang mit deinen Finanzen kraftvoll und sehr wirksam sein, denn er weist ahnengeprägte Emotionen in die Zeit zurück, aus der sie kommen.

Setz dir ein Ziel, was du in den kommenden zweiundsiebzig Stunden tun kannst, um deine Finanzen besser zu überblicken. Dann tue es – hol dir Unterstützung, ruf deinen Bankberater an und mach einen Termin, such nach einer Finanzbegleiterin und ruf dort an, mach einen Termin bei der Schuldnerberatung. Was auch immer es ist, ein erster Termin ist keine Verpflichtung – es geht darum, den aktuellen Stand zu klären, um in ein aktives Handeln zu kommen. Beratungen sind kostenfrei, und du musst keinen Vertrag abschließen. Und wenn Emotionen hochkommen, frage dich: Wie halten sie dich davon ab, dich aktiv mit dem Thema auseinanderzusetzen? Sind es deine Emotionen oder die deiner Ahninnen?

Erst wenn wir wissen, woher wir kommen, können wir bestimmen, wohin wir wollen. Das gilt auch für das Thema Finanzen – unabhängig davon, wie viel Geld wir zur Verfügung haben. Du darfst dir die Macht über deine Finanzen zurückholen. Es ist an der Zeit.

Göttinnen-Inspiration

Freya ist die nordische Göttin, die quasi die Urahnin der freien Frauen ist. Ihr Name bedeutet auch »freie Frau«, abgeleitet vom mittelhochdeutschen »frouwe«– eine Frau, die nur sich selbst gehört. Freya erinnert uns daran, dass wir niemandem außer uns selbst verpflichtet sind. Sie ist eine Völva, eine Wissende und Seherin, die die Runen und ihre Magie beherrscht. Daher können wir mithilfe von Freya unsere Freiheit in Worte und Zeichen fassen. Nicht von ungefähr sind auch die deutschen Wörter »froh« und »Freude« von »Freya« abgeleitet.

Sie kann uns auch dabei unterstützen, in die finanzielle Freiheit zu kommen: zum einen die Ängste und Unsicherheiten gehen zu lassen, zum anderen Freiheit durch Finanzen zu kreieren. Freya hat eine Schwestergöttin, Frigg, und eine Begleiterin namens Fulla – die Göttin der Fülle, auch der finanziellen. Sie ist die Hüterin der Geheimnisse und die Wächterin über den unentdeckten Reichtum. Fulla hilft uns dabei, ein sinnliches und leichtes Leben in Fülle zu führen. Sind wir frei von Ängsten, Unsicherheiten und Anhaftungen rund um das Thema Finanzen, dann können wir frei agieren – bewusst und verantwortungsvoll uns selbst gegenüber. Und dann kann Fulla beginnen, ihr Werk zu tun.

Neben Freya gibt es auch die keltische und gallische Göttin Rosmerta, die bis nach Rheinland-Pfalz bekannt war. Dort gibt es in Eisenberg einen Schrein, der sie mit ihren typischen Utensilien, einem Füllhorn und einem Geldbeutel, zeigt. Rosmertas Mission ist es, Frauen zu finanziellem Erfolg und einem guten Händchen im Handel zu verhelfen. Sie liebt es, wenn Frauen frei und unabhängig sind, und findet Hochzeiten zur Bindung an den Mann fragwürdig. Rosmerta steht auch dafür, dass Wohlstand und Fülle ein natürlicher Zustand sind. Dabei ist es ihr jedoch wichtig, dass das Geld, das sie bringt, im Fluss bleibt – sie hält nichts vom Horten, aber viel vom Investieren und Ausgeben.

Um dich mit den Göttinnen der Fülle und der Freiheit zu verbinden, hilft es dir, einen Raum der Fülle zu kreieren. Die Zeremonie beginnt schon beim Gestalten deines Altars. Dabei darf es blinken und blitzen, viel Gold und Schimmern darf dabei sein. Du kannst deinen Altar mit Schmuck gestalten oder mit Dingen, die für finanzielle Fülle stehen. Es dürfen auch Münzen und Scheine dabei sein. Du kannst üppige Blumen dazugeben oder auch Honig – der früher ebenfalls sehr wertvoll war. Lass dich inspirieren von dem, was dich in finanzieller Hinsicht zum Leuchten bringt. Platziere mehr Kerzen als »nötig«, erlaube dir mehr Rauchwerk als normal, kreiere den absoluten Überfluss und Fülle. Und wenn ein Gedanke von »Davon habe ich aber nicht mehr so viel« oder »Das ist aber teuer« kommt, nimm ihn bewusst wahr und spüre, woher er gerade kommt. Schreib dir den Gedanken, der dahintersteckt, auf.

Wenn du den Altar gestaltet hast, dann kleide dich selbst in deine schönsten, wertvollsten Kleider – auch in Dessous, denn dies ist der besondere Anlass, auf den du gewartet hast! Schmück dich mit deinem Schmuck. Dann nimm vor dem Altar Platz und spüre einfach, wie es sich anfühlt, in dieser Fülle zu sein. Zünde eine Kerze nach der anderen an und lade ganz bewusst Freya, Fulla und Rosmerta ein, in diesem Raum mit dir Platz zu nehmen. Zeig ihnen deinen Altar, indem du benennst, was wofür steht. Spüre, wie es sich in deinem Körper anfühlt, in dieser absoluten Fülle zu sein und sie dir zu erlauben. Nimm wahr, dass es keine Bestrafung oder Verdammung in diesem Raum gibt. Nimm wahr, wie die einzelnen Göttinnen sich für dich anfühlen und mit welcher du dich verbinden möchtest. Dann geh in einen Dialog mit ihr und bitte um das, was du brauchst – Mut zur Freiheit, Sicherheit, Erlaubnis zur Fülle …

Spüre, was in dir hochkommt und dich eventuell davon abhält, diese Dinge zu leben. Notiere es. Dann lies alles vor, was du notiert hast, und übergib es der Göttin. Lass es gehen, erlaube dir, dich davon zu befreien. Du kannst diese Gedanken auch auf kleine Zettel schreiben und verbrennen. Dann nimm den Raum wahr, der durch das Loslassen entstanden ist, und fülle ihn bewusst mit all dem, was du für Freiheit, finanzielle Unabhängigkeit und Fülle brauchst. Lass es in all deine Zellen fließen.

Wenn du spürst, dass du erfüllt bist, bedanke dich und spüre nach, wie es sich anfühlt. Genieße den Moment, solange du willst, und komm in dieser neuen Energie an. Wann immer du bereit bist, bedanke dich bei den Göttinnen und frage, ob sie zum Abschluss noch eine Botschaft haben. Finde drei Dinge, mit denen du die neue Energie verkörpern und den Göttinnen zeigen kannst, dass du deinen Part übernimmst. Zum Abschluss lösche die Kerzen.

Erschöpfung. Ein Schlüssel zur Beherrschung

Nun kann man sich fragen, warum Frauen nicht schon lange dran sind, all die bislang hier genannten Missstände aufzudecken beziehungsweise zu verändern. Warum sind nicht mehr Frauen in den führenden Positionen, in denen sie etwas ändern könnten, wenn es ihnen doch so sehr am Herzen liegt? Warum haben sie nicht längst finanzielle Unabhängigkeit und Freiheit erlangt? Die Antwort darauf lautet: Neben strukturellen Hindernissen, gläsernen Decken und klebrigen Böden und der Tatsache, dass es wirklich einige Männer gibt, die diese Veränderungen nicht begrüßen würden, hält uns Frauen Erschöpfung zurück. Es ist die kollektive Erschöpfung des Großteils der Frauen.

Von Frauen wird heute mehr gefordert als je zuvor, nicht unbedingt physisch, doch definitiv mental und emotional. Wir sollen alle gut aussehen, während wir mit links die Kinder erziehen, mit rechts die eigene Karriere managen und nebenbei noch eine wirklich aufmerksame Partnerin sind. Und derweil lächeln wäre auch ganz toll. Das Problem dabei ist: Von Frauen wird Übermenschliches verlangt. Und diese permanente Überforderung führt zu permanenter Erschöpfung. Die Ansprüche an Männer sind nicht so extrem gewachsen. Denn während Frauen sich die von ihnen geforderten Bereiche erkämpfen müssen, dürfen sich Männer Lebensbereiche und Verhaltensweisen zurückerobern. Während also der Druck auf Männer sinkt, allein für das Einkommen zu sorgen, ist für Frauen der Druck gleich geblieben, sich um Kinder und Haushalt zu kümmern. Gleichzeitig ist der Druck gestiegen, neben Kindern und Haushalt auch noch Karriere zu machen oder einen anderen Lebensbereich zu finden, in dem frau glänzen kann. Das Resultat ist, dass Frauen in mehr Lebensbereichen glänzen müssen – denn Kind und Karriere sind ja das neue Mindestmaß, während es Männern erlaubt ist, ein bisschen mehr im Haushalt zu tun oder ein wenig mehr Zeit mit ihren Kindern zu verbringen.

Was gemeinhin als »das bisschen Haushalt« abgetan und als minderwertige Tätigkeit gesehen wird – schließlich haben wir ja all die Maschinen, die uns im Haushalt unterstützen –, ist in Wirklichkeit eine nicht sichtbare Dauerbelastung. Und vor allem eine, die gemeinhin für Männer oft auch gar nicht so richtig nachvollziehbar ist, haben sie sie so auch kollektiv noch nicht erfahren. Als man die Frau in den Bereich der Kindererziehung und des Haushalts abschob, wurden beide Bereiche als einfach händelbar angesehen. Vor allem aber waren es auch Bereiche, um die sich diejenigen, die sich das ausdachten, nicht kümmern wollten, weil sie ihnen nicht anerkennungsreich erschienen. Die große Welt wollte erobert werden, die kleine Welt war nicht weiter erwähnenswert. Dass in dieser kleinen Welt jedoch die Grundsteine für die große Welt gelegt werden und viel intensivere emotionale Prozesse aktiv sind, wurde nicht gesehen. Wie auch? Es war nie im Fokus des Mannes.

Das patriarchale System hat in den letzten Jahrtausenden dafür gesorgt, dass wir – letztlich Frauen wie Männer – als Kollektiv erschöpft und im permanenten Überlebenskampf waren. Denn wer nicht an der Spitze stand, musste im System kämpfen und schauen, wo er bleibt, basiert es doch auf der Tatsache, dass eben nicht genug für alle da ist, weil wenige den Besitz horten. Und diejenigen, die an der Spitze standen, kämpften gegen andere Herrschende, um ihre Besitztümer zu mehren, denn es konnte ja nur einen geben, der der Größte war. Der Rest der Bevölkerung, der unter ihnen existierte, musste folgen und gehorchen. Ich bin mir sicher, dass all diese Menschen immer wiederkehrenden Energiemangel, Müdigkeit und Niedergeschlagenheit sowie das Auftreten von unangenehmen Anspannungszuständen kannten. Noch bis heute geht es vielen Menschen so. Dazu dieses Gefühl der Ohnmacht, eh nichts ändern zu können. Einfach zu versuchen, durchzuhalten und irgendwie gut durchzukommen. Durch den Ärger, die immer wiederkehrende Enttäuschung, die immer wieder schwindende Hoffnung, die Wut und vor allem die Ohnmacht. Denn wenn wir an dem System nichts ändern können, wozu dann all die Anstrengung?

All dies führt am Ende zu einer inneren Leere. Und diese Leere nennt man im Medizinischen auch Erschöpfung. Diese Leere bewahrt uns jedoch auch davor, weiterhin zu viel zu fühlen. Sie macht uns taub. Wir beginnen zu existieren, anstatt wirklich zu leben. Doch Erschöpfung ist nur das Symptom, nicht die Ursache.

Erst vor etwa dreihundert Jahren wurde für die Frau die Rolle als Mutter und »Hausfrau« bindend, und dabei bekam ihr Leben einen weiteren problematischen Aspekt hinzu – etwas, das wir mittlerweile als Mental Load bezeichnen. Was dabei so perfide war und ist: Diese mentale Last ist nicht sichtbar. Mit Mental Load wird bei uns heute die mentale und psychische Belastung bezeichnet, die durch das Managen von Alltagsaufgaben entsteht. Vor allem von all den Aufgaben, die ja nicht der Rede wert sind, die mal schnell zu erledigen sind, diese »Das geht ja ganz flott oder einfach«-Aufgaben. Ihnen wird von außen keine große Aufmerksamkeit geschenkt. Doch es sind eben genau diese Aufgaben, die den Alltag vieler Hausfrauen, Mütter und verpartnerter Frauen bestimmen. Denn auch wenn diese Aufgaben oft nicht explizit genannt oder besprochen werden, müssen sie nebenher identifiziert, geplant und dann erledigt werden. Ob Behördenkram, Geburtstage, Familienfeste, Einkaufslisten – es sind die undankbaren Aufgaben, auf die meistens keiner Lust hat, die jedoch für einen reibungslosen Alltag erledigt werden müssen. Das Gros dieser unsichtbaren Aufgaben bringt noch mal ein nicht unbeträchtliches Eigengewicht in die Gesamtsumme aller sichtbaren Aufgaben.

Dabei ist die eigentliche Belastung, für alles verantwortlich zu sein. Und diese Verantwortung liegt in den allermeisten Fällen eben bei den Frauen. Die daraus resultierende Belastung kann so intensiv sein, dass sie schlussendlich zu Burn-out-ähnlichen Symptomen führt. Wenn dann Frauen schräg angeschaut oder milde belächelt werden, weil angeblich »das bisschen Haushalt« nicht zu schaffen ist, dann ist das fast schon systemisches Gaslighting einer Lebensrealität, die nur deshalb existiert, weil andere sie ignorieren oder negieren.

Wenn wir schauen, was über die Zeit hinweg passiert ist, dann sind es eben genau all diese undankbaren, nicht statusfördernden Aufgaben, die systematisch in den Bereich der Frauen geschoben wurden und damit zum Teil immer weiter an Bedeutung verloren haben. Die »wichtigen« Aufgaben hingegen wurden den Männern zugedacht, was diese mit Ansehen oder zumindest einem Selbstwirksamkeitsempfinden belohnt.

Es entstand, was wir immer wieder beobachten können: Männer haben Rechte, Frauen haben Verantwortung – und zu viel Verantwortung fordert im wahrsten Sinne des Wortes zu viele Antworten. Oftmals auf Fragen, die sich niemand anderes außer uns stellt. Denn es ist ja die Aufgabe der Frau, sich darum zu kümmern. In ihrer dauerhaften Erschöpfung aber kommen Frauen kaum dazu, sich klarzumachen, was eigentlich geschieht, und Wege heraus aus den patriarchalen Strukturen zu entwickeln.

Von Unterdrückung zu Unterstützung

Das Patriarchat wurde von Männern gemacht, doch es wird auch durch Frauen aufrechterhalten. Dieser Satz ist oft ein Trigger, doch er ist an vielen Stellen wahr. Denn als Frauen sind wir im Patriarchat zwar nie an der Spitze, jedoch sind wir auch nicht automatisch nur Opfer des Systems. Ich brauchte einige Zeit, um mir meiner Privilegien in einem System, das mich unterdrückt, bewusst zu werden. Doch Patriarchat hat eben mehr Kategorien als nur Mann und Frau. Es hat unter anderem auch die Kategorien Klasse, Hautfarbe, Nationalität und Körperlichkeit. Auffallend war für mich das Phänomen der weiblichen Trump-Wählerinnen. Es ist ein perfektes Beispiel dafür, wie Frauen ein misogynes diskriminierendes System, das ihnen schadet, aufrechterhalten. Sehenden Auges einem Mann, der offen frauenfeindlich ist, die Stimme bei der Wahl zu geben mag auf den ersten Blick merkwürdig erscheinen. Auf den zweiten, genaueren Blick hin wird allerdings klar, dass es gar nicht so unlogisch ist. Denn die Stimme für Trump sichert der weißen Frau die Stellung ihres Mannes in der Gesellschaft zu. Und sie sichert die Stellung ihres Sohnes in der Gesellschaft. Denn Trump steht für Mann vor Frau, Weiß vor Schwarz, USA vor allen anderen. Und für die weiße wohlsituierte Frau des weißen wohlsituierten Mannes gäbe es nichts Schlimmeres, als wenn das System, das für ihren Wohlstand zuständig ist und auf der permanenten Erschöpfung anderer basiert, zusammenbricht. Denn tief im Inneren fürchtet sich die Trump-Wählerin vor der Rache der Schwarzen, der Latinos und – falls sie sich überhaupt daran erinnert, dass sie existieren – der Native Americans. Tief im Inneren spürt und weiß sie, dass ihr Wohlstand auf fragilem Grund steht und eigentlich nicht rechtens ist. Denn er basiert auf der Tatsache, dass sich Menschen Dinge aneignen, die nicht ihre sind – dass aus Gemeingut Privatbesitz wird. Das Problem ist dabei, dass die weiße patriarchale Frau eben nur in patriarchalen Dimensionen denken kann. Dass es für sie unvorstellbar ist, dass es nicht darum geht, Gleiches mit Gleichem zu bekämpfen. Und das ist auch die größte Herausforderung, wenn es um die Veränderung gesellschaftlicher Strukturen geht.

Wenn wir von Unterdrückung zu Unterstützung kommen wollen, muss uns klar sein, dass es eben nicht nur um diejenigen in unserer eigenen Blase geht. Und es muss uns klar sein, dass die Unterstützung, die wir fordern, manchmal die ist, die wir selbst geben müssen. Wie soll das funktionieren – in einem System, das auf Erschöpfung als Schlüssel zur Beherrschung anderer basiert?

Es geht natürlich nicht darum, den Männern das anzutun, was sie bisher den Frauen angetan haben. Armin kann ja nichts für das, was Karl vor achthundert Jahren verbockt hat. Friedrich kann nichts für seine Ahnen, aber er kann etwas dafür, wenn er im Hier und Jetzt Mist baut. Und wir können uns aus dem Frauenbild, das die Gesellschaft für uns vorgesehen hat, lösen.

Für mich war es hilfreich zu verstehen, wie ich und wie wir als Frauen dahin gekommen sind, wo wir aktuell stehen. Für mich war es wichtig, durch den Schmerz dieser uralten Erinnerungen zu gehen, um ihn dann gehen lassen zu können. Für mich war es wichtig, die Vergangenheit zu erfahren und zu erinnern und dann eine alternative Wirklichkeit entstehen zu lassen. All dies hat mich verändert und damit auch mein Selbstbild. Ich habe in diesem Prozess gemerkt, wie sich die Opferhaltung, die ich noch oft innehatte, veränderte zu einer Haltung der Überlebenden. Wir sind als Frauen bis hierher gekommen. Nicht immer gemeinsam – doch schlussendlich als Kollektiv. Wir haben uns in den letzten fünfzig Jahren als Gesellschaft bewegt – vielleicht so viel wie in den letzten zweihundert oder auch fünfhundert Jahren davor nicht.

Eine Freundin von mir sagte mal: »Rest is Resistance. Erholung ist Widerstand.« Als ich den Satz sacken ließ, spürte ich, wie viel daran wahr ist. Es ist okay, wenn wir uns erholen, wenn wir nicht mehr alles schaffen, wenn wir aktiv Unterstützung einfordern. Es ist okay, wenn wir uns ausruhen. Und gleichzeitig ist es auch wichtig, anderen Frauen diese Erholung zu ermöglichen. Denn es gibt so viele, die abends nach drei Jobs und der Kinderbetreuung tot ins Bett fallen. Es gibt so viele Frauen, die intergenerationales Trauma in sich tragen. Es gibt so viele Frauen, die mit sehr viel weniger Privilegien in diese Welt gekommen sind. Die kann ich durch Spenden an bestimmte Organisationen unterstützen, durch Zugang zu Services, durch Sichtbarmachung.

Ganz konkret kann das bedeuten, dass wir im privaten Kontext deutlich auf unsere Erschöpfung aufmerksam machen und sie nicht mehr als gegeben hinnehmen. Dass wir uns trauen, uns so zu zeigen, wie wir sind. Erschöpft. Uns erlauben, Pausen zu machen, und uns erinnern, dass Produktivität nicht unseren Wert als Person bestimmt. Es gibt einen anderen Weg außerhalb dieses kapitalistischen patriarchalen Systems. Wir beginnen ihn, indem wir zusammenkommen und nicht allein alles stemmen. Indem wir uns wieder als Teil einer Gemeinschaft erkennen und nicht mehr dem Mythos der Einzelkämpferin verfallen. Weder die Amazonen noch die Plejaden noch die Grazien noch die Nornen wirkten je allein. Wir beginnen diesen neuen Weg, indem wir unser Leben wieder zurückholen, als Menschen und nicht als kompensierende Maschinen. Und indem wir dabei die Menschlichkeit von uns allen anerkennen. Und vor allem als Frauen wieder zusammenhalten und aufhören, uns gegenseitig auszubeuten.

Göttinnen-Inspiration

Unsere Erschöpfung kann uns auch keine Göttin einfach so abnehmen, doch sie kann uns dabei helfen, uns daran zu erinnern, wie wichtig Schöpfung ist. Die Göttin Iduna ist die Erneuernde, ihr Land ist das Apfelland im Westen, ein paradiesischer Garten mit einem Jungbrunnen (ja, auch hier gibt es Ähnlichkeiten zum Paradies und zur Apfelinsel Avalon). Iduna ist die Hüterin der goldenen Äpfel, die den Göttern die ewige Jugend und damit auch die Unsterblichkeit verleihen. Es heißt, wenn die Götter die Äpfel nicht regelmäßig essen würden, käme es zur Götterdämmerung.

Übertragen bedeutet das: Wenn wir unsere goldenen Äpfel nicht essen (immer wieder bewusst neue Energie tanken), dann endet unsere Zeit schneller (Burn-out, Erschöpfung, Krankheit). Schneidet man einen Apfel quer auf, so zeigt sich der fünfzackige Stern der Venus, das Pentagramm, das Symbol femininer Weisheit. Es gibt im Englischen den Satz: An apple a day keeps the doctor away. »Ein Apfel am Tag hält den Doktor fern.« Was wäre, wenn dieser tägliche Apfel zur Zeremonie wird? Zehn Minuten Apfel essen, das Pentagramm betrachten, durchatmen, Lebensenergie tanken. Uns daran erinnern, dass diese Zeit unser gutes Recht ist, unabdingbar für unser Sein. Dass die Angst vor fehlender Produktivität geschürt wird im Feuer des Patriarchats – im Garten der Göttin existiert sie nicht.

Körper und Kult

»Frauen tragen die Zeichen, die Sprache und die Nuancen ihrer Kultur mehr als die Männer. Alles, was begehrt oder verachtet wird, wird immer auf den weiblichen Körper projiziert.«

WANGECHI MUTU[26]

Der Grund, warum wir immer wieder auf den Körper zu sprechen kommen müssen, ist, weil wir eben Körper sind. Ohne unseren Körper würden wir nicht existieren. Wenn wir jedoch das Gefühl haben, nur über unseren Körper zu existieren, dann wird es schwierig. Ich persönlich kenne keine Frau, die nicht immer wieder auch mit ihrem Körper, seiner Erscheinungsform und dem Sein in ihm gehadert hat. Sei es, weil sie sich zu dick oder zu dünn, zu groß oder zu klein, zu sexy oder zu unsexy oder gefährdet fühlte. Dabei gibt es zwei Ebenen: die Art und Weise, wie mein Körper in der Welt sichtbar wird, und vor allem ob und wie er den Erwartungen der Gesellschaft entspricht. Und die Tatsache, dass mein Körper ein weiblicher ist, unabhängig davon, wie er sich präsentiert – was bis heute für potenzielle Diskriminierung, Grenzüberschreitung, Sexualisierung und Gefährdung steht.

Erwischen kann es jede – überall. Ich erinnere mich unter anderem, wie ich mit fünfzehn im H&M die Rolltreppe nach unten nahm. Auf einmal fasste mir ein Mann von hinten an die Brüste und flüsterte mir etwas zu – ich weiß nicht mehr, was es war. Kurz geschockt schrie ich auf und schrie ihn an, er solle seine Finger wegnehmen, er sei ja total pervers – ich erinnere mich nicht mehr ganz genau. Er tat daraufhin so, als ob ich total durchgeknallt wäre, und verschwand. Und ich wurde von den Menschen angestarrt. Ich verließ den Laden und drückte mich an eine Hauswand, um mich zu beruhigen … Oder der Typ, der sich in der Straßenbahn einen runterholte. Er saß rückwärtsfahrend ein paar Reihen vor mir und griff sich ungeniert in die Hose, um zu onanieren, während er mich anschaute – ich war dreizehn. Ich hätte noch mehr dieser Geschichten: in der Disco – ja, so sagte man damals –, im Freibad, beim Sport, auf Partys … Immer sogenannte Kleinigkeiten, denn mir war ja nicht wirklich was Schlimmes passiert. So sagte jedenfalls mal ein Mann zu mir. Ich war sprachlos. Es zeigte mir, wie weit bis heute die Welten von Männern und Frauen auseinanderliegen. Vor zwei Jahren habe ich auf dem SXSW-Festival einen Talk von Alexandra Tweten besucht – sie hat den viralen Instagram-Account @ByeFelipe erstellt, der Männer bloßstellt, die online Frauen gegenüber feindselig werden, wenn sie zurückgewiesen oder ignoriert werden. Ich wurde von einem Mann begleitet, den ich über Freunde auf dem Event kennengelernt hatte und der fasziniert von den Themen war, für die ich mich interessierte – unter anderem auch von Nadia Bolz-Weber, einer Pastorin, die Enthaltsamkeitsringe zu einer Vaginastatue geschmolzen hat. Als Alexandra begann, ihre Erfahrungen zu teilen und am Ende auch Geschichten aus dem Publikum geschildert wurden, merkte ich, wie mein Begleiter zunehmend ungläubig dasaß. Im Anschluss an den Vortrag sagte er, dass er gar nicht glauben könne, was er gerade gehört hatte. Und ich sagte zu ihm: Genau das ist das Problem. Bis heute sind die Lebenswelten von Frauen und Männern so unterschiedlich, dass es für Männer anscheinend oft schwer nachvollziehbar ist, sich die der Frauen vorzustellen.

Ein paar Tage später fragte mich besagter Mann, ob ich lesbisch sei. Er würde schon seit Tagen überlegen. Unabhängig davon, dass diese Frage komplett übergriffig war, zeigte es, wie verzweifelt er – trotz allen guten Willens – versuchte, am verstaubten Bild der Frau im Patriarchat festzuhalten. Denn: Wenn ich mich so für Frauenthemen interessiere und auch dafür einsetze, kann ich ja nur lesbisch sein. Eine Heterofrau würde das ja nicht tun. Was mir dieses Erlebnis deutlich zeigte: Auch wenn der Wille da ist, sind viele Männer eben auch immer noch in alten Denkmustern gefangen, die ihnen mitgegeben wurden.

Für mich ist es so: Allein, dass ich in diesem Körper geboren wurde, macht mich zu einem politischen Statement. Und es ist Zeit, dass wir uns die Deutungshoheit über dieses Statement zurückholen. Es ist Zeit, unseren Körper zu befreien.

Jane Alison sagt: »In der frühen Phase, in der man in einem weiblichen Körper steckt, gibt es all dieses Begehren, das auf einen zukommt, viel davon feindselig, viel davon gefährlich, viel davon ruinös.«[27] Der weibliche Körper an sich ist schon ein Trigger für das Patriarchat. Erinnert er doch in seiner »Andersartigkeit« immer wieder daran, dass Frauen etwas können, das Männer eben nicht können – schwanger sein und Kinder gebären. Der weibliche Körper wird im Gegensatz zum männlichen Körper von der Natur initiiert – die Menarche macht das Mädchen zur fruchtbaren Frau, die Geburt macht sie zur Mutter, die Menopause macht sie zur weisen Frau. Es braucht keinen externen Status oder Beweis, der Körper weist uns den Weg. Und so wurde der weibliche Körper im Patriarchat zum Symbol von Fehlbarkeit, Falschsein und Formbarkeit und der Umgang mit ihm zu einem Machtinstrument. Doch wenn wir erkennen, woher all die Urteile und Unsicherheiten kommen, können wir sie ablegen und zufrieden in unserem eigenen Körper werden. Dabei geht es nicht nur um die Optik, sondern auch um das Gefühl zu ihm und das Empfinden, in ihm zu sein. Eine Frau, die zufrieden in ihrem Körper ist, ist in Frieden mit sich. Und wenn wir aufhören, gegen uns und unseren Körper zu kämpfen, dann können wir die frei werdende Kraft und die Ressourcen für eine bessere Zukunft einsetzen.

Das ideale Körperbild ist kein fixes, es ist eines, das sich über die Jahrhunderte und Jahrtausende immer wieder gewandelt hat. Dabei war es stets abhängig von den jeweiligen Gegebenheiten im zeitlichen Kontext. In Epochen, in denen die meisten Menschen körperlich auf den Feldern und damit in der Sonne arbeiten mussten, war das Ideal ein möglichst blasser, weißer Teint, denn Bräune war ein Kennzeichen der gesellschaftlichen Unterschicht. Als ab den 1960er-Jahren die meisten Menschen während der Arbeit kein Sonnenlicht mehr abbekamen, da sie in Büros, Fabriken oder anderen Innenräumen arbeiteten, begann ein gebräunter Körper für Vitalität und Wohlstand zu stehen. In Verbindung mit den Urlaubsreisen in die Sonne, die sich als

Statussymbol etabliert haben, ist der Körper eben auch Ausdruck von Status. Kurzum: Abhängig davon, welche körperliche Beschaffenheit notwendig ist, um innerhalb einer Gesellschaft zu überleben, prägt sich das Bild von vermeintlicher Attraktivität. In Gesellschaften, in denen schwere körperliche Arbeit geleistet werden muss, gilt schlank sein nicht als elegant, sondern als mager und ungesund.

Im 19. Jahrhundert galt es in großbürgerlichen und adeligen Kreisen als erstrebenswert, extreme Blässe zu tragen. Dieses Ideal wurde durch die großen, feuchten Augen ergänzt, die die jungen Frauen fast schon ätherisch wirken ließen und an Symptome der Schwindsucht erinnerten. Um diesem abartigen Ideal zu entsprechen, wurden unter anderem Gifte wie Belladonna, Blei oder auch Quecksilber konsumiert. Während andere alles taten, um gesund zu bleiben, galt für die Elite: Man konnte sich das Leben als geradezu kränkliche Erscheinung leisten, da man eben nicht leisten musste.

Dieses Muster zieht sich übrigens bis heute durch: Sichtbar in der fehlenden emotionalen Belastbarkeit weißer wohlhabender Frauen in den USA, deren Wünsche sofort erfüllt werden müssen und deren Sonderwünsche Vorrecht vor den Bedürfnissen und Möglichkeiten anderer haben, und in deren Selbstverständlichkeit, andere zu ihrer Wunscherfüllung einzusetzen. Immer mit dem Hinweis darauf, wie herausfordernd ja ihr Leben ist. An der Stelle leben diese Frauen das Patriarchat vollkommen aus – in Form weißer Überlegenheit, in Form von finanziellem Einfluss, in Form von Drohgebaren gegenüber schwächeren Mitgliedern der Gesellschaft.

Wenn wir von Körper und Kult sprechen, ist es unablässig, auch auf das eurozentrische Schönheitsideal hinzuweisen, das seit über fünfhundert Jahren propagiert wird. Durch den Kolonialismus der Europäer und die damit einhergehende pseudowissenschaftlich-rassistische Begründung der Überlegenheit hellhäutiger Menschen wurde das westliche Schönheitsideal brutal in der Welt verbreitet. Menschen, die diesem Ideal entsprachen, wurden bevorzugt und hatten Privilegien – bis heute. Menschen, die zum Beispiel aufgrund ihrer Hautfarbe von dieser Schönheitsnorm abweichen, sehen sich durch diese offensive Diskriminierung häufig dazu gezwungen, sich diesem eurozentrischen Schönheitsideal mithilfe von Körpermodifikationen anzunähern, um Diskriminierungserfahrungen zu entgehen oder sie abzuschwächen. Dazu gehören beispielsweise das Glätten von Afro-Haar oder das Aufhellen der Haut mit schädigenden Chemikalien.

Körperbild und Körpergefühl

Körperliche Idealbilder sind in patriarchalen Strukturen schon immer als Machtinstrument eingesetzt worden. Sie haben schon immer den Zweck gehabt, die Elite von den anderen zu unterscheiden. Körperliche Idealbilder sind vollkommen willkürlich gewählt und können sich jederzeit verändern, sobald sich die gesellschaftlichen Bedingungen und Strukturen verändern. Zu erkennen, dass das vermeintliche Schönheitsideal ein Machtinstrument ist, um vor allem Frauen zu entmächtigen, ist ein entscheidender Schlüssel, um sich als Frau die Macht und Deutungshoheit über den eigenen Körper wiederzuholen. Denn im Patriarchat ist uns diese genommen worden. Und wenn ich noch nicht einmal mehr die Deutungshoheit über meinen eigenen Körper habe, was bleibt mir dann noch?

Nicht mehr viel. War der weibliche Körper zu Zeiten des Matriarchats noch Ausdruck von Göttlichkeit und Sinnlichkeit, so wurde er im Patriarchat zum geldwerten Kapital auf dem Arbeits- und Beziehungsmarkt. Da man ihnen alles andere abgesprochen hatte, wurden Frauen eben auf ihren Körper reduziert. Und damit stand dieser im Mittelpunkt ihres Wertes und hat so über die Generationen hinweg auch immer mehr Bedeutung für unseren Selbstwert eingenommen. Dabei ging es um Erscheinungsformen, die vermeintlich Auskunft über Gebärfähigkeit und Einsatzkraft wiedergaben. »Hässliche« Frauen konnten ihre vermeintlichen Makel mit einer großen Mitgift ausgleichen, schöne Frauen konnten ihre Schönheit als Mittel zum Aufstieg nutzen – wenn sie liebreizend, dienend und gebärfähig waren. Frauen waren dann etwas wert, wenn ihr Körper gebären konnte – am besten männliche Nachfahren. Unfruchtbare Frauen hatten es schwer – auch wenn sie schön waren. Denn am Ende ging es immer darum: den Körper der Frau zu entwerten, das Frausein zu entwerten und die Frau auf das zu reduzieren, was man ihr nicht nehmen konnte: ihre Gebärfähigkeit.

Besonders Frauen waren und sind in patriarchal geprägten Gesellschaften Opfer von sogenannten Körpermodifikationen, die häufig gar nicht oder nur schwer umkehrbar und oft mit gesundheitlichen Risiken verbunden sind. Dies ist nur möglich durch die Entwertung des weiblichen Körpers. Viele dieser Körpermodifikationen, wie die extreme Wespentaille, können zu dauerhaften gesundheitlichen Schäden führen oder bedeuten sogar die aktive Verstümmelung der Frauen. So geschehen beispielsweise beim Füßebinden in Japan oder der weiblichen Genitalverstümmelung in Teilen Afrikas. Viele dieser Praktiken schließen mit ein, dass Frauen chronische Schmerzen empfinden, ihre

Bewegungsfreiheit eingeschränkt oder ihre sexuelle Genussfähigkeit verhindert ist.

Wenn ich mir überlege, was Frauen über die Jahrtausende erleiden mussten, dann ist es kein Wunder, dass es Frauen heutzutage schwerfällt, sich in ihrem Körper wohlzufühlen. Unabhängig vom gesellschaftlichen Körperbild oder dem eigenen Erscheinungsbild. Wenn ich dann höre, dass positive Affirmationen wie »Ich bin schön« helfen sollen, kann ich nur müde lächeln. Denn Schönheit ist nicht unbedingt gleichzusetzen mit Sicherheit. Sätze wie »Ich bin sicher in meinem Körper« wären da wahrscheinlich angebrachter. Und vor allem die Erkenntnis, dass wir so viel mehr sind als unser Körper, auch wenn das Patriarchat versucht hat, uns das vergessen zu lassen.

Impuls
Wann fühlst du dich sicher in deinem Körper?
Wann fühlst du dich wohl in deinem Körper?
Wie würdest du deinen Körper beschreiben?

Dick oder dünn? Immer so, wie du es nicht bist

Ich erinnere mich noch gut, als ich das erste Mal eine Replik der Göttinnen-Figur von Willendorf, auch bekannt als die Venus von Willendorf, in der Hand hatte. Ich starrte diese kleine Figur an und drehte sie vorsichtig in meiner Hand. Ich betrachtete sie. Und ich dachte bei mir: Wow! Das ist mal eine Frau!

Die Frau von Willendorf ist eine etwa elf Zentimeter große und knapp 30 000 Jahre alte Göttinnen-Statue aus Österreich. Sie ist ausladend mit großen Brüsten und einem runden Bauch, der überhängt, aber ihre Vulva nicht verdeckt. Der Genitalbereich ist bewusst hervorgehoben, die Vulva deutlich zu erkennen. Beim Fund entdeckte man an der Vulva Ockerreste, die auf die Menstruation hinwiesen. Sie hat ein großes flaches Gesäß, und ihre Oberschenkel sind ebenfalls groß. Ihre schlanken Arme und Hände ruhen auf ihren vollen und großen Brüsten, und auf mich wirkt sie immer, als ob sie tanzen würde. Nach heutigen Mainstream-Maßstäben würde man die Frau von Willendorf als fett bezeichnen.

Würde sie heute leben, würde man ihr wahrscheinlich vorwerfen, sie würde zu viel Pizza und Chips essen und zu viel Cola trinken. Doch damals, also vor 30 000 Jahren, gab es noch keine Tiefkühlpizza, und die Menschen haben auch nicht Netflix gebingt. Das Leben war hart und körperlich herausfordernd. Und trotzdem gab es offensichtlich dicke Menschen. Als ich diese kleine Figur in den Händen hielt, dauerte es etwas, bis diese Gedanken voll und ganz bei mir ankamen. Es gab schon immer dicke Menschen! Denn viele männliche Anthropologen haben die dicken Frauenskulpturen aus dieser Zeit immer als schwanger bezeichnet oder behauptet, dass sie bewusst überzeichnet wurden, um Weiblichkeit zu symbolisieren. Allerdings spricht dagegen, dass neben den dicken runden Figuren eben auch schlanke Figuren von Frauen gefunden wurden. Was darauf hindeutet, dass es eben dicke und dünne Frauen gab. Und offensichtlich waren es diese dicken Menschen, die etwas repräsentierten, was erstrebenswert war. Es gab schon immer dicke Menschen, und es gab schon immer dicke Frauen. Auch wenn uns die Gesellschaft etwas anderes glauben machen will. Dicksein steht nicht automatisch für Kranksein – so wie es oft propagiert wird.

Als ich diese kleine Figur das erste Mal in den Händen hielt und mir dabei bewusst wurde, was es bedeutet, dass diese Figur existiert, da hatte ich fast Tränen in den Augen. Denn auch ich hatte mein Leben lang mit meinem Körper gekämpft. Ich habe ihm Nahrung vorenthalten, ihn mit fragwürdigen Ersatzprodukten gefüttert, ihn auf Monodiäten gesetzt und gefastet. Ich hatte immer das Gefühl, ich sei zu dick, ich hatte immer das Gefühl, mein Körper sei zu groß. Und als ich diese kleine Figur in den Händen hielt, da spürte ich auf einmal, dass es eine andere Wahrheit geben konnte als die, die mir die Diätindustrie, die Bekleidungsindustrie und alle anderen einzureden versuchten. Diese wunderschöne tänzelnde dicke Frau in meiner Hand war über 30 000 Jahre alt – das Schlankheitsdiktat aber gibt es erst seit dem 19. Jahrhundert.

Das Besondere an der Venus von Willendorf ist, dass sie in einer matriarchal organisierten Gesellschaft existiert hat, es also noch keinen Privatbesitz gab. Lebensmittel waren Gemeinschaftsgut und wurden geteilt. Es konnte also niemand im Übermaß Essen horten oder sich einverleiben. Und das macht den immensen Unterschied zu dem dicken Körperbild, das in manchen Zeiten des Patriarchats propagiert wurde, aus. Denn im 17. Jahrhundert beispielsweise galt Fettleibigkeit als Zeichen von Reichtum – man hatte Essen im Überfluss und musste nicht arbeiten. Man konnte den ganzen Tag müßig sein und essen, während der Rest der Bevölkerung oft hungerte. Dieser eklatante Unterschied ließ mich die Venus von Willendorf noch tiefer in mein Herz schließen. Es gab schon immer dicke Menschen. Egal, was uns die Industrie oder Gesellschaft glauben machen will.

Schönheitsideale sind nicht dazu da, uns Orientierung zu bieten. Schönheitsideale sind dazu da, die Gesellschaft zu spalten – in diejenigen, die sie erfüllen können, und diejenigen, die sie nicht erfüllen können. Früher war das Schönheitsideal an den

Lebensbedingungen der Adeligen und Herrschenden, der Gutsituierten und der Elite ausgerichtet. Mit der Veränderung der gesellschaftlichen Strukturen und der Demokratisierung richtet es sich an dem aus, was weiterhin nur für eine Minderheit einfach und leicht zu erreichen ist, um den Rest der Frauen in ihrem Sein und ihrer Körperlichkeit abzuwerten. Denn das ist es, worum es immer schon ging: Wenn ich mich durch körperliche Merkmale aufwerte, kann ich dies nur, indem ich andere abwerte.

Impuls

Wie fühlst du dich in deinem Körper?

Was, glaubst du, würde sich ändern, wenn dein Körper sich ändert?

Was hält dich davon ab, deinen Körper zu akzeptieren, wie er ist, und gleichzeitig die Dinge anzugehen, die du dir wünschst?

Jeder Frauenkörper ist ein guter Körper. Jeder Frauenkörper ist ein schöner Körper. Jeder Frauenkörper ist heilig. Egal, ob dick oder dünn. Egal, ob groß oder klein. Egal, welche Farbe seine Haut hat, und egal, welche Farbe Haare und Augen haben. Jeder Frauenkörper ist schön. Wenn wir es zulassen. Doch dazu gehört eben auch, dass wir kollektiv Frauenkörper als solche wieder aufwerten.

Für mich war es wichtig und tröstend, diese kleine Frau von Willendorf in der Hand zu halten. Denn sie erinnerte mich daran, dass Schönheit so relativ ist. Und vor allem, dass Schönheit eine Kategorie ist, die nicht dauerhaft funktioniert. Das ist der Trick daran. Die Schönheit, die vom Patriarchat propagiert wird, ist vergänglich. Unsere Intelligenz, unsere Weisheit, unser Charme, unser Humor sind es nicht. Viel zu lange haben wir uns in die Falle locken und uns auf etwas reduzieren lassen, das für die meisten schwer erreichbar ist, und wenn wir es erreichen, verschwindet es relativ schnell wieder. Wir sind also permanent damit beschäftigt, uns zu verbessern und zu optimieren und anzupassen und zu verändern. Anstatt zu sein. Würde heute jemand fragen, wie viel Marie Curie gewogen hat, als sie den Nobelpreis bekam? Es würde niemanden interessieren. Niemand fragt, wie Mutter Teresa unter ihrer Kleidung aussah.

Genau das ist die Erinnerung daran, dass wir Frauen diejenigen sind, die das Schönheitsideal durchbrechen können. Denn wenn wir erkennen, dass alle Schönheitsideale immer dazu dienten, die Menschen zu spalten, Hierarchien zu festigen und vor allem Dominanz darzustellen, dann erkennen wir auch, dass genau dies mit uns passiert. Auf einer vielleicht nicht so spürbaren Ebene, doch es passiert. Das zeigt uns auch der Umsatz der Diätmittelindustrie, die Zunahme der Schönheitsoperationen und der immense Aufwand, der bei dekorativer Kosmetik und Mode betrieben wird. Wobei ich mich immer wieder frage, wie ethisch es ist, mit dem fehlenden Selbstwert von Menschen Geld zu machen. Vor allem wenn wir wissen, dass dies eine Folge jahrtausendelanger Entwertung ist.

Was wäre also, wenn wir unsere finanziellen Mittel in die Altersvorsorge stecken und unserem Körper die Freiheit zurückgeben, so zu sein, wie er ist? Wenn wir uns selbst vollständig akzeptieren, dann können wir auch vollständig leben. Körperakzeptanz ist ein Weg zur Körperbefreiung. Dem liegt die Befreiung von der Idee zugrunde, dass irgendjemand eine Deutungshoheit über uns oder einen Besitzanspruch an uns hat. Akzeptanz ist der erste Schritt zur Befreiung. Damit würde das ganze patriarchale System und eine ganze Menge Industrien ordentlich ins Schwanken kommen. Sobald wir unseren Körper von den Erwartungen und den Ansprüchen anderer befreien, können wir ihn auch von unserer eigenen patriarchalen Erwartung befreien. Befreiung bedeutet dabei auch, langsam wieder zu lernen, wie wir die freieste Version von uns selbst werden können – einschließlich unseres Körpers. Befreiung heißt hier auch, dass wir uns persönlich die Erlaubnis geben, das Leben zu leben – unabhängig davon, wie unser Körper aussieht. Und dass wir erkennen, dass es unser Körper ist und damit auch wir entscheiden können. Es ist Zeit für kollektiven »Ungehorsam«, wenn es um weibliche und als weiblich repräsentierte Körper geht. Es ist Zeit für körperlichen Widerstand gegen gängige Normen – in Form von körperlicher Freiheit. Es ist Zeit zu erkennen, dass wir uns dem Schlankheitsideal nicht mehr unterwerfen müssen, denn die Zeiten haben sich geändert. Freie Frauen entscheiden selbst darüber, wie ihr Körper aussieht. Und vor allem erkennen sie, dass es viel wichtiger ist, wie er sich anfühlt. Es ist Zeit für die Befreiung des weiblichen Körpers – und jede Einzelne von uns kann Teil dieser Bewegung werden.

Körper als Materie und damit Verkörperung

Jahrtausende vor der biblischen Schöpfungsgeschichte wurde in diesen Bildern [der nackten Frau] die Menschenschöpfung symbolisiert, »die in den matrizentrischen Kulturen immer den weiblichen Gottheiten zugeordnet ist. Und dies gilt nicht nur für die Menschenschöpfung, sondern für die Schöpfung des gesamten Kosmos.«

CAROLA MEIER-SEETHALER[28]

Als die ersten Göttinnen-Figuren, also quasi die Schwestern der Frau von Willendorf, gefunden wurden, haben sie große moralische Wellen geschlagen. Durch ihre Nacktheit wurden sie direkt sexualisiert. Denn viele der Göttinnen-Figuren haben entblößte Geschlechtsmerkmale, die Sheela-na-gig aus Irland sitzt sogar breitbeinig, lachend und öffnet mit ihren Händen ihre Vulva. Diese Figurinen waren keinesfalls frühzeitliche Pin-up-Girls, schreibt Doris Wolf – sie standen für Fruchtbarkeit, Fülle und Femininität.[29] Die Zurschaustellung ihres Geschlechts stieß bei den weißen, christlichen, prüden männlichen Entdeckern auf Widerstand, Abscheu und meiner Meinung nach teilweise auch auf unterdrückte Sehnsucht und Angst. Es blieb ihnen also nichts anders, als diese Statuen abzuwerten. Denn im patriarchalen Kontext konnte ein Feiern und Anbeten der Vulva nicht sein, es war jenseits des moralisch Denkbaren und des überhaupt Vorstellbaren. Doris Wolf zitiert dazu den Theologen und Religionspädagogen Siegfried Vierzig: »Die religiös-symbolische Besetzung des weiblichen Körpers ist offensichtlich nur in einer ›Mutterreligion‹ möglich gewesen, denn die patriarchalen Kulturen, die die matriarchalen abgelöst haben, zeichnen sich durch fortschreitende Distanz zur Natur und damit auch zum Körper aus.«[30]

Mit der Übernahme patriarchaler Strukturen verloren wir auch immer mehr den Bezug zum Körper als Teil des großen Ganzen. Denn was im Matriarchat noch als heilig angesehen war, wurde im Patriarchat nach und nach dominiert, kontrolliert und unterworfen. Was als Verkörperung des Heiligen gegolten hatte, wurde entwertet und entehrt. Das Wort »Materie« ist etymologisch aus den lateinischen Ausdrücken *mater* (»Mutter«) und *matrix* (»Gebärmutter«) entstanden – Materie ist Verkörperung. Die weiblichen Statuen sind auch deswegen nicht zu sexualisieren, da es nicht um die Darstellung weiblicher Schönheitsideale ging – wie die Bezeichnung als Venus vermuten lassen soll –, sondern um die Darstellung des weiblichen Körpers als solches. Denn der weibliche Körper als solches war das Symbol für den Kreislauf allen Lebens. Durch ihn wurde geboren und damit auch wiedergeboren, und damit ist der weibliche Körper quasi ein Portal zwischen den Welten. Das Portal, aus dem heraus sich die Seelen materialisieren. Die figürlichen Darstellungen zeigen demnach das Heilige selbst und eben nicht eine Erwartungshaltung oder ein Ideal.

Und diese Statuen hatten unterschiedliche Körperformen und Körpermerkmale. Die Frau von Willendorf ist ausladend, die Sheela-na-gig ist schlank und flexibel. Damit ist jeder Frauenkörper ein heiliges Portal – auch deiner. Und so stand die Nacktheit für das Heilige selbst – einige bezeichnen sie auch als ein Zeichen der Würde. Dies findet sich bis ins Mittelalter wieder, wo einige der sogenannten Hexen nackt zu ihren Zusammenkünften erschienen. Denn ihre Körper waren das Portal – voller Würde, frei von Scham, Schuld und Sünde.

Impuls

Wie fühlt sich die Idee an, dass dein Körper heilig ist?

Wie fühlt sich der Gedanke an, dass dein Körper ein Portal ist, das sich noch öffnen darf?

Was macht die Erkenntnis mit dir, dass es eine Zeit gab, in welcher der Frauenkörper als solches in all seinen Facetten verehrt wurde?

Wie würde sich das Gefühl zu deinem Körper verändern, wenn du ihn frei von Scham, Schuld und Sünde sehen würdest?

Der weibliche Körper als würdevolles Portal: Das war etwas, das mit dem Bild des körperlich überlegenen Mannes nicht zu vereinbaren war, und so passierte es, dass der natürliche Zustand der Nacktheit zunächst etwas zutiefst Beschämendes und dann etwas Hochsexualisiertes wurde. Im Patriarchat konnte der weibliche Körper nicht ausgelöscht oder komplett verändert werden, trug er doch wesentlich zum Allerwichtigsten bei: zur Geburt des Stammhalters. Und so wurde das Heilige zum Verdorbenen. So wurde die Heilige zur Hure. So wurde das Weib zum ewig Lockenden.

»Männer haben Rechte, Frauen haben Verantwortung« passt auch an dieser Stelle wieder. Mit der Einführung der männlichen Götter und des Vatergottes wurde der männliche Körper die Verkörperung des überirdisch Göttlichen. Der nackte Körper der Frau wurde spätestens im Monotheismus mit der immer wiederkehrenden Geschichte von Eva zum Sinnbild der Sünde. Und auch da ist es interessant zu sehen: Es ist nicht die Handlung, die verdammt wird, sondern der weibliche Körper per se. Denn nur so kann man aus dem Heiligen etwas Untergeordnetes machen.

Und genau das ist passiert. War der Körper zuvor noch die Verkörperung der geachteten Göttin, so wurde er nun zur Repräsentation der verachteten Weiblichkeit. Doch was wäre, wenn unser Körper gut so wäre, wie er ist? Was wäre, wenn wir ihn nicht modifizieren, anpassen, verändern müssten? Was wäre, wenn wir uns einfach nur daran erinnern müssten, dass unser Körper ein heiliges Portal ist?

Das wäre wahrscheinlich die Revolution, die es bräuchte, um die Gesellschaft umzukrempeln. Ich glaube, in dem Moment würden so viele Ressourcen von so vielen Frauen frei werden, dass mit dieser Energie und Kraft das System direkt verändert werden könnte.

Solange wir in einer toxisch maskulinen patriarchalen Gesellschaft leben, wird der weibliche Körper immer wieder Entwertung und Unterdrückung erfahren. Das muss so sein, denn es ist das, worauf dieses System aufbaut. Auch wenn nicht jeder Mann so ist und auch wenn schon viel passiert ist, die DNA des Gesellschaftssystems, in dem wir uns befinden, ist immer noch die gleiche. Und das bedeutet, dass alles Nicht-Männliche weniger wert und damit auch weniger attraktiv ist.

Was mir persönlich geholfen hat, war unter anderem mein Göttinnen-Altar, auf dem die unterschiedlichsten Göttinnen repräsentiert sind. Zu Beginn des Buches habe ich dich ja schon zu einem solchen Altar angeregt. Die Vielfalt und der Facettenreichtum haben mich wieder daran erinnert, dass das Feminine eben genau das ist: multi und nicht mono. Es gibt nicht nur einen perfekten Körper – es gibt unendlich viele Portale. Unser Körper ist das Portal in unser Leben und in unsere Freiheit. Ohne Körper wären wir nicht. Ohne Körper könnten wir all die wunderbaren Dinge nicht tun, die dieses Leben so lebenswert machen. Überleg nur mal: Wir können durch unsere Sinne wahrnehmen – egal, wie unser Körper aussieht oder ob ihn jemand attraktiv findet.

In dem Moment, in dem unser Erleben des Lebens unabhängig davon stattfindet, ob jemand anders es gutheißt, werden wir frei. Unser Körper wird frei. Er wird zu einem wandelnden Portal. Ein Portal ist ein Durchgang oder Eingang zu etwas – und für mich ist mein Körper der Eingang in diese physische Welt. Ich kann die Wärme der Sonne auf meiner Haut spüren, Erdbeereis schmecken, Flieder riechen und so viel mehr. Durch meinen Körper kann ich umarmt werden, ich kann der Welt ein Lächeln schenken und die Hand meines Neffen halten. Durch meinen Körper kann ich Gefühle wahrnehmen, mich zu Musik bewegen und Sex haben. Durch meinen Körper erfahre ich die Welt. Diese Erkenntnis hat mir ein großes Stück Freiheit im Hinblick auf meinen Körper gegeben.

Impuls

Für welche Erfahrungen bist du deinem Körper dankbar?
Was sind drei Dinge, die dein Körper dir ermöglicht?
Wozu ist dein Körper ein Portal?

Der Anspruch einer einheitlichen Form von Schönheit entspringt dem Wunsch zu dominieren. Es ist das Mono-Prinzip. Durch das Schaffen eines einheitlichen Bildes merzen wir Individualitäten aus. Wir können leichter objektifizieren – »entspricht dem Standard / entspricht nicht dem Standard« –, und damit können auch frauenfeindliche Handlungen besser begründet oder gerechtfertigt werden. Es ist also nicht nur für unsere seelische Gesundheit wichtig, dass wir uns als Frauen in allen Facetten sehen, sondern auch für unsere physische.

Aktionsimpuls

Wann hast du dich das letzte Mal nackt gesehen?

Wann hast du deinen Körper das letzte Mal bewusst wahrgenommen?

Wann hast du dich das letzte Mal wirklich mit deinem Körper verbunden?

Body Freedom bedeutet nicht, dass wir alles an uns sexy und großartig finden müssen. Es bedeutet, dass wir in Frieden mit unserem Körper kommen. Schau deinen Körper an. Lass ihn wissen, dass du bereit bist für Frieden. Dass du bereit bist, den Kampf gegen ihn sein zu lassen.

Stell dich dazu nackt vor einen Ganzkörperspiegel und betrachte jeden Körperteil. Von den Zehen bis hoch zu den Haaren. Bleib mit deinem Blick für mindestens zwanzig Sekunden bei jedem Körperteil. Dann sagst du: »Egal, wie du gerade aussiehst, heute möchte ich Frieden mit dir schließen. Ich danke dir dafür, dass du da bist. Das ist genug. Heute schließe ich Frieden mit dir.«

Und so kannst du Körperteil für Körperteil durchgehen. Immer wieder erkennend, dass keiner deiner Körperteile vermeintlich perfekt sein muss, damit du in Frieden gehen kannst. Frieden ist eine Entscheidung, die wir treffen. Gehen wir in Frieden mit unserem Körper, kann er auch in Frieden mit uns kommen. Der Kampf hat ein Ende.

Nach dem Frieden kommt die Pflege – und zwar nicht instagramable, sondern für deinen Körper. Es sind die Momente, die du deinem Körper widmest – auch wieder unabhängig davon, wie er aussieht. Es ist die Bewegung, die du ihm schenkst, das bewusste Eincremen nach dem Duschen, die Zeit, um deine Füße zu massieren, das Essen, mit dem du ihn nährst, die Socken gegen kalte Füße. All die Dinge, die du für deinen Körper tun kannst, die ihm helfen, gut zu funktionieren und gesund zu bleiben. Das ist die (R)evolution: dass wir als Frauen wieder in Liebe und Hingabe zu unserem Körper gehen – unabhängig davon, ob er irgendwelchen externen Schönheitsidealen entspricht. Damit befreien wir unseren Körper aus dem Wahn, und wir befreien uns selbst. Das ist gelebte Body Freedom.

Göttinnen-Inspiration

Der Name der Göttin Nemetona bedeutet »heiliger Hain« beziehungsweise »heiliger Ort« – und so ist sie die ideale Begleiterin für uns, wenn es um die Freiheit und die damit erinnerte Heiligkeit und das Heilsein unseres Körpers geht. Denn unser Körper ist unser Tempel – er ist unser heiliger Ort, unser heiliger Hain. Wurden Tempel symbolisch als Körperschaften des Heiligen errichtet, so wurde uns genauso unser Körper gegeben. Es ist an uns, ihn als den Tempel unserer selbst wiederzuerkennen.

Nemetona lädt uns ein, uns daran zu erinnern, dass unser Körper heilig ist wie der Wald, wie die Natur, wie die Erde selbst. Sind wir doch eine Repräsentation der Großen Mutter, ist unser Körper der Tempel, der der Seele ein Zuhause beziehungsweise einen Wirkungsort gibt.

Nemetona ist eine keltische Göttin mit Wurzeln im nordöstlichen Gallien. Belege für ihre Verehrung finden sich in ihrem ehemaligen Territorium entlang des Mittelrheins sowie im Heiligtum Altbachtal im heutigen Trier. Sogar in Bath in England ist ihr ein Altar gewidmet, und in Klein-Winternheim bei Mainz, in Trier und Altrip gibt es Inschriften, die auf sie verweisen.

Nemetona ist eine Göttin des Heiligtums, die Schutzgöttin von Kultstätten unter freiem Himmel. Sie ist in unserem Zuhause präsent, in unseren heiligen Hainen und den dort ausgeführten Riten, in all den Räumen, die uns am Herzen liegen, und eben auch in unserem Körper, wenn wir ihn wieder als heilig anerkennen. Sie lebt auch im Inneren und erlaubt uns, uns wohlzufühlen, wo immer wir in der Welt sind, auch wenn das nicht immer eine leichte Aufgabe ist. Doch erinnern wir uns daran, dass unser Körper unser Zuhause ist, dann unterstützt sie uns, darin anzukommen. Sie ist die Seele eines Hauses, eines Ortes, eines Körpers.

So wie sich die keltischen Stämme in den heiligen Hainen einfanden, um den Druiden bei der Durchführung mystischer Riten beizuwohnen, die den göttlichen Schutz der Göttin Nemetona anriefen, so kannst du dich in deinem Körper einfinden und ganz direkt die Heiligkeit deines Hains spüren und die Göttin Nemetona um Schutz, Heilung und Freiheit bitten. Dazu kannst du eine Zeremonie in drei Schritten durchführen. Finde dazu als Erstes einen Ort, an dem du dich sicher fühlst und für einige Zeit ungestört sein kannst – im Zweifel bedeutet das, in der eigenen Wohnung auch mal die Vorhänge zuzuziehen oder die Tür abzuschließen. Oder ganz tief in den Wald zu gehen. Wie es für dich passt.

Die Göttin Nemetona wird mit Weißdorn und den Hainen in Verbindung gebracht – du kannst dir also einen Altar aus Blättern und Zweigen gestalten und ihr Weißdornblüten als Gabe übergeben. Wenn du diese sammelst, bitte immer um Erlaubnis bei den Bäumen und Büschen. Vielleicht gibt es sogar einen konkreten heiligen Hain für dich, aus dem du die Äste nach Hause bringen und so die Energie mitnehmen willst. Gestalte also deinen heiligen Space und bitte Nemetona darum, dich dabei intuitiv zu leiten. Hast du deinen Raum fertig, bedanke dich bei ihr und bitte sie um ihre Unterstützung dabei, deinen Körper wieder als den heiligen Hain zu erkennen, der er ist. Dann beginne zu tanzen – vielleicht hast du eine Playlist, die stimmig ist. Mach die Musik so laut du willst. Wenn du magst, kannst du angezogen oder nackt sein – wie es für dich stimmig ist. Bitte die Göttin, dich zu tanzen, und überlass ihr und deinem Körper die Führung. Tanze für etwa dreißig Minuten, übe Hingabe und spüre, wie dein Körper dich führt.

Dann mach eine Pause und halte in Stille inne. Wenn du willst, kannst du dich setzen. Spür in deinen Körper hinein. Dein Herzschlag, das Blut in deinen Adern, dein Atem, die Luft auf deiner Haut … Nimm alles wahr, was du wahrnehmen kannst. Spüre das Wunderwerk deines Körpers. Und dann spüre in deine Seele – wo befindet sie sich gerade in dir? Nimm diesen Ort und die dazugehörige Körpersensation bewusst wahr, ohne sie zu hinterfragen. Dein Körper ist der Sitz deiner Seele. Dein Körper ist dein Tempel. Dein Körper ist ein heiliger Ort. Lass diese Gedanken tief in alle Zellen fließen. Sprich sie laut aus, wenn du magst. Spüre, was passiert, und wisse: Auch wenn du nichts spürst, deine Vibration verändert sich.

Zum Abschluss geh bewusst im Raum herum und nimm wahr, wie es ist, einen Tempel zu bewohnen und einen heiligen Ort zu bewegen. Finde deine passende Körperhaltung und deinen passenden Schritt – beides kann anders sein als zuvor. Spüre, dass Nemetona bei dir und in dir präsent ist. Am Ende bedankst du dich bei ihr. Wisse, du kannst dich nun jederzeit aufs Neue in jeder Situation mit ihr verbinden.

Der wahre Penisneid

Uns Frauen wird spätestens seit Sigmund Freud Penisneid eingeredet. Als ich das erste Mal davon hörte, habe ich mich sehr gewundert, was mich dazu veranlassen sollte, auf dieses herumhängende Körpergewebe, das in jeder engeren Hose irgendwie eingequetscht wird, neidisch zu sein. Doch auch hier ist der Trick: Wir wiederholen die These so lange, bis sie geglaubt wird. Denn: Der vermeintliche Penisneid ist dazu da, vom Geburts- und Menstruationsneid der Männer abzulenken. Ja, das kannst du noch mal lesen: Der vermeintliche Penisneid ist dazu da, vom Geburts- und Menstruationsneid der Männer abzulenken.

Wer sich jetzt die Frage stellt, warum Männer auf die wohl schmerzhaftesten Erlebnisse im Leben einer Frau neidisch sein sollten, der hängt im patriarchalen Narrativ fest. Und auch bei mir hat es etwas gedauert, das alles zu durchschauen. Beginnen wir also von vorn.

Männliche Menstruation. Vom Penisritzen und blutenden Wunden

Frauen haben schon immer menstruiert, und Frauen haben schon immer geboren. Wir haben in diesem Buch gesehen, dass nicht immer klar war, wie die Kinder entstanden sind, dass also die Geburt ein Mysterium war, ebenso wie die Tatsache, dass Frauen bluten, ohne zu verbluten. Doch was diese beiden Ereignisse von Menarche – der ersten Regelblutung – und Geburt so signifikant macht, ist, dass sie quasi von der Natur initiiert werden. Die Natur weiht die Frau in ihren nächsten Lebensabschnitt ein. Wird sie zunächst zur fruchtbaren Frau, wird sie danach zur Mutter, und schlussendlich weiht die Natur sie mit dem Ausbleiben der Menstruation auch zur weisen Alten. Die Frauen werden von der Natur eingeweiht – von der Großen Göttin. Sie entschied darüber, wann es so weit war, in den nächsten Lebensabschnitt überzugehen. Frauen werden natürlich geweiht. Männer nicht. Was übrigens ein weiterer Grund ist, warum Frauen in Verbindung mit dem Land gesehen wurden, denn es war die Erdgöttin, die sie weihte. Noch heute wird in vielen indigenen Kulturen das Menstruationsblut gesammelt und in den Garten, auf die Felder oder das Land gegeben. Zum einen als natürliches Düngemittel, zum anderen als Ehrung der Großen Göttin, Mutter Erde, Gaia. Und es gibt auch in unseren Breitengraden wieder mehr Frauen, die das Blut für ihren Garten oder ihre Zimmerpflanzen nutzen oder es an einen Baum im Park geben. Die Menstruationstasse hat sicherlich viel zu dieser Praktik beigetragen. Doch auch meine Mutter wusste um diese Verbindung, und als die Hecke zum Nachbarn schütter wurde, sammelten wir meine blutigen Tampons und verbrannten sie in einem rituellen Feuer. Die

Asche gaben wir dann an die Wurzeln der Hecke. Drei Wochen später war sie – zum Ärger unseres Nachbarn – wieder dicht. Die auf eine solche Weise entstehende Verbindung mit dem Land ist eine besondere – die den Männern auf diese Art verwehrt war und bis heute ist.

Auch wenn es für uns heute vielleicht nicht mehr vorstellbar ist, so gab es Riten der männlichen Beschneidung, in denen nicht die Vorhaut abgetrennt, sondern der Penis eingeritzt wurde. Im Fachjargon heißt das Subinzision. Dabei wird die Unterseite des Penis aufgeschnitten und an den Unterleib gedrückt, sodass er aussieht wie eine Vulva. Manchmal soll dann die Wunde geöffnet worden sein, um durch das Bluten die Menstruation zu imitieren. Der Psychoanalytiker Bruno Bettelheim sprach in diesem Zusammenhang vom »Neid des Mannes auf die Menstruation«, und wer schon einmal Bilder einer Subinzision gesehen hat, der wird ihm zustimmen. Denn ohne wirklich triftigen Grund fügt man sich das nicht zu. Bei den Tukano aus dem Amazonasgebiet ahmen die Männer bis heute die weibliche Blutung durch Ritzen des Penis, der Zunge oder der Nase nach. Bei uns kann man die Mensur der Burschenschaften als Überbleibsel alter Blutriten deuten, markiert doch der Schmiss, die blutende Wunde, die Initiation. Gab es kein Blut, so wurde in manchen Kulturen Ocker genutzt, der das Blut symbolisierte. Bei den Aborigines, die den Zyklus der Frau verehren, sind die Ockervorkommen der Erde der Legende nach aus dem Menstruationsblut zweier Frauen entstanden. Ovale Felsspalten, die man rot ausmalte, deuten darauf hin, dass die frühen Menschen die Verbindung zu Geburt und Menstruation auch künstlerisch darstellten.

Männer kreierten viele Zeremonien, in denen der Junge zum Mann wird, doch keine war je so »göttingegeben« wie die der

Menarche. Der daraus entstehende Menstruationsneid führte schließlich dazu, dass die Menstruation als solche verdammt werden musste. Dass das Unkontrollierbare entwertet und das Kontrollierbare aufgewertet werden musste. Und so ist es bis heute geblieben. Sind Einweihungsrituale des männlichen Körpers oft mit Kampf und Überwindung verknüpft, so sind die Initiationen des weiblichen Körpers mit Hingabe und Schöpfung verbunden.

Bis heute wird versucht, die weibliche Sexualität und Schöpfungsmacht unter Kontrolle zu bekommen: ob durch die weiterhin bestehenden Verbote vorehelicher Sexualität und die Sakralisierung von Sex in der Ehe, ob durch das Verbot der Schwangerschaftsverhütung und das gleichzeitige Verbot der Abtreibung und ihre Stigmatisierung als »Mord«. Es ist der Mann, der darüber entscheiden will – bis heute sitzen an den gesetzgebenden Stellen Männer, die über Frauenkörper entscheiden.

All diese Auswüchse von Menstruationsneid und Geburtsneid haben uns weiter weg von der Natur und den natürlichen Kreisläufen gebracht – denn nur so konnte der männliche Schöpfungsanspruch durchgesetzt und aufrechterhalten werden. Und nur so konnte man die Frauen aus ihrem eigenen natürlichen Rhythmus bringen und sie zwingen, diesen der Gesellschaft anzupassen. Das Ergebnis sind unter anderem das Durchnehmen der Pille und geplante Kaiserschnitte.

Man hat den Frauen so weit wie möglich die Deutungshoheit über ihre Körper genommen – so wurde spätestens mit den Hexenprozessen systematisch begonnen, den Frauen die Frauenheilkunde streitig zu machen und damit auch die Hoheit über Menstruation und Geburt. Es waren die männlichen Ärzte, die Frauen dazu brachten, sich bei der Geburt hinzulegen – es war bequemer für den Arzt. Dass die Frau dadurch das Baby schwieriger zur Welt bringen konnte, war kein Thema.

Doch es gibt Hoffnung: Die aktuellen Zahlen zeigen, dass die Frauenmedizin wieder deutlich weiblicher wird. So haben im Jahr 2018 566 Frauen und nur 118 Männer ihre Facharztprüfung im Bereich der Frauenheilkunde und Geburtshilfe absolviert, was ein Verhältnis von 83 Prozent Frauen zu 17 Prozent Männer ergibt.[31] Es ist fast so, als ob sich die Frauen die Hoheit über den weiblichen Körper zurückholten. Denn schlussendlich wird es immer so bleiben: Frauen brauchen um ihre Schöpfungsmacht nicht zu kämpfen.

Wenn wir uns als Frauen wieder an unsere Schöpfungskraft erinnern, dann können wir diese auch aktiv einsetzen, um das aktuelle gesellschaftliche System langfristig zu verändern. Damit bekommen wir unsere Macht zurück – zuerst spirituell und dann auch gesellschaftlich. Wobei Macht nicht als toxisch maskuline unterdrückende Macht zu verstehen ist, sondern als Kraft, etwas zu bewegen und zu kreieren – für das höchste und beste Gut aller.

Ganz praktisch kann das so aussehen, dass wir uns wieder mehr mit unserem Körper verbinden. Dass wir aus dem ewigen Mindfuck aussteigen und auf unser Bauchgefühl hören. Dass wir unserer Intuition trauen und ihr folgen, anstatt zu versuchen, uns oder andere durch Logik zu überzeugen.

Impuls

An welchen Stellen traust du deinem Kopf mehr als deinem Körper?
Wann stellst du das Denken über das Fühlen?
Traust du dich, deine Ideen zu verkörpern?

Göttinnen-Inspiration

Es gibt die etruskische Göttin Mensa – die Göttin der Zahlen, Kalender, Berechnungen, Aufzeichnungen und Tabellen aller Art, die als magisch und heilig galten. Und ja, Mensa und Menstruation haben den gleichen Wortstamm – *mens*, was »Geist« bedeutet, und *mensis* für »Monat«. Im alten Rom wurde sogar die Zeitberechnung »Menstruation« genannt, was mit »das Wissen von der Mensa« übersetzt werden kann.

Neben der Mensa gab es auch noch die Göttin Man/a – wobei ihr Name auf das altnordische Wort *man* zurückzuführen ist. Die berühmte englische Isle of Man ist damit nicht die Insel des Mannes, sondern ursprünglich der Mondgöttin Man geweiht. In vielen Sprachen gibt es ein Wort wie »Mana«, das immer »weibliche Kraft« meint.[32] Andrea Dechant führt es weiter aus: »›Amen‹ bedeutete übrigens ursprünglich der ›Mond der Wiedergeburt‹! Die Göttin Man zwinkert Frauen immer zu, wenn im Sprachgebrauch das Wort ›man‹ verwendet wird. In der Wurzel und eigentlichen Bedeutung geht es dabei nämlich nicht um irgendeine männliche Silbe, die ein ›n‹ zu wenig hat, sondern um den Namen der Mondgöttin stellvertretend für allen Frauen.«[33]

Und so ist dieser Göttinnen-Impuls einfach, uns immer wieder daran zu erinnern, wie viel feminine Göttlichkeit dann doch noch zu finden ist, wenn wir uns auf die Suche machen und uns nicht vom patriarchalen monotheistischen männlichen Gott ablenken lassen.

Magie der Menstruation

Ich weiß noch, wie ich als Jüngste meiner Klassenstufe als Erste meine Menarche hatte – die erste Blutung. Meine Mutter hat damals fantastisch reagiert, und ich durfte eine Perioden-Party machen. Ich lud also meine besten Freundinnen ein, wir aßen Wassermelone, Spaghetti mit roter Soße, Erdbeeren, und es war ein besonderer Tag. Was mir im ersten Augenblick unangenehm vorkam, wurde zu einem besonderen Moment. Ich weiß auch, dass meine Mutter irgendein Ritual mit uns machte – allerdings können wir beide uns nicht mehr erinnern, was es genau war. Es war alles kurzfristig zusammengestellt, denn auch meine Mutter war auf meine frühe Blutung nicht eingestellt. Doch sie wusste instinktiv, wie wichtig es war, diesen Moment, diesen Übergang zu feiern. Und anstatt mich zu schämen, fühlte ich mich fast ein wenig beneidet. Ich bin ihr bis heute dankbar dafür. Und doch lernte ich schnell, dass Menstruation gesellschaftlich nicht erwünscht war. Blaue Flüssigkeit in der Bindenwerbung und die legendäre Tamponwerbung, in der der Tampon »da wirkt, wo die Regel passiert«, während die Frau ihren linken Zeigefinger mit der anderen Hand umschließt. Als ob wir wie Jesus aus der Hand bluten würden.

In der westlichen Weltsicht sind wir mittlerweile dahin gekommen, dass die Menstruation ein unangenehmes Unterfangen ist, das zum Beispiel durch das Durchnehmen der Pille vermieden werden kann. Es gilt, dass Frauen emotional, unausstehlich und dünnhäutig sind, während sie ihre Blutung haben. Und es wird suggeriert, dass wir auch während dieser Zeit leistungsfähig sein, frei in weißen Hosen durch die Gegend springen und gesellig sein sollen. Denn bitte: Lass die anderen so wenig wie möglich von deiner Blutung mitbekommen. Und wenn du schon blutest und nicht gut drauf sein kannst, dann zieh dich bitte zurück und belästige niemanden damit. Wir haben in der ach so zivilisierten Welt die Menstruation so weit abgespalten wie möglich – viele Frauen fühlen sie nicht mehr als Geschenk, sondern als Last.

Bis heute gibt es in indigenen Gesellschaften auf der ganzen Welt sogenannte »Coming of Age«-Zeremonien. Diese werden zur Menarche einer jungen Frau abgehalten. Sie wird in den Kreis der fruchtbaren Frauen aufgenommen. Ich bin bis heute sehr dankbar, dass ich bei der Zeremonie für eine junge Apache dabei sein durfte. Die Einladung kam durch eine Freundin zustande, und so nahmen wir an der viertägigen Zeremonie teil. Zu diesem Anlass kommt die Familie zusammen – die Männer spielen eine große Rolle in der Zeremonie –, dazu Freunde und Stammesangehörige. Es ist der Vater, der die junge Frau durch die Zeremonie auf dem Weg zur fruchtbaren Frau begleitet – denn es ist ihre Fruchtbarkeit, die zelebriert wird. In den vier Tagen und Nächten reihen sich viele zeremonielle Elemente aneinander. Was mich besonders berührt hat, war zum einen, wie der Vater die Tochter quasi auf ihren Weg geführt hat und wie sie immer wieder von anderen Frauen massiert wurde (denn die Zeremonie ist auch körperlich anstrengend). Es war ein »Sie-zur-Frau-Formen«. Begleitet wurde die junge Frau von drei Freundinnen in ihrem Alter. Es hat mich tief berührt zu sehen, wie sie mit so einer Demut und Kraft in diesen neuen Lebensabschnitt ging und von so vielen Menschen dabei begleitet wurde. Am Ende segnete sie alle Anwesenden, denn sie repräsentierte die feminine Göttlichkeit. Es war ein komplett anderer Umgang mit der Menstruation und keine Spur von Geburtsneid: stattdessen Ehrung und Anerkennung für diese Initiation der Frau.

Doch die Menstruation steht für noch mehr als nur Fruchtbarkeit. Sie wird auch als Mondzeit bezeichnet – wird der Zyklus der Frau aufgrund seiner Länge oft mit dem Mond in Verbindung gebracht. Der deutlich kürzere hormonelle Zyklus des Mannes – der etwa einen Tag dauert und wesentlich weniger spürbar ist – wird mit dem Lauf der Sonne zusammengebracht. So gibt es bei den First Nations Sun Dancer und Moon Lodges – Frauen, die bluten, dürfen nicht am Sun Dance teilnehmen –, und zwar nicht, weil sie dreckig wären, wie uns die Kirche und der Islam erzählen wollen, sondern weil sie zu kraftvoll sind und ihre Anwesenheit die Tänzer zu Fall bringen könnte. Und so ziehen sich die Frauen in die Moon Lodge zurück – gemeinsam mit den anderen Frauen, die zu der Zeit menstruieren. Auch in unseren Breitengraden gab es diese Tradition, immer wieder begegneten mir Geschichten von Frauen, die ins Moos geblutet haben – sie zogen sich in den Wald zurück. Und es gibt Hinweise auf sogenannte Menstruations- und Geburtshöhlen, in die Frauen sich zurückzogen – in die Dunkelheit, den Schoß der Großen Mutter. Denn in der Mondzeit findet ein großer Reinigungsprozess im Inneren der Frau statt – sie erneuert sich quasi selbst. Im übertragenen Sinn ist es die Zeit des Dunkelmondes. Und wenn sie erneuert ist, wird sie aus der Höhle neu geboren.

Die besondere seherische Kraft menstruierender Frauen machte sich auch beim Orakel von Delphi bemerkbar. Wird doch gesagt, dass man die Pythia – die Hohepriesterin – nur dann befragen konnte, wenn sie ihre Blutung hatte. Interessant dabei ist, dass Frauen damals ausdrücklich als Bürgerinnen zweiter Klasse galten, die sich nicht an der Politik beteiligen, kein eigenes Land besitzen oder Vermögen erben durften. Doch das Orakel von Delphi mit seinen weiblichen Priesterinnen hatte eine immense Macht, denn wenn es sprach, verstummten alle Männer Griechenlands, und für einen Moment hatte diese einzelne Frau die Macht, den Lauf der Geschichte mit nur einem Wort zu verändern, und das über mehr als tausend Jahre.

Mittlerweile gibt es die Annahme, dass die Pythia nicht nur eine Frau war, sondern mehrere Priesterinnen, die jeweils den Sitz als Pythia einnahmen – schwer vorstellbar im patriarchal hierarchischen Denken. Es gibt dabei tatsächlich mehrere Untersuchungen, die belegen, dass Frauen, die zusammenleben, zum gleichen Zeitpunkt ihre Menstruation bekommen.

Die Zeit der Menstruation ist eine der Verbindung, Kreativität, Intuition, Inspiration und Klarheit. Selbst unser Körper verändert sich, die Pupillen werden größer, die Körpertemperatur sinkt, der Hautwiderstand verringert sich. Wir sind empfindsamer für äußere Reize. Da wundert es nicht, wenn Beschwerden wie PMS und Schmerzen während der Blutung heutzutage zunehmen – denn in unserem aktuellen Lifestyle geben wir der sogenannten Mondzeit keinen Raum. Auch ich kenne diese Sensitivität – ich nenne sie nicht mehr Stimmungsschwankungen – und die Schmerzen. Keine ist besser oder schlechter, weil sie sie hat oder nicht hat. Es sagt nichts über unseren Erleuchtungszustand aus. Denn: Wir alle tragen individuelle Ahnengeschichten und Themen in unseren Körpern, unsere Lebensumstände sind unterschiedlich, und manche von uns haben einfach keine Möglichkeit, mal für drei Tage allein zu Hause zu bleiben und ganz viel Sex mit sich selbst zu haben (Orgasmen lösen die Krämpfe), zu malen, zu singen, zu journalen und sich mit der Göttlichkeit zu verbinden. Und dennoch hilft es vielen Frauen, wenn sie ihren Alltag wieder mehr nach ihrem Zyklus richten. Das bedeutet: keine Verabredungen während der Blutung, wichtige Verhandlungen

während des Eisprungs – die Pheromone machen alles möglich. Nicht menstruierende Frauen und Menschen können sich dazu am Lauf des Mondes orientieren. Der Dunkelmond steht für den Moment der Blutung.

Impuls

Wenn du menstruierst: Welches Verhältnis hast oder hattest du zu deiner Menstruation?
Wie würde sich dein Alltag verändern, wenn du deinem Zyklus mehr folgen würdest?
Unabhängig von eigener Menstruation oder nicht: Welches Verhältnis hast du zu Menstruationsblut?
Woher kommen die Ideen, die du zum Menstruationsblut hast?

Die Magie der Menstruation ging weit über all das hinaus. Ein Tropfen im Getränk eines Mannes konnte ihn für immer an die Frau binden. Ich kenne in der Tat eine Frau, die das vor noch gar nicht allzu langer Zeit praktiziert hat und so an ihren Ehemann gekommen ist. Und es gab auch Männer, die sich diesem »Schwur« freiwillig unterzogen. Außerdem waren Waffen, die mit ein paar Tropfen Menstruationsblut geschmiedet wurden, unbesiegbar und Bekleidung, in die blutige Fäden eingenäht wurden, magisch. Mit Menstruationsblut präparierte Hauseingänge halten böse Geister fern – was ich in der Tat bestätigen kann.

Auch heute gibt es immer wieder neue Erkenntnisse über die Magie und Medizin des Menstruationsblutes, denn in ihm wurde eine Art von Stammzellen gefunden, die jenen aus dem Knochenmark ähnlich, aber bei der Bildung von neuen Blutgefäßen wesentlich effizienter sind. Diese Stammzellen können zur

Therapie von Leukämie eingesetzt werden und eventuell auch für regenerative Therapien, beispielsweise zur Verhinderung einer Amputation oder zum Aufbau neuer Gefäße nach einem Herzinfarkt oder einem Schlaganfall. Es ist interessant, dass die Frauen früher schon um die Kraft des Blutes wussten, als sie es beispielsweise auf die Äcker und in den Garten gaben. Doch wir wären nicht im Patriarchat, wenn es nach den neuen Erkenntnissen nicht auch direkt Männer gegeben hätte, die sich die Nutzung des Regelblutes patentieren ließen.[34]

Wir heute können entweder die alte Weisheit oder das neue Wissen als Einladung nehmen, die Menstruation wieder als einen wertvollen Teil von uns anzunehmen. Ohne das Blut der Frauen gäbe es kein Leben. Wir können es als Einladung annehmen, unserem sexuellen Verlangen zu vertrauen und ihm einen Raum zu geben – allein oder mit anderen. Orgasmen helfen Wunder gegen Menstruationskrämpfe … vielleicht haben wir einfach zu wenig Sex. Die Menstruation ist eine Einladung, die Hoheit über unseren Körper zurückzuholen.

Die teuflische Gebärmutter

Die seherische Kraft, die Frauen während ihrer Menstruation zugeschrieben wurde, war den Kirchenvätern ein Dorn im Auge. Und noch mehr der Fakt, dass Frauen während ihrer Menstruation quasi frei vögeln konnten ohne Konsequenzen. Dem musste ein Riegel vorgeschoben werden, war das Ziel doch immer die Eindämmung der wilden freien und vor allem sexuell freien Frau. Schon der Kirchenvater Tertullian sagte: »Das Weib ist die Einfallspforte des Teufels.«[35] Was also tun? Die Kraft des Blutes konnte nicht negiert werden, doch die Interpretation konnte verändert werden. Mann musste das weibliche Blut immer weiter abwerten – und so wurde das Tabu der Menstruation eine der erfolgreichsten Methoden zur Untergrabung des Selbstverständnisses und des Selbstvertrauens der Frauen. Das probate Mittel schien, den Männern Angst und Ekel in Bezug auf die Menstruation zu vermitteln. Und den Frauen Scham und Schmerz. So begann man die Geschichte zu stricken, dass der Teufel in der Gebärmutter sitzen würde. Die Analogie war einfach: Der Gehörnte ließ sich über die Gebärmutter mit den zwei Eierstöcken wunderbar darstellen. Und wenn der Teufel nun im Uterus saß, dann war er während der Menstruation besonders aktiv.

Gerda Weiler beschreibt es in ihrem Buch *Der enteignete Mythos* wie folgt: »Das positive Blut-Tabu, das die kultische Abgeschiedenheit der Frauen gebot, wird durch patriarchale Definitionsmacht negativ besetzt (...) Dämonisch, ungeheuerlich und blutfordernd stellt die patriarchale Männerpsyche die ihrer Macht beraubte Göttin vor seine Seele: eine Spukgestalt des männlichen Unbewussten, von welcher der Mann fürchtet, dass sie sein Leben wolle, Männeropfer fordere, ihn verschlinge und auffresse.«[36] Aus der Mondzeit wurde so die Dämonenzeit.

Die Idee, dass die Frau während der Menstruation unrein ist, hält bis heute an. In den großen Religionen wird ihr die Teilnahme an vielen religiösen Zusammenkünften verwehrt, teilweise darf man die Frau noch nicht einmal berühren. Passiert dieses dennoch, so ist man selbst verunreinigt – im jüdischen Kontext bis zum Ende des Tages. Und wer sogar auf die wilde Idee kommt, mit einer menstruierenden Frau zu schlafen, der ist direkt sieben Tage unrein. Doch es gibt eine Lösung zur Wiederherstellung des Zustands der Reinheit: Zwei Tauben werden durch den Priester geopfert, um »für sie so vor dem Herrn wegen ihres verunreinigenden Ausflusses Versöhnung (zu) erwirken« (Lev 15,30). Natürlich müssen die armen Tauben – Symbole des Heiligen Geistes und damit der femininen Weisheit – herhalten. Wieder fließt Blut für Blut. Auch der Islam sieht vor, sich von Frauen während dieser Zeit fernzuhalten, bis sie wieder »rein« sind. Und diverse Auslegungen des Koran verbieten es Menstruierenden zu beten, zu fasten, eine Moschee zu betreten oder den Koran zu berühren. Das Entscheidende an dieser Stelle ist, dass es durch diese Regeln während der Menstruation zu einem Ausschluss der Frauen aus einem entscheidenden Teil des Lebens kommt. Und dabei geht es nicht wirklich um die Frau, sondern um die Männer, die sie verunreinigen könnte. Bis heute ist das in verschiedenen Kulturkreisen so.

Doch die Gebärmutter war nicht nur dieses teuflische menstruierende Ding, das für die Verunreinigung der Frau sorgt. Denn wenn sie nicht menstruiert, so hieß es, wandert sie auf der Suche nach Samen, von denen sie sich nährt, im Körper umher. Dabei kann es passieren, dass sie auch mal im Herz oder sogar im Gehirn landet. Davon waren jedenfalls Hippokrates, Paracelsus, Galenos und sogar Leonardo da Vinci überzeugt. Vom Gebärmutterbefall des Gehirns wurden dann Symptome wie Egozentrik, Geltungssucht und Labilität erklärt. Alles Dinge, die Männern nicht zugesprochen wurden. Im Kern wurden alle Symptome, die frauenspezifisch waren – vor allem Nervliches, Psychisches und Emotionales –, der Gebärmutter angerechnet, stellt sie doch den entscheidenden Unterschied zwischen Mann und Frau dar. Um all dies unter einen Nenner zu bringen, nannte man das Bündel an möglichen Symptomen Hysterie – *hystéra* bedeutet im Griechischen »Gebärmutter«.

Im Corpus Hippocraticum – einer Sammlung von mehr als sechzig antiken medizinischen Texten – ist zu lesen, dass die Gebärmutter an allen Krankheiten der Frau schuld sei. Auch der gute Platon schrieb in einer seiner Abhandlungen: »Die Gebärmutter ist ein Tier, das glühend nach Kindern verlangt. Bleibt dasselbe nach der Pubertät lange Zeit unfruchtbar, so erzürnt es sich, durchzieht den ganzen Körper, verstopft die Luftwege, hemmt die Atmung und (...) erzeugt allerlei Krankheiten.«[37] Solche Argumentationen führten dazu, sämtliches »Missverhalten« von Frauen auf die Gebärmutter zu schieben – und sich nicht die generelle Situation der Frauen in der Gesellschaft anzuschauen. Durch Argumente wie die von Platon konnte man auch ganz fein begründen, dass es ja unerlässlich sei, Frauen möglichst früh zu verheiraten und zu schwängern – es sei ja quasi zu ihrem Besten, bevor die teuflische Gebärmutter beginnt, durch ihren Körper zu streifen.

Man kann schnell argumentieren, das sei ja alles schon so ewig lange her. Doch im Kern ist es an vielen Stellen gleich geblieben: Anstatt dass wir uns kollektiv das System anschauen, das zu körperlichen Symptomen und Krankheiten führt, zeigen wir mit dem Finger auf die Frau als solches. Ich bin der festen Überzeugung, dass das aktuelle gesellschaftliche System Frauen krank macht – und zwar auf so vielen Ebenen. Es macht alle krank, denn es ist einfach unmenschlich und durch den Verlust der Heiligkeit eben nicht mehr auf Heilung, sondern auf Optimierung aus. Und Optimierung suggeriert immer, dass etwas nicht gut genug ist. Heilung bedeutet, etwas wieder in seinen ursprünglichen heilen Zustand zu bringen – sie impliziert also, dass es diesen Zustand schon gab und er nicht unerreichbar ist.

Wie meinte man nun die weibliche Hysterie zu heilen? Am leichtesten durch Heirat und sofortige Schwangerschaft. Alternativ gab es bald auch die Entnahme der Gebärmutter – wozu es übrigens nicht das Einverständnis der Frau brauchte. Dass die meisten Frauen das lange nicht überlebten, war eine andere Geschichte. Und es gab Kirchenmänner, die Hysterie als Werk des Teufels ansahen und Frauen sogar dafür verbrannten. Ende des 19. Jahrhunderts kam dann der Arzt Mortimer Granville auf eine wunderbare Idee. In einer Art Notmaßnahme befreite er »hysterische« Frauen von Starrheit und Muskelkrämpfen – und zwar händisch. Er massierte sie im Genitalbereich, bis sich die Spannung im Körper löste. Sprich: Er besorgte es den sexuell unbefriedigten Frauen. Konsequenz seines resoluten Einsatzes waren Muskelschmerzen und Sehnenscheidenentzündungen seinerseits, was zur Erfindung des Vibrators führte. Noch bis in die 1920er-Jahre hinein verschrieben Ärzte in Europa und den USA ihren Patientinnen regelmäßige Masturbation, um die Symptome der Hysterie zu lindern. Als dann die Hysterie von einer organischen zu einer psychischen Krankheit umgedeutet wurde, wurde auch die Masturbation wieder verpönt und mit Scham behaftet. Erst 1980 wurde die Hysterie aus dem Diagnosehandbuch der psychischen Störungen gestrichen.

Je mehr frau in die »wissenschaftlichen« Betrachtungen des weiblichen Körpers einsteigt, desto mehr zeigt sich, dass Wissenschaft wahrlich keinen Anspruch auf Wahrheit hat, sondern allenfalls auf die jeweils aktuelle Weltsicht verweist. Was übrigens auch die Objektivität der Wissenschaft als solche – die immer noch viel zu oft durch eine weiße heterosexuelle männliche Linse betrachtet wird – infrage stellt. Was uns auch nochmals mehr dazu bringen darf, uns die Hoheit über unseren Körper zurückzuholen. Denn: Auch heute noch gibt es Mysterien im weiblichen Körper, auf welche die wissenschaftliche Sicht keine Antwort hat. So ist zum Beispiel immer noch nicht klar, wie Endometriose entsteht. Klar ist jedenfalls, dass es nichts mit dem »Hunger der Gebärmutter« zu tun hat. Und dass Masturbation etwas ist, was es vor gar nicht allzu langer Zeit noch auf Rezept gab und wofür sich keine Frau zu schämen braucht!

Impuls

Kennst du deine Bedürfnisse?
Erlaubst du dir deine Bedürfnisse?
Kannst du deine Grenzen kommunizieren?

Kleiner Tipp mit Augenzwinkern: Wenn dich das nächste Mal jemand als hysterisch, kapriziös, launenhaft oder eigenwillig bezeichnet, dann kannst du ihm einfach sagen: »Tut mir leid, da ist mir meine Gebärmutter wohl wieder ins Gehirn gerutscht.«

Aktionsimpuls

Wir leben nicht mehr in Zeiten, in denen wir darauf hoffen müssen, dass unsere Bedürfnisse befriedigt werden. Wir dürfen lernen, diese zu kommunizieren und selbst dafür zu sorgen, dass sie befriedigt werden. Dafür müssen wir sie zunächst kennenlernen. Denn viele unserer Verhaltensweisen sind anerzogen, oder wir tun die Dinge auf eine bestimmte Weise, weil sie eben immer so gemacht wurden. Nimm dir also Zeit, deine Bedürfnisse kennenzulernen. Das sind sowohl die Bedürfnisse deines Körpers – Nahrung, Schlaf, Bewegung, Pflege – wie die Bedürfnisse deiner Seele – Zuneigung, Ausdruck, Raum.

Erst wenn wir unsere Bedürfnisse kennen, können wir sie auch kommunizieren. Erst wenn wir sie kommunizieren, können wir auch klare Grenzen in Bezug auf sie ziehen. Dabei ist das Entscheidende: Wir dürfen uns Zeit lassen. Wir dürfen in unseren Körper hineinspüren. Wir dürfen sagen: Ich brauche noch einen Moment.

Eine wunderbare Möglichkeit, unsere sinnlichen Bedürfnisse kennenzulernen, ist Selbstbefriedigung – wir bringen uns selbst Frieden. Und zwar nicht ausschließlich durch schnelle und zielgerichtete Masturbation, sondern mit einer ausprobierenden und entdeckenden Selbst-Freude. Es ist dein Körper – also darfst du ihn auch jubilieren lassen!

Scham. Ein weiterer Schlüssel zur Beherrschung

Shame on you! Seit Jahrtausenden werden wir Frauen mit Scham beworfen, von ihr ummantelt oder durch sie gefangen genommen. Scham ist eines der machtvollsten Instrumente, mit denen wir Frauen daran gehindert werden, in unsere Macht zu gehen und auch unsere Spiritualität zu leben. Scham wird uns seit Jahrhunderten und Jahrtausenden immer wieder auferlegt, denn von Natur aus gibt es keine Scham. Scham ist anerzogen und wird sozialisiert. Sie existiert nicht in uns, sie kommt von außen. Es ging los damit, dass sich Eva das Feigenblatt vor »ihre Scham« gehalten hat. Dieses Feigenblatt ist wie der Beginn der Rüstung aus Scham, die wir Blatt für Blatt, nach und nach anlegten. Diese fundamentale biblische Erzählung zeigt, wie sich Frauen zu verhalten haben. Aus den Venushügeln wurden Schambeine, die Magie der Menstruation wurde zu einem dreckigen, fast schon sündigen Akt, zu einer Zeit, in der die Frauen angeblich mit dem Teufel schliefen.

Scham ist wie eine Rüstung. Auf den ersten Blick scheint es, sie würde uns schützen – vor Fehlverhalten, vor der Entwertung durch andere, vor Bloßstellung. Doch gleichzeitig ist es im Kern so: Wenn sich diese Rüstung um uns legt, hindert sie uns auch daran, uns frei zu bewegen. Denn mit einer Rüstung ist man zwar sicherer vor Verletzungen, doch man kann nicht frei tanzen. Eine Rüstung schützt vor einem Stein, der auf uns geworfen werden könnte, doch sie verhindert, dass wir wirklich gesehen werden und einander spüren. Genau das Gleiche gilt für das Korsett, das angeblich eine tolle Figur macht und dabei hilft, eine gerade Haltung einzunehmen. Gleichzeitig sorgt es dafür, dass man nicht richtig atmen kann. Und Atem ist Leben, Inspiration, Spiritualität. Ohne Atmen kommen wir nicht ins Leben, wir bleiben starr. Doch was hindert uns daran, die Rüstung oder das Korsett endlich abzulegen? Was sind die Konsequenzen, wenn wir es tun?

Die Rüstung ablegen

Legen wir die Schamrüstung ab, dann erwarten uns Frieden und Freiheit – denn wer die Rüstung ablegt, kämpft nicht mehr. Vor allem nicht mehr gegen sich selbst. Wenn wir in Frieden sind, können wir frei werden. Und wer frei ist, kann in Führung gehen. Ohne Rüstung können wir als ein leuchtendes Beispiel dafür vorangehen, wie sich Frauen in dieser Welt bewegen können, wenn sie frei von Scham sind. Gleichzeitig bedeutet diese Freiheit jedoch auch, dass wir alte Loyalitäten aufgeben und dass wir

Verantwortlichkeiten gehen lassen. In dem Moment, in dem wir die Scham ablegen, ermächtigen wir uns. Wir überlassen es nicht mehr anderen Personen oder der Gesellschaft, über uns zu entscheiden und uns zu bewerten. Das kann auch bedeuten, dass wir uns von einigen Menschen wirklich lossagen, auch wenn sie vielleicht schon lange in unserem Leben sind. Denn falsche Loyalität oder toxische Verbundenheit in Beziehungen sind auf alte patriarchale Muster – wie das der dienenden oder gezähmten Frau – zurückzuführen. Es ist Zeit, sie gehen zu lassen, denn sie dienen uns nicht mehr.

Ich sage gern: Jedes System ist so krank wie die Summe seiner Geheimnisse. Dabei geht es nicht um coole Geheimnisse, die uns ein Lächeln auf die Lippen zaubern à la »Eine Genießerin schweigt …«, sondern um die Geheimnisse, die wir uns nicht zu teilen trauen, weil sie mit Scham oder falscher Loyalität behaftet sind. Je mehr dieser Geheimnisse wir hegen, desto schwerer hat unsere Seele zu tragen. Und irgendwann werden wir krank. Wenn wir hingegen beginnen, unsere Rüstung abzulegen, dann werden diese Geheimnisse offenbar und dann holen wir uns unsere Macht zurück. Jedes Geheimnis hat Macht über uns und nimmt uns unsere Eigenmacht.

Genau das ist das Perfide an der Scham. Sie ist das kraftvollste Handwerkzeug, um Frauen aus ihrer Macht zu bringen. Denn so viele Dinge, für die sich Frauen schämen sollen, liegen gar nicht in ihrer Verantwortung. Wenn es Momente gibt, in denen wir uns wirklich scheiße verhalten haben, dann ist es an der Zeit, in die Verantwortung zu gehen und die Antwort auf unsere Handlung zu werden. Erst dann holst du dir deine gesunde Macht zurück.

In dem Moment, in dem wir unsere Scham ablegen, fordern wir damit auch das System, in dem wir uns befinden – Familie,

Freundschaften, Beziehung, Gesellschaft –, auf, darauf zu reagieren. Denn wir alle sind wie Zahnräder, die ineinandergreifen. Wenn ein Zahnrad anfängt, sich anders zu bewegen, bedeutet das, dass sich auch alle anderen Zahnräder irgendwie anders bewegen müssen. Die Erfahrung zeigt, dass nicht alle total begeistert davon sein werden – doch es ist nicht unsere Aufgabe, sie auch noch aus ihrer Schamrüstung zu befreien. Verlassen wir die falschen, die überflüssigen Realitäten, dann finden wir unser Zuhause in uns selbst und damit eben auch unseren inneren Frieden. Durch diesen Frieden wachsen die Freiheit und die Erkenntnis, dass das Leben, unser Körper und unser Verhalten als Frauen und nicht-männliche Menschen vielleicht gar nicht so sein müssen, wie wir immer gedacht haben. Dann entsteht ein ganz neuer Spielraum, in dem wir neue Regeln aufstellen können. Für ein neues Miteinander. Dann kann aus dem Schambein wieder der Venushügel werden, den wir als Lustberg mit orgastischer Energie erklimmen.

Ich selbst hatte so viele schambehaftete Momente – Momente, in denen die Scham sich um mich gelegt hat, mich hat starr werden lassen. Es waren die Momente, in denen ich dachte: »Oh mein Gott, das kann ich keinem erzählen! Das ist mir so unangenehm!« Momente, in denen ich ein ganz schlechtes Gefühl dabei hatte, wenn jemand anders wüsste, dass ich dies denke oder jenes tue. Einfach, weil mir von außen vermittelt worden war, dass man das nicht darf oder soll. Und so hatte die Scham Macht über mich. Dieser kulturelle kollektive Ansatz der Entmachtung der Frau hat dazu geführt, dass ich schon als Mädchen aus meiner Kraft herausgegangen bin. Ich erinnere mich zum Beispiel daran, dass ich die Erste in meiner Klasse war, die Brüste bekam. Und spätestens im Schwimmunterricht haben es alle gesehen.

Die Jungs haben gestarrt, der Lehrer hat geschielt. Und ich habe mich so dafür geschämt, denn es war irgendwie nicht anständig. Ich war die Jüngste in meiner Klasse – und auf einmal hatte ich keine Deutungshoheit mehr über meinen Körper. Ich begann, weite T-Shirts zu tragen, und habe versucht, meine aufblühende Weiblichkeit zu verstecken. Diese Scham für meinen Körper hat lange angehalten – auch weil ein Lehrer verbal übergriffig wurde. Lange ging ich nicht mehr schwimmen, obwohl ich es eigentlich liebte. Das, worauf ich eigentlich tief in mir stolz war, meine erkennbare Weiblichkeit, wurde zu etwas Schambehafteten.

Auch hier kam die Scham nicht aus mir heraus – sie wurde mir auferlegt. Denn schließlich war ich plötzlich »das lockende Weib«. Ich war wie beschrieben die Erste, die ihre Menstruation bekam, etwas, das dank meiner Mutter positiv behaftet war ich war dankbar und stolz auf diese Erfahrung. Bis zu dem Moment, wo wir auf Klassenfahrt waren und meine Lehrerin den Flur hinunterrief, ob ich eine Binde für eine andere Mitschülerin hätte, die soeben ihre Tage bekommen hat. Die Jungs hörten es auch und begannen, sich darüber lustig zu machen und es abzuwerten. Damals wusste ich noch nicht, was ich jetzt weiß, und so legte sich eine weitere Schicht Scham auf etwas, das ich eigentlich mochte und als positiv empfand. Ich erinnere mich auch, wie ich mich schämte, wenn ich meine Tage hatte und deswegen keinen Sex haben wollte – ich entschuldigte mich sogar dafür! Rückblickend möchte ich mein jüngeres Ich einfach nur in den Arm nehmen, nackt mit ihm bei Mondschein ums Feuer tanzen und dann schwimmen gehen. Ich schämte mich so oft für Dinge, die natürlich sind oder für die ich nichts konnte. Das Patriarchat weiß ganz genau: Immer, wenn Frauen in ihre Macht gehen, ist Scham das beste Mittel, sie schnell wieder da rauszuholen.

Impuls

Wofür schämst du dich?

Welche beschämenden Gedanken hast du?

Welche beschämenden Dinge tust du oder hast du getan?

Was macht die Scham mit dir?

Wie würde dein Leben ohne Scham aussehen?

Lilith

Bevor es Eva gab, gab es übrigens Lilith. Lilith war die erste Frau von Adam. Sie wurde ebenso wie er aus Erde geschaffen – und nicht aus seiner Rippe. So steht im *Alphabet of Ben Sira* 78 (einem Text, der sich an dem hellenistischen Werk *Sirach* orientiert und dessen Entstehungsdatum auf 700 bis 1000 n. Chr. geschätzt wird): »Lilith: Als Gott den ersten Menschen Adam allein schuf, sagte Gott: ›Es ist nicht gut für den Menschen, allein zu sein.‹ [Also] schuf Gott eine Frau für ihn, aus der Erde wie er, und nannte sie Lilith. Prompt begannen sie [Adam und Lilith] miteinander zu streiten: Sie sagte: ›Ich will nicht unten liegen‹, und er sagte: ›Ich will nicht unten liegen, sondern oben, denn du bist geeignet, unten zu sein, und ich, oben zu sein.‹ Sie sagte zu ihm: ›Wir beide sind gleich, da wir beide von der Erde sind.‹ Und sie wollten einander nicht zuhören. Da Lilith das sah, sprach sie den unaussprechlichen Namen Gottes aus und flog weg in die Lüfte. Adam stand im Gebet vor seinem Schöpfer und sagte: ›Herr des Universums, die Frau, die du mir gegeben hast, ist vor mir geflohen!‹«

Und so kam es, dass Gott Adam in einen tiefen Schlaf versetzte und eine zweite Frau aus seinen Rippen schuf. Diese Frau war Eva. Eva, die sich Adam fügte und sich ihm unterwarf. Eva, die dann von der Schlange verführt wurde – der Schlange als Personifizierung von Lilith. Denn Lilith wollte ihre Schwester Eva nicht im Unbewussten lassen, sondern ihr die Erkenntnis über die Situation vermitteln. Und so brachte sie sie dazu, in den Apfel zu beißen. In dem Moment überkam Eva die Erkenntnis. Sie wurde sich ihrer bewusst und verließ das Paradies, das für eine Frau nur im unbewussten Zustand ertragbar war, denn dort war sie den Männern unterworfen.

Genau jetzt warf das Patriarchat die Scham über Eva: Schäm dich, so widerspenstig zu sein! Schäm dich, nicht zu gehorchen! Schäm dich für deinen Körper und dein Geschlecht! Schäm dich für die Sünde, die du über uns alle gebracht hast! Denn in dem Moment, in dem wir Frauen uns unserer selbst bewusst werden, gehen wir in unsere immense Power. Der einfachste Weg, das zu verhindern, ist es, uns mit Scham zu überschütten.

Wir sind der Schlüssel zu unserer Freiheit

Scham kann sich auf so viele Arten und Weisen zeigen: Es ist uns unangenehm, über etwas zu sprechen. Wir trauen uns nicht, bestimmte Kleider zu tragen. Wir machen ein Geheimnis aus etwas, aus Angst, verurteilt zu werden. Wir verstecken vermeintliche Makel und Unzulänglichkeiten, wir behalten Gedanken, Wünsche und Gelüste für uns …

Oft fürchten wir einfach die darunterliegenden Konsequenzen – das, was passieren könnte, wenn wir uns wirklich befreien.

Noch einmal: Gehen wir in Frieden mit uns, sind wir frei. Sind wir frei, können wir in Führung gehen und unser eigenes Leben nach eigenen Regeln führen. Gleichzeitig ermächtigen wir uns. Wir lösen uns aus alten Strukturen, wir brechen das System auf, wir verlassen eingespielte Mechanismen. Und wir können andere auf diesen Weg mitnehmen.

Es ist an der Zeit, dass wir aufhören, uns für Dinge zu schämen, die naturgegeben sind. Es ist die Vielfalt, die das Leben interessant macht. Es ist der Körper mit all seinen Funktionen, der uns dieses Leben erfahren lässt. Und es ist der weibliche Körper, der unsere Heimat ist. Es gibt nichts, für das wir uns zu schämen brauchen.

Scham ist das Korsett aus Geheimnissen, das uns klein und kraftlos bleiben lässt. Der Trick ist, es zu merken: Jedes Mal, wenn uns etwas beschämt, wenn uns jemand sagt, dass wir uns schämen sollten, oder uns perfide fragt: »Schämst du dich nicht?«, sind wir ganz nah an unserer Macht. Und damit können wir der Scham ein Schnippchen schlagen. Wir können uns für sie bedanken und freudig weitergehen – wissend, dass wir dem Patriarchat gerade ein Bein gestellt haben und unserer eigenen Körperhoheit und unserer Freiheit wieder einen Schritt nähergekommen sind. Wir dürfen erkennen, dass wir selbst der Schlüssel zu unserer Freiheit sind und den Venushügel wieder voller Freude erklimmen können.

Aktionsimpuls

Zeit, sich von der Schamrüstung zu befreien. Nimm dir dafür ein A4-Blatt (oder mehrere) und falte es vertikal in der Mitte. Nutze die linke Spalte und liste alle »Feigenblätter« auf, die dir einfallen. Alle Momente, in denen du Scham empfunden hast, beschämt wurdest oder Scham ein Thema war. Unabhängig vom Thema oder Zusammenhang. Und ohne es zu bewerten. Nimm dir dazu Zeit, es kann auch ein paar Tage dauern. Falte das Blatt am Ende zu.

1. Wenn du weitergehen willst, öffnest du das Blatt. Du gehst noch einmal jeden einzelnen Punkt durch und stellst dir dabei folgende Fragen:
   a. Wenn ich heute auf die Situation blicke: Schäme ich mich noch?
   b. Wenn nein: Verbinde dich mit deinem jüngeren Ich und lass es wissen, dass die Scham vorüber ist. Befreie es von dem imaginären Feigenblatt.
   c. Wenn ja: Woher kommt die Scham? Wer hat sie dir beigebracht? Gib die Scham zurück mit dem Satz: »Ich brauche sie nicht, ich befreie mich.« Ein Tipp: Gib das, wofür du dich schämst, mal im Internet ein. Du wirst merken, du bist nicht die Einzige und es ist menschlich.
2. Vergib dir.
   a. Vergib deinem jüngeren Ich für das, was es getan hat. Erkenne an, dass es vorbei ist. Was auch immer geschehen ist, es muss dich nicht definieren. Denn ab heute kannst du anders handeln.
   b. Wenn du den Impuls hast, etwas wiedergutmachen zu müssen, dann schreib es auf und tue es. Was auch immer es braucht, befreie dich aus der Rüstung.
3. Frage dich: Wie würde ich heute mit der Situation umgehen? Schreib es dir in die rechte Spalte deines Blattes. Was würdest du mit deinem heutigen Wissen anders machen?

4. Teile die Situationen mit jemandem. Finde eine Freundin oder eine andere vertraute Person und erzähle ihr von den Momenten. Spüre, wie dir leichter wird. Denn jedes Geheimnis, das gelüftet wird, gibt uns mehr Raum, unser Leben im Hier und Jetzt zu leben.

Göttinnen-Inspiration

Wer könnte uns beim »Entschämen« besser unterstützen als Lilith, die Ahnin der weisen Frauen, die Schwester von Eva, die Widerspenstige, die nicht bereit war, sich der patriarchalen Vorherrschaft zu unterwerfen. Lilith lädt uns ein, uns wieder an die alten weiblichen Geheimnisse und an die weibliche Lebenskraft zu erinnern. Die Energie von Lilith ist die des Dunkelmondes, und so wird sie auch »die Schwarze Göttin« genannt – wie die griechische Astarte.

Um dich mit der freien, wilden, schamfreien Energie von Lilith zu verbinden, hilft es, eine Dunkel- oder Leermondnacht zu finden – die Nacht, bevor die schmale Sichel wieder sichtbar wird. Finde dazu einen ruhigen Platz und warte, bis die Dämmerung sich zeigt. Bring Gaben für Lilith – das können Blumen sein, Apfelschnitze (ja, eine Anspielung) oder auch Süßigkeiten. Entzünde eine Kerze oder ein Feuer. Schreib all die schambehafteten Dinge, die du Lilith übergeben möchtest, auf kleine Zettel. Dann verbrenne sie nach und nach. Dazu kannst du sprechen: »Lilith, Ahnin der wilden Frauen, ich übergebe dir meine Scham (du kannst sie auch konkret benennen), auf dass sie mich nicht mehr beherrscht. Hier und heute hole ich mir meine Macht über den Moment, meinen Körper und mein Leben zurück.« Du kannst diese Sätze beliebig wiederholen und anpassen. Nach dem letzten Zettel bedankst du dich bei Lilith und löschst die Kerze. Verweile noch ein wenig in der Dunkelheit, wissend, dass du am nächsten Morgen neu geboren wirst.

Miteinander. Wie wir zur Sisterhood finden

Es sind die Beziehungen zwischen Frauen und nicht-männlichen Menschen, die uns aus dem Patriarchat herausführen. Erst wenn wir wieder beginnen, in Solidarität miteinander zu handeln und unser »inneres Patriarchat« zu überwinden, kann sich auch das System ändern. Solange wir selbst vom Patriarchat geprägtes Verhalten und Denken in das Miteinander einfließen lassen, kreieren wir immer wieder die gleichen Strukturen, nur in anderem Gewand. Auch wenn es sich vielleicht erst mal ungewohnt anhört, so ist es doch wahr: Das Patriarchat wird durch Frauen aufrechterhalten. Durch Frauen zum Beispiel, die zur Machterhaltung ihrer Männer beitragen, um ihren eigenen Status zu sichern. Das ist aktives Patriarchat. In dem Moment, in dem ich eine andere Frau abwerte, in dem ich sie zu meinem Vorteil ausbeute, in dem ich sie dem System vorwerfe, in dem Moment handele ich patriarchal. Oft ist es uns nicht einmal bewusst, da viele dieser Handlungen so tief verinnerlicht sind.

Deutlich wird dies vor allem im Umgang miteinander. So sind uns die Mythen von »Stutenbissigkeit« und »Zickigkeit« schon so lange bekannt, dass viele Frauen sie in ihre Wirklichkeit übernommen haben. Immer wieder höre ich auch von Frauen, dass es ja schwieriger sei, mit Frauen zusammenzuarbeiten. Dass es ja logisch sei, dass es in einer reinen Frauengruppe mal kracht. Das Problem daran ist: Es stimmt nicht. Es sind quasi sich selbst erfüllende Prophezeiungen, die sich deswegen erfüllen, weil alle ihren Teil dazu beitragen. Oft sind sich die Beteiligten allerdings nicht darüber bewusst, welches Programm bei ihnen abläuft, sodass davon ausgegangen wird, dass es einfach so sei.

Was aber, wenn die letzten Jahrhunderte und Jahrtausende dafür gesorgt haben, dass aus sich zugetanen Schwestern erbitterte Konkurrentinnen geworden sind? Wenn wir die wahren Wurzeln unseres Umgangs miteinander erkennen, dann können wir unser Verhalten verändern und auch das Verhalten der anderen neu interpretieren. Dann können wir ein neues Miteinander entwickeln und damit das gesellschaftliche System, in dem wir leben, wirklich langfristig und nachhaltig verändern.

Von Stuten und Zicken

»Wir sind miteinander verbunden, als Frauen. Es ist wie ein Spinnennetz. Wenn ein Teil dieses Netzes vibriert, wenn es Ärger gibt, wissen wir das alle, aber die meiste Zeit sind wir einfach zu ängstlich oder egoistisch oder unsicher, um zu helfen. Aber wenn wir uns nicht gegenseitig helfen, wer dann?«

Sarah Addison Allen[38]

Ich finde es immer wieder faszinierend zu sehen, mit welchen Tiernamen Frauen bedacht werden. Entweder zielen sie auf ihre Optik ab, so wie bei der hässlichen Kröte, dem flotten Häschen oder der süßen Schnecke. Oder sie zielen auf ihre Intelligenz ab, wie die dumme Kuh, die blöde Sau und die dumme Gans. Dabei sind weder die Kuh noch die Sau oder die Gans in Wirklichkeit dumm – doch was sie alle gemein haben, ist, dass sie uralte Göttinnen-Tiere sind. Die Kuh steht für die Große Göttin selbst – so ist die Kuh Audhumbla in der nordischen Mythologie die Erste, die zum Anbeginn der Schöpfung aus der gähnenden Leere erscheint. Eines der heiligen Tiere der Muttergöttin Demeter ist die Sau – steht sie doch für Mütterlichkeit und Fruchtbarkeit und gilt als besonders erdverbunden. Die Gans wurde oft mit den weisen Frauen und Hexen in Verbindung gebracht – verwandelten sie sich doch in Gänse, um durch die Welten zu fliegen. Auch die »Rabenmutter« ist ein Opfer des Patriarchats geworden. Sind Raben doch besonders fürsorgliche Eltern, aber die vermeintliche Nähe zu den weisen Frauen und Hexen brachte sie in Verruf. Die Rabenmutter existiert übrigens nur in der deutschen Sprache. Gefühlt gibt es unzählige Beispiele für die Heiligkeit und Wertschätzung dieser Tiere, nur im Patriarchat wurden sie entwürdigt, domestiziert und entweiht – ebenso wie es den Frauen erging. Und so haben auch die Stutenbissigkeit und die Zickigkeit andere Ursprünge, als man auf den ersten Blick meinen könnte. Schauen wir also zuerst auf die Begriffe und dann auf das Phänomen.

Immer wieder gibt es auch heute Momente, in denen Frauen subtil miteinander in Konkurrenz treten, sich bekämpfen und ihr eigenes Interesse in den Vordergrund stellen: die viel zitierte Stutenbissigkeit. Doch woher kommt der Begriff, und warum gehen Frauen einander anscheinend anders an? Immer wieder begegnet es mir: Wenn man über das Verhalten von Frauen in reinen Frauengruppen redet, wird darauf hingewiesen, dass Frauen ja nun mal stutenbissig seien. Während der Mann wie ein Löwe kämpft, beißt sie wie eine Stute. Das Interessante dabei ist, dass Männer oft mit sogenannten Einzelkämpfern in Verbindung gebracht werden – was den Mythos des einsamen Helden nährt –, während Frauen in Zusammenhang mit Herdentieren gebracht werden – was den Mythos der ewig Neidischen und Missgünstigen nährt.

Impuls

Direkt vorab: In welchen Situationen hast du Stutenbissigkeit erlebt?
Welche Frauen in deinem Umfeld empfindest du als stutenbissig?
Wie sieht Stutenbissigkeit für dich aus?
Wann warst du selbst stutenbissig?

Was dabei jedoch außer Acht gelassen wird, ist der Grund dafür, warum sich weibliche Tiere zusammenschließen und sich männliche Tiere deswegen eben oft allein oder in rein männlichen Gruppen organisieren. Weibliche Tiere gebären. Und gemeinsam ist die Chance des Überlebens in dieser Zeit höher als allein. Männliche Tiere müssen die Herde ab einem bestimmten Alter verlassen, da sie Unruhe hineinbringen. Es gibt nur einen »Leithengst«. Wer jetzt allerdings den Fehler macht und allzu menschlich denkt, dass dieser der Chef ist, der hat sich getäuscht. Der Leithengst ist derjenige, der am Ende der Herde für ihre Sicherheit verantwortlich ist. Er sorgt dafür, dass kein Tier zurückbleibt. Der Hengst verteidigt seine Herde mit seiner wohl stärksten Waffe, den Hufen. Es ist der risikoreichste Job in der Herde. Und im gewissen Sinne auch der, der die meiste Hingabe erfordert. Denn der Leithengst ist bereit, sein Leben für die Herde zu geben – mit der Position und dem Privileg kommt die

Verantwortung. Eine ganz andere Definition maskuliner Führung als die, die uns im Patriarchat verkauft wird.

Geführt und gemanagt hingegen wird die Herde von einer erfahreneren Leitstute am Beginn der Gruppe. Die Leitstute ist unter anderem für die Frühwarnung vor sich nähernden Raubtieren verantwortlich, sie wählt die Route, das Tempo und die Rastplätze der Herde. Und sie ist es, die darüber entscheidet, ob die Herde flieht oder nicht. Die Rolle der Leitstute erfordert ein hohes Maß an Aufmerksamkeit und ist mit viel Verantwortung verbunden. Ein Grund, weswegen sie meist von erfahrenen und dementsprechend auch älteren Stuten eingenommen wird. Innerhalb der Herde gibt es eine klare Ordnung, denn nur so ist das Überleben aller gesichert. Der Hengst hat also seine Existenzberechtigung in der Herde dadurch, dass er einen guten Job macht, und nicht, weil er der Chef ist. Und ja, es gibt auch Rangkämpfe und Auseinandersetzungen – zwischen Stuten und zwischen Hengsten. Denn jeder Junghengst wird versuchen, den Leithengst zu beerben, muss er doch sonst die Herde verlassen.

Allerdings geht nicht jede Stute in den Kampf. Pferde bilden Freundschaften und Abneigungen – und diese können ein Leben lang halten. Da wird dann auch schon mal zugebissen – obwohl viele der Bisse auch nur angedeutet werden oder in die Luft gehen. Eigentlich ganz natürlich. Dass wir allerdings dabei die Damen wieder mehr im Blick haben als die Herren, lässt sich darauf zurückführen, dass auch die indoeuropäischen Viehzüchter ihren Blick mehr auf den Stuten hatten, da diese mehr künftigen Privatbesitz garantierten als die Hengste. Dass man Frauen mit Pferden vergleicht, ist auf diese Zeit zurückzuführen, in der deutlich wurde, welchen Anteil Hengste an der Fortpflanzung und damit Vermehrung der Herde hatten. Daraus entstand die

Idee, dass mehr Frauen auch mehr direkte Nachkommen für den Mann bedeuteten und damit seine Macht sicherten.

Wenn wir nun Frauen als stutenbissig bezeichnen, dann verkennen wir, dass die Strukturen im Patriarchat gänzlich anders sind als in einer Pferdeherde. Dann ist das Konfliktverhalten von Männern der Bezugspunkt – also die soziale Norm, die als Grundlage dient. Und wieder orientieren wir uns am Mann. Denn während der Hengst in der Herde nichts zu melden hat, sondern einen riskanten Job macht – den Letzten beißen die Wölfe –, ist der Mann im Patriarchat der Machthaber und der Wolf, vor dem sich die Frauen in Acht nehmen müssen. Es gibt – anders als bei den Stuten – niemanden, der ihnen den Rücken freihält oder ihnen Deckung gibt. Wenn wir schon mit tierischen Metaphern agieren, dann auch richtig.

Was ebenso interessant ist: Männer gehen anscheinend in Konflikte, um zu erobern und zu herrschen, Frauen wird nachgesagt, dass sie es aus Neid oder Missgunst tun. Die Idee, dass eine Frau herrschen wollen würde, ist undenkbar. Denn Frauen wurden über die Jahrhunderte passive Attribute zugeschrieben, sie mussten liebreizend, gütig und verständnisvoll sein. Und ja, da ist sie wieder, die gezähmte Frau. Obendrauf wurden Frauen aus den matriarchalen gemeinschaftlich orientieren Zusammenhängen in patriarchale singulär fokussierte Strukturen gezwungen. Aus der Frauengemeinschaft mit gemeinsamer Fülle entstanden entweder erzwungene Frauengruppen (Harem und Co.) oder isolierte Frauen als Besitztum des Mannes. Die ursprüngliche Gemeinschaft, die uralte Sisterhood, hörte auf zu existieren. Und Frauen mussten sich anpassen.

Schauen wir uns die Ziegen an. Auch sie gehören zu den Tieren, die von den indoeuropäischen Hirten gehalten wurden. Und so wie den Ziegen eine gewisse Störrigkeit und Eigensinnigkeit nachgesagt wird, wurden diese auf Frauen und den Zickenkrieg übertragen. Wenn eine Frau zickt, bedeutet das, dass sie sich unangemessen verhält oder Schwierigkeiten macht – oftmals übrigens dem Mann oder den gesellschaftlichen Erwartungen gegenüber.

Der Zickenkrieg wird anders als die Stutenbissigkeit oft in den privaten Kontext und die Auseinandersetzung unter Frauen gepackt. Auch dabei zeigt sich: Frauen dürfen nicht konfliktfreudig sein und deutlich und laut für ihre Interessen einstehen. Wenn sie sich anderen Frauen gegenüber offensichtlich nicht freundlich, anmutig und gutmütig verhalten, wird gern vom Zickenkrieg gesprochen – eh komplizierte Frauen kriegen sich in die Haare, könnte man durch die patriarchale Brille betrachtet sagen. Denn die Ziege ist eigensinnig, sie hat noch ihren eigenen Sinn, und den kann man ihr schwer austreiben. Die Ziege ist störrisch, sie fügt sich nicht so gut wie die anderen domestizierten Tiere und macht ihr Ding. Deswegen wird eine Frau eben auch zur Zicke und nicht zur Stute, wenn es um das Durchsetzen ihrer Interessen geht.

Impuls
Wie fühlen sich die Antworten auf die Fragen des letzten Impulses jetzt an?
Wie empfindest du Stutenbissigkeit jetzt?
Und wie geht es dir mit »Zickigkeit«?

Wenn wir heutzutage von Stutenbissigkeit und Zickigkeit sprechen, dann ist es wichtig, Folgendes im Blick zu haben: Frauen hatten sehr lange nicht die Möglichkeit, ihren Frust und Ärger deutlich zu zeigen. Aufgrund dessen mussten sie andere Wege finden, sich zu behaupten – oft subtilere Arten der Durchsetzung. Wenn wir also heutzutage davon sprechen, dass Frauen eher so hintenherum agieren, dann liegt es eben auch daran, dass sie lange Zeit keine Chance hatten, einen offenen ehrlichen Kampf auszutragen.

Was wirklich passiert, wenn Frauen aufeinandertreffen

»Behind every great woman … is another great woman.«
Kate Hodges[39]

Wenn wir Stutenbissigkeit und Zickenkrieg genauer betrachten, dann stellen wir fest, dass ein Grundproblem die immer noch fehlende gesellschaftliche Akzeptanz von offenen Konflikten, Wettbewerb und Konkurrenz unter Frauen ist. Ein anderes ist die gleichzeitig strukturell erzwungene Konkurrenz und der Wettbewerb zwischen Frauen. Werfen wir einen weiten Blick zurück in die matriarchalen Gesellschaften, so gab es damals auch schon Konflikte und Auseinandersetzungen – beides ist absolut menschlich. Jedoch wurden diese nicht nach dem aktuellen toxisch männlichen Habitus ausgetragen, mit der Idee, dass es am Ende den einen dominierenden Herrscher geben muss, sondern es gab auch immer den Aspekt der Gemeinschaft, in der man lebte. Die heute breit akzeptierte Idee von Eigennutz und Dominanz existierte nicht in diesem Ausmaß. Wenn jemand die absolute Dominanz an sich reißen wollte, so schritt die Gemeinschaft ein. Da es keinen privaten Besitz gab und Monogamie als fixes Konzept nicht existierte, gab es auch die Art der Auseinandersetzungen, wie wir sie heute kennen, nicht. Die ist erst durch die patriarchalen gesellschaftlichen Strukturen entstanden, die den Besitz und die Macht auf wenige verteilten und alle anderen im Mangel ließen. Dies führte dazu, dass die Idee von Verdrängung und Konkurrenz-Ausschalten Einzug hielt. Hakte man sich im Matriarchat noch unter, schiebt man sich im Patriarchat mit dem Ellenbogen zur Seite.

Die feministische Psychologie weist daher zu Recht darauf hin, dass Rivalität unter Frauen und »Zickenkrieg« keine biologischen Phänomene sind, sondern hierbei soziale Mechanismen zum Tragen kommen. Denn Frauen werden immer noch in eine Gesellschaft hineingeboren, die zum größten Teil von Männern dominiert wird. Mussten sie nach außen lange Zeit liebreizend und stillschweigend die Zähne zusammenbeißen und lächeln, mussten sie sich gleichzeitig in den gesellschaftlichen Strukturen behaupten und ihre Stellung sichern – denn das Patriarchat zwang sie dazu. In einer Gesellschaft, die von Dominanz geprägt ist, überleben diejenigen, die sich anpassen und mitspielen. Und auch heutzutage kommen Frauen nicht umhin, sich auf die toxische männliche Perspektive einzulassen, wenn sie etwas erreichen möchten. Wir werden zu Einzelkämpferinnen.

Impuls

An welchen Stellen hast du selbst festgestellt, dass du lieber allein kämpfst, als im Team zu arbeiten?
Wann warst du allein erfolgreich? In welchen Bereichen? Und was waren die Parameter des Erfolgs?
Wann warst du in der Gruppe erfolgreich? In welchen Bereichen? Und was waren die Parameter des Erfolgs?

Da Frauen selten darin geschult werden, sich offensiv Konfliktsituationen zu stellen, sondern eher zu beschwichtigen, gehen sie eben auch nicht offensiv in Konflikte. Die Annahme, dass sich Konflikte deswegen eher hinterrücks abspielen würden, ist der Tatsache geschuldet, dass dies für so lange Zeit der einzige Weg für Frauen war zu agieren. Da ihnen kein öffentlicher Diskurs zugestanden wurde, wurde dieser oftmals auf der intimen, emotionalen und persönlichen Ebene gelebt. Man wählt die Mittel, die man hat und die einem zugestanden werden.

Man kann also davon sprechen, dass Männern eine Gerechtigkeitsmoral abverlangt wird, während für Frauen eine Fürsorgemoral gilt. Dass sie dabei jedoch auch für sich selbst sorgen, ist nicht mit eingeschlossen, während Männer im Namen welcher Gerechtigkeit auch immer so ziemlich alles dürfen. Diese Aufteilung führt übrigens auch dazu, dass nicht nur Frauen keinen offenen Konflikt mit anderen Frauen austragen, sondern dass auch Männer ungeschickt und ungeübt im offenen Konflikt mit Frauen sind. Das ist ein weiterer Grund, warum man von Stutenbissigkeit redet – der Mann zieht die Parallele zur Tierwelt, weil er sich mit den darunterliegenden strukturellen Themen nicht auseinandersetzen will. Da Frauenkonflikte tabuisiert werden und wir auf die Ursachen – die patriarchalen gesellschaftlichen Strukturen – nicht schauen wollen, ist es schwierig, eine konstruktive Praxis zu entwickeln. Was liegt also näher, als es als Stutenbissigkeit abzutun?

Denn machen wir uns nichts vor: Männer führen Kriege, schlagen sich die Köpfe ein und die Zähne aus, duellieren sich, sind brutal im Geschäftsgebaren und frei von jeder Moral bei der Durchsetzung von Eigeninteressen – und niemand sagt etwas oder wundert sich. Es ist gesellschaftlich anerkannt. Was eben auch viel über unsere Gesellschaft aussagt. Eine Frau versucht, ihre Position zu verteidigen oder zu sichern, und wird geächtet und als moralisch verwerflich geahndet. Männer haben Rechte, Frauen haben Verantwortung. Noch heute werden Frauen als legitime Konfliktpartei oft nicht akzeptiert. Diese fehlende Akzeptanz verhindert gleichzeitig eine Kooperation mit Frauen auf gleicher Ebene oder auf Führungsebene. Denn soziale Beziehungsgeflechte basieren in unserer Gesellschaftsform stets auf einer tunlichst funktionierenden Ausgewogenheit von Kooperation und Konkurrenz. Jedoch ist es so, dass bis heute im realen Alltag diese Ausgewogenheiten trotz aller Bemühungen und Ideale für Frauen und Männer sehr unterschiedlich sind. Als Folge dessen entsteht sowohl für Frauen als auch für Männer ein schwer zu lösender Zwiespalt im Umgang mit Frauen als macht vollen Akteurinnen, ob als Konkurrenz oder in Kooperation.

Impuls

Bist du konfliktfähig?
Traust du dich, für deine Bedürfnisse offen einzustehen?
Bewertest du Männer und Frauen, die für ihre Bedürfnisse einstehen, unterschiedlich?
An welchen Stellen hältst du dich beim Einstehen für deine Interessen zurück, weil du nicht als zickig gelten willst?

Mit dem Einzug des Patriarchats kam auch die Idee von »meine Frau« in die Welt, und aus der Sippe wurde nach und nach die Nuklearfamilie. Aus gemeinschaftlich wurde individuell. Und damit entstand auf einmal auch eine Konkurrenz zwischen Frauen. Frauen wurden kategorisiert und bewertet – äußere

Schönheit, Folgsamkeit und Gebärfähigkeit wurden zu Auswahlkriterien. Die durch das Patriarchat entstehende Abhängigkeit der Frau vom Mann führte dazu, dass auf einmal andere Frauen nicht mehr als Schwestern, sondern als Konkurrentinnen gesehen wurden. Denn auch hier setzte sich die Prämisse durch: »Es kann nur eine geben.«

Durch die Patrilokalität war die Frau immer wieder »die Andere«, durch die Bindung an Haus und Hof verringerte sich der Interaktionsradius. Neue Frauen wurden zu Eindringlingen und zur Bedrohung. Lange genug kennen wir es, dass ein Mann beschließt, sich eine jüngere Frau zu nehmen und die vorherige abzuservieren. Es kann passieren, dass die hübschere Frau die »bessere Partie« macht. Es kommt vor, dass die Tochter »aus gutem Stall« die besseren Karten hat. Man kann das nicht immer der Frau vorwerfen, denn entscheidend ist, was sie mit ihrem jeweiligen Privileg macht. Doch kurzum: Frauen wurden zu einer Bedrohung füreinander. Noch heute erzählen uns Geschichten davon, dass man auch der eigenen Schwester nicht trauen kann. Ob es Sissi ist, die ihrer Schwester Néné den Franzl ausspannt, oder die fiesen Stiefschwestern, die dem Aschenputtel das Leben zur Hölle machen. Das Patriarchat hatte seinen größten unsichtbaren Sieg in dem Moment eingefahren, als Frauen begannen, sich gegenseitig zu bekriegen und zu vernichten.

Dies ist das Erbe, an dem die meisten von uns zehren – dieses grundsätzliche Misstrauen gegenüber anderen Frauen. Doch dieses Erbe sagt nichts über unser eigentliches Verhalten als Frauen aus. Es zeigt nur, wie Frauen sich in dauerhaft lebensbedrohlichen und unterdrückenden Situationen verhalten. Worüber wir uns als Frauen immer wieder im Klaren sein dürfen, ist, dass andere Frauen grundsätzlich erst mal nicht unsere Feindinnen sind. Sondern dass wir in einem System leben, das für die Männer einen Kuchen bereithält, während Frauen sich die Krümel teilen müssen. Ja, es ist an vielen Stellen immer noch so, und wer das so gar nicht erlebt, der lebt in einer sehr privilegierten Blase oder im Paradies (und dann möchte ich bitte die Wegbeschreibung). Frauen stehen weniger Ressourcen zur Verfügung als Männern, sie bekommen immer noch weniger Gehalt und haben weniger Lebenszeit zur freien Verfügung. Es gibt weniger Positionen für sie in Führungskreisen, und es herrscht immer noch kein Frauenüberschuss in repräsentativen Positionen. Und nein, eine Kanzlerin macht da noch keine Zeitenwende. Wenn Frauen also anfangen, sich wegen vermeintlicher Nichtigkeiten »in die Haare« zu kriegen, dann sollten wir zunächst anerkennen, dass es oft um einen Kampf um Zugang zu Ressourcen oder Positionen geht und es eben tatsächlich nicht genug für alle gibt. Denn das ist nicht vorgesehen. Frauen kommen aus einem generellen Mangel und fehlender Sichtbarkeit. Reine Frauengruppen waren lange Zeit nicht gewollt, und wenn sie stattfanden, dann war es im häuslichen und damit im intimen Rahmen. Und all diese alten ahnengeprägten Muster werden angetriggert, wenn mehrere Frauen zusammenkommen.

Dazu kommt, dass wir ebenso wie Männer ziemlich lange darauf getrimmt wurden, männliche Autoritätspersonen zu akzeptieren und weibliche Führungsansprüche lächerlich oder verwerflich zu finden. Außerdem akzeptieren wir bis heute, wenn ein Mann jemandem das Messer in den Rücken rammt, doch wenn eine Frau auch nur die Nagelfeile zieht, gibt es einen Aufschrei. Stutenbissigkeit und Zickenkrieg sind also keine weiblichen Verhaltensweisen, sondern Verhaltensweisen, in die Frauen vom Patriarchat getrieben wurden.

Von der Stutenbissigkeit zum Schulterschluss

»Schwestern im Kampf, ich bin Schild und Klinge für euch. Solange ich atme, werden eure Feinde keine Zuflucht kennen. Solange ich lebe, ist eure Sache die meine.«

LEIGH BARDUGO[40]

Wie können wir nun aktiv dazu beitragen, dass wir zum einen selbst nicht aus Versehen wieder zubeißen und zum anderen in Frauengruppen keine Bissspuren davontragen? Indem wir uns daran erinnern, dass wir gemeinsam stärker sind als allein und uns an unsere gemeinsame Kraft erinnern. Denn nur solange wir das alte Spiel, in dem wir gegeneinander ausgespielt werden, mitmachen, so lange wird es auch sticheln und Messer im Rücken geben. Sobald wir jedoch erkennen, dass diese Situationen oft nur deswegen entstehen, weil das System uns dazu bringt, können wir bewusst austeilen, wenn wir das wollen. Und wir dürfen uns als Frauen erlauben, unseren Tanzbereich klar zu benennen und unsere Bedürfnisse klar zu positionieren.

Schauen wir kurz noch einmal zu den Pferden. Dort kommt es dann zur Stutenbissigkeit, wenn die Rangordnung nicht klar ist – also dann, wenn nicht klar ist, wer welche Aufgabe oder welchen Zuständigkeitsbereich hat oder wer mit wem verschwestert ist. Sobald dies klar ist, gibt es auch keine Stutenbissigkeit mehr. So gibt es im Herdenverhalten meist ohnehin nur in den unteren Rängen Kämpfe, die Führungspositionen sind in der freien Wildbahn eher seltener umkämpft. Es scheint, als ob der Respekt vor der Verantwortung in diesem Job viel zu groß ist. So passiert es auch immer wieder, dass sich Herden, die ihre Leitstute verloren haben, lieber einer anderen Herde anschließen, als eine neue

Leitstute zu wählen. Höhere Ränge bedeuten eben nicht Privileg, sondern Verantwortung. Unterliegt ein Pferd in einer Rangelei, heißt das, dass das andere zwar eher fressen darf, aber dann auch für die Sicherheit des unterlegenen Pferdes zuständig ist und ihm Orientierung bietet. Ein völlig anderes Grundkonzept als das, was uns im Umgang miteinander vermittelt wird. Der entscheidende Unterschied ist: Ein Pferd weiß, dass es allein nicht überleben kann.

Sind wir uns als Frauen also der alten ahnengeprägten Mechanismen bewusst, können wir auch proaktiv darangehen, sie zu ändern. Dazu gehört, dass ich andere Frauen wissen lasse, wenn ich etwas an ihnen schätze – und nicht in der Abwesenheit der Betroffenen über ihre Mängel spreche. Dazu gehört, dass ich offen für neue Beziehungen zu anderen Frauen bin und diese auch bewusst einlade – indem ich mit der neuen Kollegin Mittagessen gehe oder die Frauen, die ich beispielsweise im Unternehmen noch nicht kenne, versuche kennenzulernen. Es müssen nicht immer tiefe Freundschaften werden, doch wir dürfen uns die Chance geben, Dinge zu finden, die wir aneinander schätzen. Dazu gehört auch, dass ich offen und ehrlich in meiner Kommunikation bin und ganz bewusst aussteige, sobald ich merke, dass es ins Lästern rutscht. Wenn jemand über irgendetwas in Bezug auf jemand anderes spricht, könnte ich zum Beispiel fragen: »Wie würde es dir denn damit gehen?«, und damit das Gespräch wieder auf die Anwesenden lenken. Und was mir immer wieder besonders gut gefällt: offen über inspirierende Frauen zu sprechen, Frauen aktiv weiterzuempfehlen und miteinander zu vernetzen. Oder auch selbst Teil eines Frauennetzwerks zu werden. Dadurch zeige ich, wie wichtig mir die jeweils andere ist, dass ich gut über andere spreche und an die Kompetenz von Frauen glaube und sie weitergebe. Auf diese Weise kann ich selbst zu der Inspiration werden, die andere Frauen vielleicht gerade brauchen. Denn eine positive Einstellung anderen Frauen gegenüber ist die Grundlage für einen wertschätzenden Umgang. Und es gibt wahrlich keinen Grund und vor allem keine Entschuldigung dafür, wenn wir uns gegenseitig zurückhalten.

Ich höre immer wieder über Frauennetzwerke, dass sie oberflächlich wären oder irgendwie nicht so professionell. Dem möchte ich an dieser Stelle ein paar Anmerkungen widmen: Professionelle Frauennetzwerke sind nicht dazu da, Freundschaften zu schließen, sondern Frauen kennenzulernen, die man selbst interessant findet oder die uns interessant finden können. Es geht darum, sich als Frauen zusammenzuschließen, um sich gegenseitig empfehlen zu können – denn ich kann ja nur empfehlen, wen ich kenne. Wenn sich aus diesen Kontakten dann Beziehungen ergeben, ist das wunderbar, und wenn daraus sogar Freundschaften entstehen, umso besser. Ich habe einige meiner längsten Freundinnen durch Netzwerke kennengelernt. Doch für ein gutes Netzwerk sollte das nicht die Prämisse sein. Das, was manchmal als fehlende Professionalität abgetan wird, ist oftmals genau das, was Frauennetzwerke von Männerclubs unterscheidet. Oft wird eben auch die Atmosphäre mitgedacht, es wird dekoriert und für ein Rundum-Erlebnis gesorgt – mehr als ich es von gemischten Netzwerken her kenne oder von reinen Männernetzwerken gehört habe. Einige Männer waren in der Tat sogar ein wenig neidisch, wenn ich ihnen von den Frauennetzwerk-Events erzählte, auf denen ich war. Das, was gern als unprofessionelles Chichi abgetan wird, zeigt für mich einfach nur, dass Frauen gern einen Rahmen schaffen, in dem wir nicht nur professionell zusammenkommen, sondern uns auch wohlfühlen.

Das als unprofessionell abzutun, ist wohl eher missgünstig. Wir müssen uns als Frauen nicht an dem männlichen vermeintlichen Vorbild orientieren, sondern können unsere eigenen Werte leben. Und wenn dazu gehört, dass es allen gut geht und auch mal gelächelt werden darf, dann finde ich das in Ordnung.

So kultivieren wir eine neue – uralte – Art des Miteinander und schlagen dem System auch noch ein Schnippchen. Denn wenn wir zusammenhalten und füreinander einstehen, wenn wir Schulter an Schulter, Hüfte an Hüfte stehen, dann können wir spüren, wie sehr wir uns gegenseitig stützen können. Und das ist so viel angenehmer, als wenn wir andere zum Stürzen bringen, und es schafft Ressourcen für alle. Wenn wir als Frauen im kooperativen Kollektiv auftreten, dann können wir wirklich neue, eigene Räume einnehmen, in denen neue Verantwortungen übernommen und gemeinschaftliche Interessen durchgesetzt werden können. So sorgen wir gemeinsam für das, was die Welt wirklich verändert: einen Machtausgleich.

Göttinnen-Inspiration

Die Göttin Epona, die göttliche Stute, ist eine ursprünglich gallische Göttin, später die keltische Göttin der Fruchtbarkeit und die römische Göttin der Fortbewegung, sie ist die Beschützerin von Flora und Fauna und steht für Souveränität. Eponas Name leitet sich vom gallischen Wort *epos* ab, was »Pferd« bedeutet. In der Geschichte gab es viele Göttinnen, die Pferdegestalt annahmen oder von Pferden begleitet wurden. Dabei hatte die Färbung des Pferdes immer eine besondere Bedeutung. So erschien die keltische Göttin Ainé in der Gestalt der Lair Derg, der roten Stute, was ihren Aspekt als fruchtbare Sonnengöttin unterstrich. Der leuchtende Wagen der Mondgöttin Selene wird hingegen von zwei Schimmeln gezogen. In ganz Europa wurden in Ställen und Scheunen Abbildungen von Epona gefunden, und noch heute gibt es Schreine und heilige Plätze, die ihr gewidmet sind. So finden sich Reliefs in Hessen, Bayern und Baden-Württemberg und auch in »ihrer« Stadt Stuttgart – dem ehemaligen Stutengarten. Der Tag der Epona ist für einige bis heute der 18. Dezember. Epona steht für Geschwindigkeit, aber auch für Veränderung. Sie ist der Archetyp der wilden unabhängigen Frau, die mit Pferdestärken umzugehen weiß. Sie hilft uns bei Vorhaben, die große Kraft erfordern, und dabei, über mögliche Hindernisse zu springen.

Um dich mit Epona zu verbünden und sie um ihre souveräne Kraft zu bitten, hilft es natürlich, sich mit Pferden zu umgeben. Solltest du keine Pferde in deinem Umfeld haben, kannst du für dich eine Zeremonie gestalten, in der du Epona Rosen als Gabe bringst. Du kannst eine kleine Pferdefigur auf deinen Altar stellen oder eine Abbildung von einem Pferd. Bevor du deine Kerze entzündest, schreib dir die Hürden auf, über die Epona dir helfen darf, die Momente, in denen du dir Souveränität wünschst, anstatt wild um dich zu beißen, die Situationen, in denen sie dich unterstützen und nach vorn bringen darf. Formuliere sie klar und deutlich und begründe, warum jeder dieser Punkte relevant ist. Manchmal verändert sich dadurch unsere Wahrnehmung, und wir bekommen schon in diesem Moment Klarheit.

Wenn du deine Liste komplett hast, kannst du die Kerze entzünden und dich ganz bewusst mit Epona und der Energie der göttlichen Stute verbinden, wie auch immer du sie wahrnimmst. Du kannst sie anrufen und einladen: »Oh Epona, ich bitte dich, mich zu hören und einen Moment bei mir zu verweilen.« Dann kannst du sie wissen lassen, wofür du ihre Hilfe brauchst. Du kannst es laut oder leise aussprechen. Und dann spüre, was dahintersteht. Welche Qualitäten sind es, mit denen du diese Situationen meistern, diese Hürden überspringen könntest? Bitte um genau diese Qualitäten und Eigenschaften, spüre, wo sie sich in dir befinden, auch wenn du sie bisher vielleicht nicht bewusst hattest. Und gib ihnen Raum. Souveränität, Kraft, Klarheit, Unabhängigkeit, innere Weisheit, Instinkt, Intuition – was auch immer es ist, all diese Eigenschaften, die mit der göttlichen Stute, der Leitstute in Verbindung gebracht werden.

Wenn du magst, schließ deine Augen und stell dir vor, wie Epona sie mit ihrem Füllhorn über dir ausschüttet und dich damit auffüllt. Spüre die Aktivierung in deinem Körper. Erlaube dir, mit den wilden Pferden zu laufen, die Freiheit zu erinnern, die Weite zu erleben. Erlaube dir, dich an die Kraft der Herde zu erinnern, die Gemeinschaft zu spüren, die Verbundenheit zu erleben. Wann immer du bereit bist, bitte um eine abschließende Botschaft – vielleicht ist es ein Bild oder ein Wort. Dann bedanke dich und öffne deine Augen. Schreib dir gern auf, was sich gezeigt hat und wie du die Qualitäten verkörpern kannst. Notiere dir, wie diese Qualitäten dein Handeln verändern können. Zum Abschluss bedanke dich noch einmal und lösch die Kerze.

Frauen und Führung

Es gibt eine Legende, die sich beharrlich hält: dass Frauen die schwierigeren Chefinnen wären. Dass Frauen als Führungskraft kompliziert oder unfairer wären. Das Interessante daran ist jedoch, dass Studien zeigen, dass die Erwartungen an Chefinnen auch heutzutage oft noch anders sind als an männliche Chefs – wir befinden uns weiterhin im alten Denkmuster. So wird bei Chefinnen erwartet, dass die Aufstiegschancen unter ihnen größer sind und dass sie sich mehr an den Vorstellungen und Bedürfnissen ihrer Mitarbeiterinnen und Mitarbeiter im Hinblick auf Arbeitszeiten und Arbeitsbedingungen orientieren. In einer Studie von Benjamin Artz und Sarinda Taengnoi wurde deutlich, dass das Wohlbefinden von weiblichen Mitarbeitenden absinkt, wenn Chefinnen die Erwartungen nicht erfüllen. Es wird an vielen Stellen also ein anderer Anspruch an Führung von Frauen gestellt. Oft ein stärker beziehungsorientierter – so wie wir es auch allgemein von Frauen erwarten. Wenn Frauen diesem uralten Rollenklischee nicht entsprechen, dann macht sich Enttäuschung breit. Das Ganze spielt sich auf der emotionalen Ebene und nicht auf der professionellen Ebene ab.

Ist es falsch, einen anderen Führungsstil zu verlangen? Überhaupt nicht, auch ich glaube, dass Führung deutlich anders funktionieren kann als das, was wir in den letzten tausend Jahren gesehen haben. Doch müssen wir dazu auch immer die Strukturen, in denen Führung stattfindet, im Blick haben. Wir dürfen uns von der »Mutti«-Erwartungshaltung an Frauen lösen – ein Phänomen, das wir ja bei Angela Merkel beobachten, die ganz flott zu »Angie« und zu »Mutti« der Nation wurde. Eigentlich wollen wir die Frau als Kümmererin und Umsorgende und nicht als knallharte Führungskraft. Solange wir Frauen in diese Rolle drängen, bleiben wir in alten Mustern hängen, und es stellt sich die Frage, ob wir jemals herausfinden werden, wie weibliche Führung wirklich aussehen kann – unabhängig von den Erwartungen und patriarchalen Strukturen.

Die Bienenkönigin

»Hören Sie auf die Bienen und lassen Sie sich von ihnen leiten.«
BRUDER ADAM[41]

Ein Phänomen, das im Hinblick auf Frauen in Führung immer wieder zur Sprache kommt, ist das Bienenköniginnen-Syndrom. Dabei möchte ich direkt vorwegnehmen, dass es allein schon dafür sorgt, dass man sich unter dem Brennglas befindet, wenn man als Frau in einer Führungsposition ist. Verhaltensweisen, die bei Männern einfach hingenommen werden und nicht der Rede wert sind, werden bei Frauen aufs Tablett gelegt und seziert. Das Bienenköniginnen-Syndrom nun beschreibt eine Reaktion von Frauen in einem männerdominierten Arbeitsumfeld. Dabei geht es konkret um das Verhalten einer Frau, die umgeben ist von Männern, in diesem Umfeld nach individuellem Erfolg strebt und diesen über den der Frauen als solches stellt. Ihr persönlicher Erfolg ist ihr also wichtiger als der von allen Frauen. Kurz mal innehalten: Einem Mann würde man so ein Verhalten gar nicht vorwerfen, es gehört zur sozial akzeptierten Norm.

Das Besondere beim Bienenköniginnen-Syndrom ist, dass der individuelle Erfolg der Bienenkönigin durch die Distanzierung von anderen Frauen erfolgt. Sei es durch die bewusste

Abschottung in einer Gruppe Gleichgestellter oder durch das Verhindern von weiblichem Nachwuchs. Allerdings braucht es noch etwas mehr, damit wir wirklich vom Bienenköniginnen-Syndrom sprechen können. Die Frau muss zur Abgrenzung auch noch vermeintlich männliche Eigenschaften wie Wettbewerbsfähigkeit und Durchsetzungsvermögen an den Tag legen und die Existenz eines Gender-Pay-Gap – also die Unterschiede in der Bezahlung – leugnen.

Das Bienenköniginnen-Syndrom wurde in einer Studie von G. Staines, C. Tavris und T. E. Jayaratne aus dem Jahr 1973 beschrieben. In dieser Studie ging es um Meinungen von Frauen zu traditionellen Geschlechterrollen und was sie von Änderungen der Rollen hielten. Dabei fassten die Forscher das Festhalten der Befragten an traditionellen Geschlechterrollen als »Queen-Bee-Syndrom« auf. Das Bienenköniginnen-Syndrom ist mittlerweile definiert als eine Situation, in der hochrangige Frauen in Führungspositionen die Frauen, die unter ihnen arbeiten, kritischer behandeln als ihre männlichen Kollegen. Nach mehreren Studien zu diesem Thema fasste ein Artikel des »Wall Street Journal« es wie folgt zusammen: Das Bienenköniginnen-Syndrom beschreibt, dass »Frauen, die in männerdominierten Umgebungen Erfolg hatten, sich zeitweise dem Aufstieg anderer Frauen widersetzten. Dies geschah, so argumentierten [die Forscher], größtenteils, weil die patriarchale Arbeitskultur die wenigen Frauen, die an die Spitze aufstiegen, dazu ermutigte, ihre Autorität mit einer regelrechten Besessenheit zu erhalten.«[42]

Das Interessante daran finde ich, dass es immer wieder neue Spielarten des Bienenköniginnen-Syndroms zu geben scheint. Für mich steckt im Kern dahinter, dass Frauen zum einen gezwungen sind, sich an patriarchale Machtstrukturen anzupassen, wenn sie selbst Macht erhalten wollen. Und dass andere Frauen davon enttäuscht sind zu sehen, dass Frauen sich »wie Männer« verhalten und nicht solidarisch mit ihnen sind. In einer Studie aus den Niederlanden kam man zu der Schlussfolgerung, dass Frauen, die besonders anfällig für das Bienenköniginnen-Syndrom sind, bei ihrem Aufstieg selbst erhebliche Diskriminierung erfahren hatten – sie wiederholten quasi ihr eigenes Trauma.

Impuls

Kennst du Bienenköniginnen oder bist du selbst eine?
Wie hat sich die Person verhalten?
Was würde sich ändern, wenn du wüsstest, dass ihr Verhalten geechotes Trauma wäre?

Naomi Ellemers, Professorin an der Universität Utrecht, sagt dazu, dass das Bienenköniginnen-Syndrom ein wenig hilfreiches Etikett sei, weil der Begriff suggeriere, dass Frauen das Problem seien. Denn es ist nicht so, dass Frauen andere Frauen behindern und Männer nichts dagegen tun können. Das Bienenköniginnenverhalten ist aus ihrer Perspektive eine Reaktion auf Sexismus, bei dem einige Frauen versuchen, sich von anderen abzuheben. Frauen wird beigebracht, dass man männliche Eigenschaften annehmen muss, um in der Organisation erfolgreich zu sein, so Ellemers. Und so bewältigen sie die geschlechtsspezifischen Vorurteile, indem sie zeigen, dass sie anders sind als andere Frauen.[43] Auch Sheryl Sandberg analysiert das Phänomen zu Lasten der Strukturen. So schreibt sie in ihrem internationalen Bestseller *Lean In*, dass Frauen diskriminierende kulturelle Einstellungen oft verinnerlichen, ohne es zu merken, und sie dann wie ein Echo zurückwerfen.[44]

Und das Bienenköniginnen-Syndrom wankt weiter – die Credit Suisse hat es in einer groß angelegten Studie aus dem Jahr 2016 quasi entthront. Die Forscher untersuchten 3400 der größten Unternehmen weltweit. Dabei fanden sie heraus, dass die Wahrscheinlichkeit, einen weiblichen CFO zu haben, bei weiblichen CEOs um 50 Prozent höher liegt als bei ihrer männlichen Vergleichsgruppe. Mit einer 55 Prozent höheren Wahrscheinlichkeit leiten unter ihrer Führung Frauen Geschäftseinheiten. »Weibliche CEOs sind sehr viel offener und effektiver, wenn es darum geht, weibliche Führungskräfte durch die Karriere-Pipeline zu schleusen«, schreiben die Verfasser der Studie.[45] Das widerspricht eindeutig dem, was das Bienenköniginnen-Syndrom vermuten lässt.

»Die Studie stellt ernsthaft infrage, ob das Bienenköniginnen-Syndrom so allgemeingültig ist, wie man einst annahm. Sie beleuchtet aber auch die ständigen Herausforderungen für Unternehmen, die mehr Frauen in die Führungsebene aufnehmen wollen. Frauen fördern möglicherweise eher andere Frauen, aber noch immer stellen sie nur 3,9 Prozent der CEOs in der Umfragegruppe des Instituts dar. Das bedeutet, dass Frauen, die in Führungsebenen aufsteigen wollen, dies in den allermeisten Fällen mit der Zustimmung männlicher Vorgesetzter tun müssen, die wiederum deutlich weniger dazu neigen, sie zu befördern. Zudem scheint es, dass die Integration von mehr Frauen in Vorstandsetagen in den letzten Jahren nicht zu mehr Frauen in Managementfunktionen geführt hat.«[46] Laut der BBC weist Brenda Trenowden, Leiterin der Abteilung für Finanzinstitute in Europa bei der ANZ-Bank und globale Vorsitzende des 30-Prozent-Clubs, einer Kampagne zur Erhöhung des Frauenanteils in Aufsichtsräten auf der ganzen Welt, das Bienenköniginnen-Syndrom komplett zurück. Sie sagt, dass das Ganze ein großes

Ablenkungsmanöver sei. Männerdominierte Unternehmen, sagt sie, müssten die Führungseigenschaften erkennen, die Frauen mitbringen können, wie Zusammenarbeit und Einfühlungsvermögen. Doch die Kultur ändere sich nur langsam.[47]

Und das führt uns zum nächsten Punkt: 2004 wurden in einer Studie die Mitglieder einer Universitätsfakultät gebeten, das Engagement der Doktorandinnen und Doktoranden in ihrer Abteilung zu bewerten. Wieder zeigte sich: Die männlichen Fakultätsmitglieder sahen das Engagement von weiblichen und männlichen Promovierenden als gleichwertig an, die weiblichen bewerteten die weiblichen als weniger engagiert. Die Studie wurde 2020 wiederholt, und die Ergebnisse, die im British Journal of Social Psychology veröffentlicht wurden, zeigten erneut, dass weibliche Professorinnen auf höherer Ebene glauben, dass ihre weiblichen Doktorandinnen weniger engagiert sind als ihre männlichen Kollegen.[48] Auf den ersten Blick könnte man denken: Aha, die Bienenköniginnen. Doch jetzt wird es interessant, denn: Die bewertenden Dozentinnen beschrieben sich selber als extrem maskulin. Schaut man jedoch auf Frauen, die erst am Anfang ihrer Karriere stehen, lässt sich feststellen, dass diese sich als weniger maskulin beschreiben. Daraus lässt sich schließen, dass Frauen in klassischen Führungspositionen in männerdominierten Arbeitsumfeldern gelernt haben, dass für Führung auf höherer Ebene Männlichkeit und beruflicher Erfolg synonym sind. Um also selbst in diese Ebenen vordringen zu können, tun sie – bewusst oder unbewusst – das einzig Logische: Sie eignen sich maskuline Eigenschaften an beziehungsweise präsentieren sich maskulin. Dies bestätigt ebenfalls, dass das Bienenköniginnen-Phänomen keine Ursache, sondern allenfalls eine Folge der Geschlechterdiskriminierung ist.

Was uns zum Anfang zurückbringt. Wieso eigentlich Bienenkönigin? Es macht keinen Sinn. Denn: Die Bienenkönigin ist diejenige, die alle gebiert. Aus ihren unbefruchteten Eiern werden Drohnen, aus ihren befruchteten Arbeiterbienen oder neue Königinnen. Denn ja, die Biene kann sich unbefruchtet fortpflanzen, man nennt es Jungfernzeugung – Mutter Maria lässt grüßen! Die Drohnen dienen einzig der Befruchtung der jungen Königinnen und sterben danach. Neben den Drohnen gebiert die Königin auch junge Königinnen, die sich dann mit den Drohnen paaren und einen neuen Bienenstock gründen. Die Hauptaufgabe der Königin ist die Eiablage. Sie kann bis zu zweitausend Eier pro Tag legen. Die Bienenkönigin wird nicht älter als fünf Jahre, oft wird sie schon zuvor durch eine neue Königin ersetzt – es ist ein Knochenjob. Nicht das, was wir uns unter einer Königin vorstellen. Doch das Entscheidende ist: Die Bienenkönigin produziert junge Königinnen, da sich ein Bienenvolk in der Schwarmzeit teilt. Die Hälfte der Bienen fliegt zusammen mit der alten Königin als Schwarm an einen neuen Ort, wo sie ein neues Bienenvolk gründen. Die Bienenkönigin verhindert also keine neuen »Führungspersönlichkeiten«, sondern überlässt ihnen sogar einen Teil ihres Volkes. Und so entstehen aus ihr über die Jahre viele weitere Bienenvölker.

Übertragen wir das nun auf die Arbeitswelt, entsteht ein anderes Bild: Wir haben schon gesehen, dass Frauen Frauen fördern. Es ist deutlich geworden, dass diskriminierendes Verhalten erlernt und quasi epigenetisch weitergegeben wurde. Wenn jedoch immer noch das Gefühl herrscht, dass Frauen Chancen blockieren, so ist auch hier ein Blick lohnend. Je mehr Frauen in einem Unternehmen arbeiten, desto mehr Frauen kommen für eine Beförderung infrage. Es gibt einfach mehr qualifizierte Frauen, doch nicht all diese Frauen können befördert werden. Wenn wir dann wieder auf das Bienenköniginnen-Syndrom zurückgreifen, dann verhalten wir uns selbst nicht fair der Führungsfrau gegenüber – in der Hoffnung, irgendwann ihre Position einnehmen zu können. Selbst Carol Travis, die den Begriff in der Originalstudie geprägt hat, sagt mittlerweile, dass sie es bedauere, einem so komplexen Verhaltensmuster einen so eingängigen Namen gegeben zu haben. Daher wird in der Forschung heute eher von »Selbstgruppendistanzierung« gesprochen.[49] Das, finde ich, hört sich doch schon ganz anders und vor allem auch geschlechtsneutraler an. Und auch wenn einige es nicht wahrhaben wollen: Das Phänomen gibt es auch bei Männern. Es wurde halt noch nicht weiter untersucht, weil man es ihnen zugesteht.

Führung mitgestalten

Wie in diesem Buch schon oft deutlich wurde, haben Frauen über die Jahrtausende immer wieder erfahren, dass es effektiv ist, mit Männern Allianzen zu bilden oder sich mit ihnen zu verbünden, denn Männer hatten die Macht und konnten Einfluss nehmen. Das bedeutet nicht, dass Frauen sich nicht mit anderen Frauen zusammentun wollten. Doch wenn es darum ging, Ziele zu erreichen, saßen die Männer effektiv am längeren Hebel. Das allerdings bedeutet eben auch, dass Frauen einen geringeren Wert hatten als Männer. Und damit auch, dass die Einzelne sich jeweils als weniger wertvoll als der Mann erachtete. Sie betrachtete sich gewissermaßen aus der männlichen Perspektive, die Frauen abwertete. Und für viele Frauen wurde die männliche Geringschätzung der Frau ein Teil ihres Selbstbildes. Und das ist

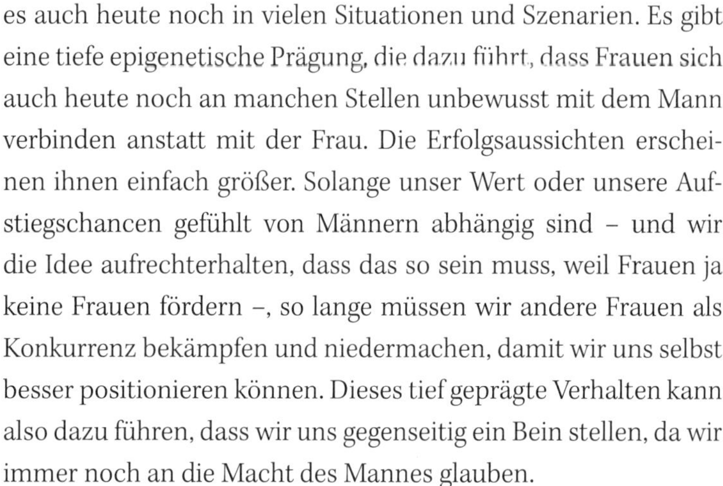

es auch heute noch in vielen Situationen und Szenarien. Es gibt eine tiefe epigenetische Prägung, die dazu führt, dass Frauen sich auch heute noch an manchen Stellen unbewusst mit dem Mann verbinden anstatt mit der Frau. Die Erfolgsaussichten erscheinen ihnen einfach größer. Solange unser Wert oder unsere Aufstiegschancen gefühlt von Männern abhängig sind – und wir die Idee aufrechterhalten, dass das so sein muss, weil Frauen ja keine Frauen fördern –, so lange müssen wir andere Frauen als Konkurrenz bekämpfen und niedermachen, damit wir uns selbst besser positionieren können. Dieses tief geprägte Verhalten kann also dazu führen, dass wir uns gegenseitig ein Bein stellen, da wir immer noch an die Macht des Mannes glauben.

Solange wir das jedoch tun, werden wir als Frauen nicht weiterkommen. Nur gemeinsam werden wir dieses System und die Strukturen darin verändern. Und ja, manchmal gehört auch etwas Mut dazu. Vor allem aber die Bereitschaft, auf andere Frauen zuzugehen und uns mit ihnen zu verbünden. Wenn uns eine andere Frau mit ihrem Verhalten triggert, dann lohnt es sich, zunächst den Blick auf uns selbst zu richten, bevor wir sie richten. Dabei kann es helfen, sich zu fragen: »Was bekämpfe ich da in Wirklichkeit?«

Impuls

Was bekämpfst du in Wirklichkeit?

Welcher Teil in dir wird aktiviert, wenn du eine andere Frau richten willst?

Worum geht es eigentlich? Konkret: Was kannst du an dir nicht leiden (der Mangel), oder was erlaubst du dir selbst nicht (die Entsagung)?

Wenn wir damit den Spieß umdrehen, dann sind die Frauen, die uns triggern, keine Gefahr mehr, sondern eine wichtige und wertvolle Informationsquelle über das, was wir über uns selbst lernen dürfen und wo wir bei uns genauer hingucken dürfen. Ich habe für mich erfahren, dass es unheimlich erhellend war, mich immer wieder mit Frauen zu beschäftigen, die bestimmte Reaktionen von Missgunst und Neid in mir auslösten. Zum einen, weil ich immer neu hineinspüren konnte, was bei mir wirklich los ist. Und zum anderen, weil ich auf einmal den Menschen und nicht die Projektionsfläche vor mir hatte und aus diesen Begegnungen durchaus tolle Beziehungen geworden sind.

Wenn wir Frauen zusammenstehen, dann ist genug für alle da. Vor allem, wenn wir uns von der patriarchalen kapitalistischen Mär des ewigen »Mehr-haben-Müssen« beziehungsweise »Alles-haben-Müssen« verabschieden. Wenn uns schon höhere Teamfähigkeit nachgesagt wird, dann könnten wir sie doch mal so richtig unter Beweis stellen. Ein Beispiel dafür ist das Buch *Team F* der Hamburger Journalistinnen Wiebke Harms, Julia Möhn und Liske Jaax. In dem Buch stellen sie zwölf Impulse vor, mit denen Frauen sich in ihrem Alltag gegenseitig unterstützen und stärken können: zum Beispiel durch radikale Ehrlichkeit – auch sich selbst gegenüber – und das Schaffen eines Sicherheitsnetzes. Denn Solidarität, Gemeinschaft und Zusammenhalt lebt und erlebt man am besten täglich.

Und so können wir auch beim Thema Frauen in Führung mit vielen kleinen Schritten aktiv werden. Indem wir die Leistung anderer Frauen anerkennen und das auch äußern. Indem wir Frauen empfehlen, wenn es um die Vergabe von Projekten oder die Besetzung von Stellen geht – dabei kann eine Liste helfen, die man immer parat hat. Indem wir Frauen in Führungspositionen erlauben, menschlich zu sein, und bereit sind, uns auch von ihrem Führungsstil überraschen zu lassen. Und indem wir nicht mehr darauf warten, auch im Beruf ausgewählt zu werden – es gibt keinen Prinz Charming im Job –, sondern uns als die Expertinnen präsentieren, die wir sind. Und damit auch anderen die Chance geben, es zu erkennen.

Deswegen sind Frauennetzwerke so eklatant wichtig. Deswegen ist es wichtig, sich mit anderen Frauen auszutauschen. Nicht nur damit wir andere Frauen kennenlernen, sondern damit diese Frauen auch uns kennenlernen können. Und sich im richtigen Moment an uns erinnern. Ich selbst empfehle schon seit Jahren nur Frauen und nicht-männliche Menschen weiter, und zwar ganz bewusst. Na klar gibt es sicherlich auch Männer, die den Job gut machen können, doch ich habe mich entschieden, bewusst meinen Anteil daran zu haben, die Gesellschaft zu verändern. Und nein, das ist keine Diskriminierung Männern gegenüber, sondern ein aktives Fördern von weiblicher, nicht-binärer und nicht-männlicher Expertise – denn davon hat die Welt noch lange nicht genug.

Göttinnen-Inspiration

Überall in Europa gab es Bienentempel, Bienenkulte und Bienengöttinnen. Austėja ist die alte baltische Bienengöttin, Beschützerin der Bienen und der Blüten, aus denen sie Honig und Material für ihre Waben sammeln. Sie wurde bis ins 16. Jahrhundert aktiv verehrt – es dauerte, bis das Christentum das Baltikum vollkommen erreichte – und wird gleichzeitig als Biene und Frau verkörpert. Ihr Name kommt von den Wörtern *audėja* (»Weberin«) und *austi* (»weben«), denn so wie die Spinnen ihre Netze weben, weben Bienen ihre Waben. In Litauen war Austėja sehr präsent, und die Menschen verehrten die Biene ebenso sehr wie die Göttin. Die Bäume und Gruben, in denen sich die Bienen niederließen, waren heilig, und fand man eine tote Biene, so begrub man sie. Austėja ist quasi die ultimative Bienenkönigin, doch sie sorgt sich auch um die Menschen, fördert und schützt Fülle, Fruchtbarkeit und Wachstum. Besonderen Schutz bietet sie Bräuten, schwangeren Frauen und Imkern. Honig hatte einen so hohen spirituellen Wert und galt als heiliges Geschenk, dass es verboten war, ihn zu kaufen oder zu verkaufen.

In Litauen ist die Honigbiene bis heute ein Symbol der Freundschaft: Eine Möglichkeit, jemanden auf Litauisch als Freund zu bezeichnen, ist *bičiulis*, was sich von »Biene«, *bitė*, ableitet. So kann uns Austėja dabei unterstützen, Verbindungen zu weben, Freundschaften zu spinnen und Beziehungen zu knüpfen.

Um uns zeremoniell mit dieser Göttin zu verbinden, hilft es, dich mit dem Gold des Honigs zu umgeben oder Bienen in der Nähe zu haben beziehungsweise ein Abbild einer Biene. Austėja freut sich über Honig oder Met als Gabe, und du kannst für diese Zeremonie eine Bienenwachskerze entzünden. Welche freundschaftliche Beziehung möchtest du nähren, welches Netzwerk möchtest du stärken, welcher Gruppe möchtest du angehören? All dies sind Anliegen für Austėja. Nachdem du die Kerze angezündet hast, kannst du ihr deine Wünsche vortragen. Und du kannst sie fragen: »Was kann ich tun, um mehr Freundschaft und Verbindung in mein Leben zu holen?« Die Antworten kannst du dir notieren oder sie malen oder einfach nur hineinspüren, was sie dir zu sagen hat. Lass dich auf eine innere Reise zu den Bienen ein, wie sie gemeinsam ein Volk sind, in dem jede ihre Aufgabe hat, während sie gemeinsam Großartiges vollbringen. Wie kannst du das für dich im Alltag umsetzen?

Hast du deine Inspirationen bekommen, bedanke dich bei Austėja. Wenn du willst, kannst du die Kerze löschen und sie jeden Tag aufs Neue als Symbol der Verbundenheit der Frauen entzünden. Oder während eines Zoom-Calls, in dem viele Frauen sind, um die Energie von Austėja bewusst einzuladen.

Bienen sind unsere Lebensspenderinnen – ohne sie würden wir nicht existieren können. Ein wunderbar einfacher Weg, ihnen etwas zurückzugeben, ist, für Bienenprojekte zu spenden und auf dem eigenen Balkon oder im eigenen Garten bienenfreundliche Blumen zu pflanzen. Es ist nicht nur eine Wohltat für die Bienen, sondern auch eine Gabe an Austėja – und sie wird es dir danken.

Männliche Mittelmäßigkeit als Maß

Es gibt ein Phänomen, das wohl schon die meisten Frauen erfahren haben, ich nenne es gern »männliche Mittelmäßigkeit als Maß«. Mittelmäßige Männer kommen oft in Spitzenpositionen, brillante Frauen jedoch bleiben hingegen maximal bei der Mitte hängen. Und das liegt nicht daran, dass sie es nicht draufhaben. Neben vielen anderen strukturellen Themen – die zum Teil auch schon in diesem Buch angerissen wurden – liegt es vor allem daran, dass man es den Frauen irgendwie nicht zutraut. Also, dass weibliche Brillanz nicht mitgedacht wird, denn Männer sind doch genial.

Darum passiert es nicht nur, dass Männer die gleichen Dinge sagen wie Frauen und dafür gelobt werden, sondern dass auch Frauen selbst unbewusst Männern mehr Raum geben und mehr Autorität beimessen – epigenetische Prägung und gesellschaftliche Gehirnwäsche leisten hier ganze Arbeit. Wie kommen wir nun aus der Sache raus?

Der Mann als Zentrum der Welt

Es gibt viele erfolgreich zusammenarbeitende Frauen, die wertschätzend und schwesterlich miteinander umgehen. Es gibt viele liebevoll verbundene Frauengruppen im privaten Bereich, in denen offen und ehrlich miteinander umgegangen wird und man sich gegenseitig wertschätzt. Es gibt viele Frauengruppen im spirituellen Bereich, die wunderbar funktionieren, in denen sich die Frauen zeigen und gegenseitig auf ihrem Weg unterstützen. Kurzum: Es gibt viele wunderbare Frauengruppen. Vor allem in Räumen, die exklusiv für Frauen sind.

Doch egal, wie verbunden diese Frauen miteinander sind – es gibt immer wieder ein Phänomen, das ich übrigens auch schon an mir selbst beobachtet habe: Ein Mann betritt den Raum, und alles wird anders. Die Energie verändert sich. Der Fokus geht von der Gruppe auf den Mann. Dies trifft nicht auf jede Frau zu, doch es reicht schon, dass es einigen in der Gruppe passiert. Denn in dem Moment ist der Mann relevanter als die Frauen.

Ein paar Beispiele: In einem Meeting in einem Verlag sitzen Frauen beieinander und besprechen die Strategie für das kommende Programm. Alles scheint ziemlich klar, und dann betritt ein Mann den Raum – nicht »ranghöher« als die Frauen. Auch wenn vorher ziemliche Klarheit geherrscht hat, schafft es der Mann – der auch kein Experte ist – doch mit ein paar Sätzen, Unsicherheit aufseiten der Frauen zu kreieren und Zweifel an der Strategie zu säen. Oder: Eine Frauengruppe trifft sich in einem Yogastudio zum Women Circle. Die Frauen sitzen nach intensiven drei Stunden noch locker im Kreis, als gegen Ende der gemeinsamen Zeit – aber bevor die offizielle Raumbuchung beendet ist – ein Mann den Raum betritt. Die gemeinsam aufgebaute Energie zerfasert sofort, eine Frau richtet sich direkt auf, eine andere zieht den Bauch ein, eine dritte zieht ihr Tuch über ihre Schultern. Die Atmosphäre ist gekippt. Oder: Eine Frau hat ihre Freundinnen zu sich nach Hause in den Garten eingeladen – alle sind gern gekommen und sitzen am voll gedeckten Tisch in Unterhaltungen vertieft. Bis zu dem Moment, wo der Gärtner vorbeikommt, um die Hecke zu stutzen und neue Blumen am Ende des Gartens zu pflanzen. Auch wenn er außer Hörweite ist, verändern sich die Gespräche, und die Körperhaltung einiger Frauen passt sich der veränderten Situation an. Dies sind nur einige Beispiele – ich habe alle auf die ein oder andere Weise erlebt. Ich war die Frau, die genervt war von dem Mann; ich war die Frau, die sofort auf die Anwesenheit des Mannes mit einer Veränderung meiner Körperhaltung reagiert hat; ich war die Frau, deren Fokus zum Mann abschweifte, anstatt bei den Freundinnen zu bleiben. Und ich fragte mich, wieso mir das als Feministin passieren konnte. Denn eines war klar: Ich hatte kein wirkliches Interesse daran, irgendeine Beziehung zu diesen Männern aufzubauen.

Impuls

Kennst du Situationen, in denen du dein Verhalten veränderst, sobald ein Mann auftaucht?
Wann hast du das Verhalten bei anderen Frauen beobachtet?
Welcher Moment von »Männerzentrierung« hat dich sprachlos zurückgelassen?

Was in jeder der Situationen passierte, ist, dass uralte Prägungen und erlernte patriarchale Gedankenmuster aktiviert wurden. Ich nenne es »erlernte Männerzentrierung«. Denn bis vor nicht allzu langer Zeit war der Mann der Mittelpunkt des Geschehens, alles andere hatte sich seiner Idee von der Welt, seinem Wohlbefinden und seinen Bedürfnissen unterzuordnen. Und wenn wir ehrlich sind, ist es an vielen Stellen immer noch so, denn unsere ganze Gesellschaft ist auf Männerzentrierung aufgebaut. Alle anderen sind nur Nebenfiguren, die dem Mann zuarbeiten oder ihm zur Verfügung stehen. Das hört sich erst mal krass an, doch in vielen Bereichen haben sich die Muster eben noch nicht so wirklich geändert. Und: Auch die Frau des zentralen Mannes kann davon profitieren. Denn im Zweifel kann sie sich auf ihn berufen.

Was passiert nun in den Frauengruppen? Solange kein Mann da ist, ist die Frau das Maß der Dinge. Sobald ein Mann den Raum betritt, müssen die Frauen bewusst entscheiden, dass dies auch weiterhin gilt, oder sie werden – wie in meinem Fall und dem vieler anderer Frauen – Opfer ihres ahnengeprägten Verhaltes und machen den Mann zum Maß der Dinge.

Denn im Patriarchat ist der Mann eben genau das: der Maßstab, an dem alles gemessen wird. Männer haben die Macht und das Sagen, und damit gehört ihnen die Aufmerksamkeit –

gewollt oder gezwungenermaßen. In den letzten Jahrtausenden haben sie das notfalls mit Gewalt durchgesetzt. Männer sind im Patriarchat diejenigen, die Zugang zu ökonomischen Mitteln und vermeintlicher Sicherheit haben – also gehört ihnen unsere Aufmerksamkeit. Das Wort des Mannes hat Gewicht, das der Frau nicht. Denn am Anfang war das Wort, und es wurde gesprochen vom monotheistischen maskulinen Gott.

Lange Zeiten waren Zusammenkünfte von Frauen verboten oder nicht gern gesehen – schon gar nicht in Räumen, zu denen Männer keinen Zugang hatten. Bis vor noch gar nicht allzu langer Zeit wurden Ideen von Frauen im beruflichen Kontext zwar angehört, aber nicht ernst genommen, der Chef war immer ein Mann und hatte das letzte Wort. Und es ist auch noch nicht so lange her, dass Frauen eingebläut wurde, immer freundlich und für Männer verfügbar zu sein.

Ja, wenn ich fünfhundert Jahre früher geboren wäre, hätte mein Verhalten Sinn gemacht, so traurig das auch ist. Doch ich war erschrocken darüber, wie diese alten Muster auch heute noch aktiviert wurden – und das bei Männern, die mir weder ökonomische Sicherheit geben konnten (die ich nicht mal gebraucht hätte) noch darauf bestanden, dass ich sie zum Zentrum meiner Aufmerksamkeit machte.

Ich erkannte, wie tief die patriarchalen Muster noch in mir aktiv existierten ohne dass sie mir bewusst waren. Und ich erkannte auch, dass ich nicht mehr bereit war, weißen heterosexuellen Cis-Männern mehr Raum zu geben, als sie verdienten. Denn mit jedem Mal, wenn ich meine Aufmerksamkeit oder Wertschätzung aus der Gruppe der Frauen, mit denen ich gerade zusammen war, abzog, entwertete ich nicht nur unser schwesterliches Zusammensein, sondern auch mich selbst als Frau. Ob professionell, geistig, emotional oder spirituell. Und dafür stehe ich nicht mehr zur Verfügung.

Wichtig für mich war zu erkennen, wie tief Muster in uns verankert sind, die nicht für, sondern gegen uns arbeiten und die wir im Alltag oft nicht wahrnehmen, obwohl sie unsere Wirklichkeit prägen. Das gehört auch zur »Falle der Dualität«. Wenn wir die nicht verlassen, bleiben wir auf ewig in ihr gefangen. Ich glaube nicht mehr an Entweder-oder, sondern nur noch an ein Mehrvon und daran, dass es immer mindestens eine Option C gibt – und die ist nicht der weiße heterosexuelle Cis-Mann.

Genius und Juno

Jede von uns kennt den Ausdruck »Du bist ein Genie!« oder »Das war genial«. Seinen Ursprung hat dieser Begriff im Römischen Reich. Damals ging man von einer individuellen Instanz einer allgemeinen göttlichen Natur aus, die in jedem Wesen, jeder Sache und auch jedem Ort vorhanden ist. Man könnte sagen: Alles galt als beseelt. So wurde jeder Mann mit seiner Geburt von seinem Genius begleitet, jede Frau von ihrer Juno. Es gibt auch die Ansicht, dass beide in jeder Person verkörpert wurden. Waren die Genien ursprünglich Ahnen, die über ihre Nachkommen wachten, entwickelten sich daraus persönliche Schutzgeister, denen man Opfer darbrachte und von denen man sich Unterstützung und Inspiration in schwierigen Lebenssituationen erhoffte. Noch einen Schritt weiter wurden der Genius und die Juno so etwas wie die eigene höhere Weisheit, mit der die Menschen in Dialog standen und die sie in fragwürdigen Momenten kontaktieren konnten. Jeder Haushalt hatte einen kleinen Altar, an dem man dem Genius und der Juno des Hauses huldigte, und auch die Seele einzelner Orte wurde bewusst anerkannt und wertgeschätzt.

Das Konzept dehnte sich mit der Zeit aus: So gab es den Genius des Theaters, der Weinberge und der Feste. Er sorgte dafür, dass Aufführungen erfolgreich waren, Weintrauben wuchsen und Feste gelangen. In der Vorstellung der Römer war es äußerst wichtig, die entsprechenden Genien für die großen Unternehmungen und Ereignisse des Lebens zu besänftigen. In diesem Konzept zeigen sich Reste des indigenen »Animismus« – bei dem ebenfalls alles als beseelt galt.

Doch was passierte mit Juno? Warum blieb nur der Genius übrig? Die Antwort ist wie immer: das Patriarchat. Auch wenn die Römer schon voll im patriarchalen Spiel waren, gab es doch auf der göttlichen Ebene immerhin noch eine Bandbreite an Göttern, unter anderem Jupiter als ihr Vater und Juno als die Mutter aller Götter. Die rationalen Kräfte und Fähigkeiten eines jeden Menschen wurden seiner Seele zugeschrieben, die ein Genius war. Der Genius wurde übrigens meist bärtig dargestellt, doch sobald es der Genius eines Ortes war, wurde er zur Schlange (Hallo, Große Göttin). Die eher kreativen Kräfte und Fähigkeiten wurden der Juno zugeschrieben – wir wissen ja, dass Frauen nicht so rational sein können … Juno wurde Hera gleichgestellt und war damit die römische Version der Großen Mutter. Aus ihr wurde alles geboren, von ihr wurde alles wieder genommen. Sie ist die Schöpfungsenergie, die Kreativität. So war Juno für die römischen Frauen eine Leben gebende Macht, die sie leitete und schützte. Doch steter Tropfen höhlte den Stein, und so verschwand neben der Großen Mutter auch bald die Juno. Man könnte fast sagen, die Frauen wurden ihrer Seele beraubt und alle Römer ihrer femininen Energie und Weisheit. Besser gesagt:

Ihnen ist das Bewusstsein über die feminine Kraft abhandengekommen. Andrea Dechant stellt in diesem Kontext auch einen Zusammenhang zu späteren Kirchenkonzilen her, die Frauen im Mittelalter als seelenlos bezeichneten.[50]

Wenn aus einem Zusammenspiel eine Spielerin entfernt wird, dann wird das Ganze relativ einseitig. So auch in diesem Fall – und wir sehen das Resultat sogar in unserem Alltag. Noch immer wird Ratio über Intuition gestellt, noch immer gilt ein vermeintlich kluger Kommentar eines Mannes mehr als der spontane Einwurf einer Frau. Denn unsere Gesellschaft feiert das Geniale – immerwährende Innovationen und Geistesblitze. Es heißt, das Genie beherrsche das Chaos. Dieser Satz soll uns auch immer daran erinnern, dass der Genius die Juno beherrscht – hat er sie doch schlussendlich verdrängt. Die vermeintlich kontrollierbare Ordnung ist mehr wert als kreatives Chaos. Auch wenn aus dem Chaos wahre Evolution entsteht, während die geniale Ordnung nur Innovation produzieren kann. Die Vorgängerin von Juno war übrigens Uni – diejenige, die das Universum gebar und alles aus sich heraus schöpfte. Was für ein anmaßender Gedanke, diese Kraft beherrschen zu können.

Wenn wir beginnen, uns wieder mit dieser femininen Kraft in uns zu verbinden und sie als das anzuerkennen, was sie ist – kreierend und schöpfend –, dann lassen wir uns nicht mehr so leicht vom nächsten gedanklichen Einwurf irritieren. Das bedeutet nicht, dass wir unseren Verstand an der nächsten Tür abgeben, sondern dass wir uns erlauben, unseren Verstand von dem Thron, den ihm das Patriarchat gebaut hat, zu stoßen und ihn ebenbürtig neben unserer Intuition und Kreativität zu platzieren. Und übrigens: Ich glaube ja auch, dass jede Person Genius und Juno besitzt – denn wir alle haben feminine und maskuline Energie in uns. Die Frage ist nur: Erinnern wir uns an die Juno und sind wir bereit, ihr zuzuhören?

Grenzen überschreiten, Gemeinsamkeiten entdecken

»Frauen wissen instinktiv, wie sie sich gegenseitig nähren können, und allein das Zusammensein mit anderen ist regenerierend.«

Tanja Taaljard[51]

Wenn ich von femininer Energie spreche, dann spreche ich bewusst von der femininen Energie, die uns allen innewohnt und die wir neu beleben sollten. Vor allem spreche ich von gesunder femininer Energie – von kreativer, intuitiver, machtvoller, manchmal nicht logisch nachvollziehbarer femininer Energie. Durch den toxischen Ausdruck der maskulinen Energie im Patriarchat hat auch die feminine Energie einen toxischen Ausdruck angenommen – den von Verbitterung, Lästern, Missgunst, Lethargie, einer Opferhaltung, erlernter Ohnmacht, passiver Aggressivität und egoistischer Bevorzugung der eigenen Bedürfnisse.

All dies sind Attribute, die uns nicht unbedingt naturgegeben sind, sondern die sich über die Jahrhunderte geprägt haben und sich auf jede Einzelne ebenso wie auf alle destruktiv auswirken. Der Drang zur Perfektion, den viele Frauen haben, ist übrigens ein Resultat dieser überholten Rollenbilder – er hat die Kontrolle und die Macht, sie ist die perfekte Frau. Da diese Perfektion oft nicht zu erreichen ist, tendieren Frauen dazu, sich im Gegensatz zu Männern fortwährend selbst zu kritisieren – und genau das führt zur männlichen Mittelmäßigkeit in vielen Spitzenpositionen. Studien zeigen auch, dass dieser Drang zur Perfektion auslöst, dass Frauen sich häufiger mit anderen Frauen vergleichen und in höherem Maße unter chronischem Stress leiden.

Impuls

Anstatt die Unterschiede zwischen dir und anderen Frauen wahrzunehmen – was passiert, wenn du auf die Gemeinsamkeiten achtest?

Anstatt die Schwäche einer anderen Frau wahrzunehmen – was passiert, wenn du auf die Stärke achtest?

Um die tradierten Geschlechterrollen zu durchbrechen und zu einer postpatriarchalen Gesellschaft zu kommen, müssen beide Seiten ihre Heteronormativität – also das aktuell herrschende Geschlechterbild und die Vorstellung davon, wie Frauen und Männer angeblich sind oder zu sein haben – durchbrechen. Wir können heute damit anfangen, indem wir uns wieder an die feminine Kraft in uns erinnern und ihr Ausdruck verleihen. Indem wir als Frauen wieder bei uns bleiben – bei uns selbst als Person und bei uns als Frauen in Gruppen –, ohne permanent den Blick darauf zu richten, was Männer brauchen oder wollen. Denn oft ist auch dies gebunden an alte Muster. Vor allem aber ist es wichtig – während wir bei uns und unseren Bedürfnissen bleiben –, uns daran zu erinnern, dass der vermeintliche Geschlechterkampf ein weiterer Trick des Patriarchats ist, um die Strukturen aufrechtzuerhalten. Denn hier geht es nicht um Frauen gegen Männer. Hier geht es um Frauen für ein neues System, in dem wir alle gut existieren können. Und dazu braucht es auch die Männer. Nur gemeinsam kommen wir aus diesem System heraus und können ein neues gestalten. Und damit unsere Aufmerksamkeit wieder den Dingen widmen, die wirklich relevant sind.

Aktionsimpuls

Zentrierung passiert immer dann, wenn wir uns auf Unterschiede fokussieren. Versuche bei der nächsten Ablenkung durch »Männerzentrierung« mal auf die Gemeinsamkeiten derjenigen zu achten, die dezentriert werden. So kannst du beispielsweise beim nächsten Gespräch in einer Frauengruppe, das sich um Männer dreht, direkt darauf achten, was euch als Frauen in diesem Kontext verbindet, anstatt was euch von den Männern unterscheidet und sie so anders macht. Teile deine Erkenntnis und bring sie ins Gespräch ein. Beobachte, wie sich die Dynamik verändert.

In ähnlicher Weise kannst du auch bewusst bei den Themen, die du teilst, darauf achten, dass du bei dir bleibst und nicht dafür sorgst, dass die Handlung, die Präsenz oder die Andersartigkeit der Männer ins Zentrum rückt. Die Energie geht immer dahin, wohin wir unsere Aufmerksamkeit lenken. So können wir ein Thema immer von zwei Seiten angehen oder eine Situation aus verschiedenen Perspektiven anschauen – es ist dabei unsere Entscheidung, wohin die Energie geht und welche Perspektive wir wählen.

Göttinnen-Inspiration

Die Göttin Brigid ist bis heute bekannt und aktiv. Sie ist die Hüterin des heiligen Feuers und des Feuers in uns. Brigid bedeutet »die Helle«, »die Strahlende« oder auch »die Streiterin«. Sie ist verwandt mit der germanischen Perchta und der walisischen Ceridwen. Für die Druidinnen und Druiden war Brigid auch die Göttin der Wahrheit, in ihrem Namen legte man einen Eid ab.

Brigid erinnert uns daran, dass wir Klarheit und Fokus brauchen, um unsere Ziele zu erreichen, und uns nicht von unwichtigen Nebensächlichkeiten ablenken zu lassen. Wenn wir uns ablenken lassen, dann mindert das unsere Präsenz, Macht und Kraft. Und so lädt Brigid uns ein, uns klar darüber zu werden, was akzeptabel ist und was nicht. Es ist so leicht, sich von Ego und Angst ablenken zu lassen, am eigenen Weg zu zweifeln und das Vertrauen in sich selbst zu verlieren. Das passiert, wenn wir mittelmäßigen Männern mehr Raum geben als unserer eigenen Weisheit und Brillanz. In solchen Momenten hilft es, sich mit Brigid zu verbinden. Denn ihre Energie erinnert uns daran, dass wir nicht hier sind, um es allen recht zu machen.

Vor Meetings oder Treffen kannst du dich ganz bewusst mit Brigid verbinden. Du kannst sie bitten, dich zu begleiten und dir dabei zu helfen, deinen Fokus zu halten – auch bei Mansplaining (diesem herablassenden Sprechen von manchen Männern im Glauben, sie wüssten mehr als ihr – meist weibliches – Gegenüber) und bei Männern, die sich mehr Raum nehmen wollen, als ihnen zusteht. Finde dazu einen ruhigen Ort und stimm dich auf deine innere Stärke ein. Sieh das Meeting vor deinem inneren Auge und werde dir klar darüber, wie du handeln kannst, wenn du von einem Mann unterbrochen wirst, wenn ein Mann die Aufmerksamkeit an sich zieht oder Männerzentrierung stattfindet. Nimm dir Zeit, um die Szenarien durchzuspielen. Werde dir klar, an welchen Stellen die alten Automatismen in dir noch aktiv sind. Lass sie gehen und brenn sie in deiner Vorstellung mit der Hilfe von Brigids Flamme weg. Dabei ist es wichtig, dass du dir ganz klar über deine Absichten bist – erlaube deiner inneren Flamme, mit Brigids Hilfe zu leuchten. Visualisiere, wie kraftvoll es ist, wenn du für dich einstehen kannst, deinen Standpunkt vertreten und deine tiefste Wahrheit aussprechen kannst. Spür, wo in dir deine eigene Flamme am kräftigsten lodert, und leg eine Hand dorthin. Spür die Präsenz und Klarheit. Nimm diese Kraft in deine Hand, so wie du dein Leben in deine Hand nimmst.

Frag die Göttin am Ende, ob es noch einen Hinweis oder Tipp gibt, und wenn ja, empfange ihn. Dann bedanke dich bei Brigid und steh für deine Ideale und deine Wahrheit ein.

Das Hexentrauma

Es kann kein Buch über spirituellen Feminismus geben, ohne dass das Hexentrauma und die damit verbundenen, noch heute spürbaren Folgen für Frauen erwähnt werden. Bewusst kommt dieses Kapitel am Ende dieses Buchteils, denn ich weiß, wie tief es noch in vielen Frauen sitzt.

Es gibt dafür auch einen Begriff: die »Hexenwunde«. Wenn wir das Miteinander von Frauen in Europa und besonders in Deutschland betrachten, ist dies eine epigenetische ahnengeprägte Wunde, die nicht zu unterschätzen ist. Denn das Trauma der Frauen besteht nicht nur in der Tatsache, dass sie verbrannt wurden, sondern auch darin, dass sie zuvor verraten wurden. Und dieses Trauma liegt oftmals tiefer, ist es doch der Ursprung für das Leiden. Der Tod ist die Konsequenz davon. Um das Hexentrauma zu verstehen und seine heutigen, auch spirituellen Folgen zu erkennen und zu transformieren, sind mehrere Punkte entscheidend.

Die Versionen darüber, was damals genau passierte, sind alle etwas unterschiedlich, je nachdem, wer interpretiert. Wir erinnern uns ja, dass die Geschichte immer von dem geschrieben wurde, der die meiste Macht hatte. So beruft sich die Kirche gern darauf, dass es ja zu einem großen Teil die weltlichen Gerichte waren, die die Prozesse führten – dass dies jedoch ohne den kirchlichen Einfluss niemals möglich gewesen wäre, wird gern verschwiegen. Denn erst durch den 1486 veröffentlichten sogenannten Hexenhammer der Dominikanerpater Jacob Sprenger und Henricus Institoris wurde das Thema populär. Das Buch wurde ein Bestseller und enthielt genaue Anweisungen. Auch ist es so, dass gern angeführt wird, dass ja auch Männer gestorben wären, um so den Eindruck zu erwecken, dass es kein gezielter Feminizid war, der dort stattgefunden hat. In dem Fall ist jedoch leider festzuhalten: Ausnahmen bestätigen die Regel. Und es wird immer gern suggeriert, dass die Hexenverfolgungen nur ein Phänomen des dunklen Mittelalters gewesen waren, was auch implizieren soll, dass es ja alles schon so lange her ist. Fakt ist jedoch, dass die Hexenprozesse in der Frühen Neuzeit stattfanden, damit im 16. Jahrhundert begannen und erst im 20. Jahrhundert endeten. Fakt ist jedoch auch, dass mit dem Start der Inquisition – dem Verfolgen und Bestrafen Ungläubiger – ab 1232 (also tatsächlich im Mittelalter) der Grundstein gelegt wurde. Schon damals gab es die ersten Versuche, sogenannte Hexen systematisch zu verfolgen, doch erst der Hexenhammer brachte den erwünschten Durchbruch. Die großen Wellen fanden im Deutschen Reich um 1590, um 1630 und um 1660 statt. Doch die letzte Hexe wurde in Europa am 13. Juni 1782 im protestantischen Schweizer Kanton Glarus hingerichtet – in diesem Fall nicht verbrannt, der Henker schlug Anna Göldi mit einem Schwert den Kopf ab. Das letzte Todesurteil gegen eine Hexe in Deutschland wurde am 11. April 1775 in Kempten gegen Anna Maria Schwägelin verhängt. Die letzte Hexenverbrennung Europas fand 1807 in Polen statt. Barbara Zdunk wurde beschuldigt, eine Feuersbrunft ausgelöst zu haben. Und der letzte Hexenprozess in Europa fand 1944 aufgrund des »witchcraft act« in Schottland statt, in dem Helen Duncan, eine Wahrsagerin und Geisterbeschwörerin, für schuldig befunden wurde. Insgesamt geht es also um eine Zeitspanne vom 13. Jahrhundert bis ins 20. Jahrhundert, in der »falscher« Glauben bestraft und Hexen denunziert wurden. Siebenhundert Jahre! Das fühlt sich schon ganz anders an …

Es begann also mit der Inquisition. So beschreibt Kathrin Utz Tremp die Anfänge an einem Beispiel. Damals unterschied die Inquisition noch zwischen Waldenserei (Anhängerschaft einer religiösen Splittergruppe) und Malefizerei (Schadenszauber): »In den Jahren 1399 und 1430 fanden hier (in der Schweiz) zwei Waldenserprozesse statt. Seither war die Inquisition in der

Westschweiz eine ständige Institution; anvertraut war sie den Dominikanern aus der Bischofsstadt Lausanne. Im zweiten dieser Waldenserprozesse holte man die Bäuerin Itha Stucki von dem Weiler Äschlenberg in die Stadt und verhörte sie. Denunziert worden war sie aber nicht etwa wegen Waldenserei, sondern wegen Malefizien, mit denen sie ihren Nachbarn geschadet haben sollte (...) Itha Stucki soll gewusst haben, ›wie man einen Wagen so zubereiten und verzaubern‹ konnte, dass er ohne Hilfe lief. Solche Vorkommnisse – Malefizien – scheinen die ländliche Gesellschaft zu der Zeit stark beunruhigt zu haben. Man fürchtete, dass die eigenen Gerätschaften durch Zauber untauglich würden oder dass die Konkurrenz sich mit unlauteren Methoden Vorteile verschaffen könnte.«[52] Sie zeigt damit auch, dass die Hexen schon im Mittelalter verfolgt wurden – bevor die großen Wellen der Frühen Neuzeit zuschlugen. Itha Stucki übrigens wurde laufengelassen, da sie fünf Eideshelfer anführen konnte. Doch zwölf Jahre später wurde sie erneut als Hexe denunziert und dann auf dem Scheiterhaufen verbrannt. Zu der Zeit waren die Praktiken schon deutlich andere.

Die Hexenprozesse fanden überall statt, jedoch gab es Hochburgen mit besonders engagierten Hexenjägern. So waren es unter anderen das Herzogtum Westfalen, Minden, Schaumburg, der Harz, die Anhaltischen Fürstentümer, die sächsischen Fürstentümer und die Bistümer Bamberg, Eichstätt und Augsburg, die sich durch besonders gewissenhafte Aktivitäten hervortaten. Bei den Zahlen der Ermordeten und Verfolgten gibt es eine große Bandbreite. Die Bevölkerungszahl im Deutschen Reich betrug im Jahre 1618 etwa 17 Millionen – also deutlich weniger als in der Bundesrepublik Deutschland heute. Es gibt Schätzungen, dass allein im 16. und 17. Jahrhundert davon etwa zwei bis drei Millionen Menschen der Prozess gemacht wurde und mindestens 100 000 Menschen ermordet wurden. Diese Zahlen machen deutlich, dass es sich nicht um eine Randerscheinung, sondern um ein zentrales gesellschaftliches Phänomen im Europa der Frühen Neuzeit handelt.

Die Bezwingung der weisen Frau

»Wir sind die Enkeltöchter der Hexen,
die ihr nicht verbrennen konntet.«
TISH THAWER[53]

An verschiedenen Stellen wird darauf hingewiesen, dass sich der Begriff der Hexe im Kontext gerichtlicher Verfolgung erst im späten 14. Jahrhundert findet – somit hätte vorher keine Hexenverfolgung existiert. Damit macht man es sich aber zu einfach, denn bloß, weil etwas vorher anders bezeichnet wurde, bedeutet es nicht, dass es nicht existierte. Wir haben in diesem Buch wiederholt sehen können, wie es im Patriarchat und vor allem zu Zeiten des Christentums immer wieder gezielte Aktionen gab, Frauen zu unterwerfen und alternative Denkweisen und Heilweisen auszumerzen. Mit der Christianisierung wurden vorchristliche Zeremonien und Praktiken zunächst als Aberglaube heruntergestuft und später als Magie und Zauberei tituliert. Schon im Alten Testament heißt es: »Eine Hexe sollst du nicht am Leben lassen.«[54] Die heidnischen Gottheiten setzte man mit Dämonen gleich und verbannte sie in das Reich des Teuflischen. Daraus entstand die Idee der Verknüpfung von Zauberei und Dämonologie im sogenannten Teufelspakt. Kurzum: Alles, was nicht dem christlichen monotheistischen Glauben entsprach, wurde abgewertet und »verteufelt«. Und das war in vielen Fällen eben auch das Wissen, das die alten Weiber, die heilenden Frauen, die Kräutermumen, die Heckensitzerinnen – die den Hexen ihren Namen gaben – innehatten. Es war an vielen Stellen das Frauenwissen, das mit den alten Weisen verbunden war und der Kirche gegen den Strich ging – folgte es eben nicht der christlichen Doktrin, sondern war tief verbunden mit der Weisheit von Mutter Erde und der Natur und ging von einer Beseelung aller Wesen aus.

Bei der Verfolgung der Frauen gab es zwei entscheidende Punkte – zum einen die Auflehnung vieler Frauen gegen die Bekehrung und zum anderen der von der Kirche schon seit Jahrhunderten verbreitete Frauenhass. Die Frau war für sie das Böse schlechthin; der ach so heilige Augustinus war der Erfinder der Erbsünde, die uns alle als Enkeltöchter von Eva büßen lässt. Der ebenso wunderbar heilige Thomas von Aquin war einer der schlimmsten Hetzer und Frauenhasser, der Dinge sagte wie: »Die Frau ist ein Missgriff der Natur… mit ihrem Feuchtigkeits-Überschuss und ihrer Untertemperatur körperlich und geistig minderwertiger ... eine Art verstümmelter, verfehlter, misslungener Mann ... die volle Verwirklichung der menschlichen Art ist nur der Mann.«[55] Auch Papst Pius II. hatte seine Schwierigkeiten mit den Frauen: »Wenn du eine Frau siehst, denke, es sei der Teufel! Sie ist eine Art Hölle.«[56] Nicht gerade die besten Voraussetzungen für eine objektive Begutachtung der Lage. Diese jahrhundertelange Hetze und permanente Einflussnahme auf das Bewusstsein der Menschen hat dazu geführt, dass es nur noch ein kleiner Schritt zu den systematischen Hexenverfolgungen war.

Religiös generiert und gebilligt breitete sich so eine nie dagewesene Gewaltwelle gegen Frauen aus – unterstützt von den

Kirchen und von ihnen gutgeheißen –, die schlussendlich in der Ermordung von Frauen in ganz Mitteleuropa gipfelte. Und die Schürer wurden von der Kirche heiliggesprochen!

Doris Wolf zitiert den französischen Historiker Jules Michelet, der in seiner Hexenhistorie von 1861 schreibt: »Tausend Jahre hindurch war die Hexe der einzige Arzt des Volkes. Die Kaiser, Könige und Päpste, die reichen Barone hatten einige Doktoren (…), aber die Masse des gesamten Staates, ja man könnte sagen die Welt fragte nur die Saga oder kluge Frau um Rat; wenn sie nicht heilte, beschimpfte man sie und nannte sie ›Hexe‹.«[57] Und so wurde die Hexe zum Feindbild des Patriarchats und zur Symbolfigur des Bösen und ist »seit dem 13. Jahrhundert von der mittelalterlichen Kirche zur Ursache allen Übels gestempelt worden mit allen schrecklichen Folgen der Hexenverfolgung und Vernichtung«, wie der Religionspädagoge Siegfried Vierzig treffend schreibt.[58]

Doch Hexen sind nicht immer Symbol des Bösen gewesen. In den Fruchtbarkeitskulten des Matriarchats gab es »weise Frauen«, die dafür geachtet waren, dass sie die Heilkunst verstanden, Kräutersammlerinnen waren, die Hebammenkunst ausübten und durch Magie und Zaubersprüche Krankheiten heilen konnten. Noch im frühen Mittelalter waren viele Frauen Ärztinnen und Hebammen, denen Weisheit und übernatürliche Kräfte zugesprochen wurden.

Was bedeutet das alles nun für Frauen, die im Hier und Jetzt leben? Das epigenetische Trauma, das immer wieder aktiviert wird, ist die Botschaft: Sag etwas, das nicht dem gewollten Duktus entspricht, und du riskiert es, verteufelt zu werden. Tu etwas, das nicht der Norm entspricht, und du riskierst es, umgebracht zu werden. Handele nach einer Weisheit, die nicht im akademischen Lehrbuch steht, und du riskierst es, denunziert zu werden … Immer wieder begegne ich Frauen, die sich nicht trauen, sich zu äußern – mit einer unpopulären Meinung oder mit einer tief femininen Wahrheit. Immer wieder treffe ich auf Frauen, die sich nicht trauen, sich zu zeigen – mit ihrer spirituellen Dienstleistung oder mit einem alternativen Ansatz von Heilung oder Entwicklung. Immer wieder treffe ich auf Frauen, die sich nicht trauen zu sagen, was sie wirklich machen, und herumeiern – aus Angst, dass ihnen etwas zustößt, wenn sie es tun würden.

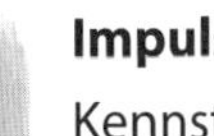

Impuls

Kennst du es, dass du dich manchmal aus einer unbekannten Angst heraus zurückhältst?
Hast du Momente, in denen du dich nicht traust, deine intuitive oder spirituelle Seite zu zeigen?
Was macht es mit dir, wenn du Frauen begegnest, die ihre Spiritualität und ihr Heilwissen offen leben?

Jahrhunderte gezielter Frauenverfolgung und des Ausmerzens traditionellen Wissens sind nicht spurlos an uns und an unserem epigenetischen Gedächtnis vorübergegangen. Doch es ist Zeit, dass wir uns aus diesem Trauma befreien, das uns zurückhält und das Gleichgewicht zwischen Wissenschaft und Weisheit weiterhin verhindert. Auch in diesem Buch haben wir an einigen Stellen gemerkt, wie relativ und subjektiv und vor allem nicht haltbar eine ganze Menge wissenschaftlicher Erkenntnisse im Laufe der Geschichte waren – und dennoch hatten sie Gewicht, denn sie wurden von Männern aufgebracht und behauptet. Es ist an der Zeit, dass die Frauen und nicht-männlichen Menschen ihre Stimme wieder erheben, denn ohne diese Korrektur und diesen Ausgleich laufen wir geradlinig auf eine Zukunft hin, die weiterhin Kontrolle, Dominanz und Herrschaft vornanstellt. Es ist an der Zeit, dass die feminine Weisheit wieder ihren Platz einnimmt und auf den Raum besteht, der ihr zusteht. Die Früchte vom Baum des Lebens müssen geerntet werden, nur so finden wir in den Garten Eden zurück. Dies wird nicht durch die Männer geschehen, sondern es ist an uns, vorauszugehen und den Weg in die neue Zeit zu weisen.

Jedes Jahr begleite ich eine Gruppe von Frauen durch den Jahreskreis – mit jedem Monat verbinden wir uns mehr und mehr mit unseren Wurzeln. Wir erinnern uns an die alten Bräuche und bringen Heilung und Transformation in die Linien und die Gemeinschaft von Frauen. Viele der Teilnehmerinnen berichten, dass sie in diesem Raum das erste Mal begreifen, wer sie wirklich sind, da sie sich erstmals so erfahren: als wild und weise. Dabei geht jede ihren sehr individuellen Weg, denn das Feminine ist facettenreich. Interessant ist dabei, dass alle ein Hexentrauma in sich tragen. Die Angst davor, sich mit ihrer intuitiven, spirituellen, mystischen Seite zu zeigen – ob professionell oder privat –, kennen sie alle. Heißt das nun, dass alle diese Frauen eine Hexe zur Vorfahrin haben? Vielleicht – rein rechnerisch könnte es aufgehen. Es kann aber auch sein, dass sie das weitergegebene kollektive Trauma spüren, durch das Frauen bewusst aufgehört haben, alte Heilweisen zu praktizieren und beispielsweise Kräuter an andere weiterzugeben. Denn das war die Strategie: Hör auf zu praktizieren, um zu überleben. Genau dieses weiterexistierende Trauma führt dazu, dass sich Frauen bis heute nicht wirklich trauen, sich wieder dem alten »alternativen« Wissen zuzuwenden. Was übrigens auch der Grund dafür ist, warum es so viele nicht verwurzelte ungeerdete spirituelle Angebote gibt. Denn es ist so viel leichter, sich mit erdachten oder konzeptionalisierten Ideen zu zeigen, als sich wirklich mit der uralten Wahrheit zu verbinden.

Ich selbst erinnere mich, dass ich es früher auch irgendwie leichter fand, mich mit spirituellen Ansichten aus anderen Traditionen zu verbinden – auch weil diese einfacher zugänglich waren, weil sie weiterhin aktiv praktiziert wurden. Doch wenn wir uns nicht die Mühe machen, tiefer zu forschen und in die Richtung unserer eigenen Wurzeln zu gehen, dann betreiben wir das, was im Englischen als *spiritual bypassing* bezeichnet wird – »spirituelles Umgehen«. Wir gehen den Weg des geringsten Widerstandes oder der einfachsten Verfügbarkeit und hoffen, dass er uns dahin führen wird, wonach sich unsere Seele sehnt. Doch am Ende ist jede Abkürzung ein Umweg, wie meine Freundin Julia immer so gern sagte. Nur wenn wir beginnen hinzuschauen, uns mit dem Schmerz und der Angst auseinandersetzen, die mit dem Verschwinden des alten europäischen Heilwissens und den uralten weisen Geschichten verbunden sind, dann heilen wir auf einer wirklich tiefen Ebene. Ansonsten verlagern wir das Trauma. Wir werden quasi zu Missionarinnen – wenn es so etwas überhaupt gibt – und fangen an, »neue Religionen« zu verbreiten, die nichts mit unserer Ahnenseele zu tun haben. Und wir fangen an, uns bei anderen Traditionen zu bedienen, sie jedoch oftmals nicht bis zur Wurzel zu durchdringen, und im schlimmsten Fall für unsere Bedürfnisse zu adaptieren. Die eingangs schon erwähnte »spirituelle Aneignung«. So wie die Indogermanen aus der Großen Mutter einen Einheitsgott machten und die Geschichten anpassten, bis sie zu ihnen passten. So wie die Kirche ihre Feiertage auf die alten heidnischen setzte und die Geschichten so veränderte, dass aus der Großen Mutter die Jungfrau Maria wurde. So wie wir heutzutage Menschen sehen, die Elemente der Kultur der Ureinwohner Nordamerikas übernehmen und Praktiken kopieren, ohne sich des Hintergrundes bewusst zu sein. Schauen wir in die indigenen Kulturen, die noch existieren, und auf das, was wir über die schon verschwundenen wissen, so zeigt sich, dass sie alle eine Weltsicht eint: Und die ist inklusiv und verbindend. Es geht mir also nicht darum, dass jeder nur das glauben darf, was seine Ahnen glaubten. Doch wenn wir uns nicht dem Trauma stellen, das wir durch Christianisierung und Hexenprozesse erfahren haben, dann wiederholen wir es. Oftmals nicht als Opfer, sondern als Täter.

In der Psychologie gibt es ein Phänomen, das sich Wiederholungszwang nennt – der Zwang, ein unbewusstes, früher erfahrenes Trauma zu wiederholen. Dabei konstruieren wir immer wieder Situationen, die uns unglücklich machen oder zumindest unangenehm sind. Insbesondere gilt dies für Traumata, für die wir keine Worte haben – wie frühkindliche oder auch transgenerationale Traumata. Durch die Handlung werden alte Erfahrungen wiederholt, ohne dass man sich an das Vorbild, also die ursprüngliche Situation erinnert. Dies kann auch in Träumen geschehen, in denen Erinnerungen und Gefühle an das Geschehene wiederholt werden. Man selbst hat den Eindruck, dass es sich um etwas Gegenwärtiges handelt. So wie es einen individuellen Wiederholungszwang gibt, gibt es dabei auch einen innerfamiliären und einen kollektiven und transgenerationalen Wiederholungszwang für unbewusste, verschwiegene und nicht aufgearbeitete Traumata. Ein besonders eindrückliches Beispiel ist ein Mann, der mit einer Polin verheiratet ist, die er bei einem Aussöhnungsprogramm kennengelernt hat. Allerdings beginnt er dann eine Affäre mit einer deutschen Kollegin, mit der er, für ihn selbst unerklärlich, beginnt, begeistert deutsche Wanderlieder zu singen. In der Therapie stellt sich heraus, dass sein Vater in einem polnischen Konzentrationslager in den Holocaust verwickelt war.[59] Solche Übertragungsmuster finden aber nicht nur in Zusammenhängen mit dem Nationalsozialismus statt, sondern auch in der Folge nicht psychisch anerkannter und aufgearbeiteter Verbrechen in Bürgerkriegen, bei Raub, Mord, schwerem Betrug oder in Familien mit Sexual- und Gewaltdelikten. Die Verleugnung und das Verschweigen dieser Taten sind der Grund für die Familiengeheimnisse, die uns teilweise hilflos und in einem ungünstigen Verhalten gefangen zurücklassen.

Und so wiederholen wir bis heute die Unterdrückung des alten Wissens, wie es unsere Ahnen erfahren haben. Die Wunde und das Trauma der brutalen Christianisierung mit Zehntausenden Toten ist bis heute nicht aufgearbeitet, die Ermordung der als Hexen bezichtigten Frauen über Jahrhunderte hinweg immer noch nicht als Verbrechen verurteilt. So erklärt sich vielleicht auch die heute stattfindende erneute kulturelle Aneignung und damit Abwertung spiritueller Praktiken in unserer Zeit – es ist eine Wiederholung der Traumata unserer eigenen Ahninnen und Ahnen, nur regional verschoben und diesmal als Täter. Denn eine Kakao-Zeremonie ist kein Entertainment, sondern eine Zeremonie in Verbindung mit einem Pflanzen-Spirit. Eine Federkrone ist kein Accessoire, sondern ein tief sakraler Gegenstand, der die Kraft der Ahnen in sich trägt und nur von bestimmten Personen zu bestimmten Anlässen getragen wird. Nur weil ich einen Turban trage, bin ich nicht erleuchtet.

Impuls

An welchen Stellen wertest du erdverbundene Spiritualität oder indigene Kulturen ab?

Wann spürst du in dir Angst oder Panik, wenn es darum geht, deine Spiritualität zu leben?

Wie verhältst du dich Frauen gegenüber, die offen eine nicht religiöse Spiritualität leben?

Wie nun weiter? »Zum Symbol des Bösen wurde die Hexe erst durch die Verbindung mit dem Teufelsglauben… (Jedoch) der Teufels- und Hexenglaube hat das Böse nicht behoben, im Gegenteil, er hat es produziert. Die grausige Geschichte der Hexenverfolgungen mit den Millionen unschuldiger Opfer (…) hat die Welt in ein Chaos gestürzt.«[60] So wie die weise Frau auf dem europäischen Kontinent bezwungen wurde, so darf sie sich auch wieder befreien und erheben. Und dafür muss sie zunächst bereit sein, tief in die Verbindung mit dem Gewesenen zu gehen. Denn durch den Schmerz und die Trauer, die wir wahrnehmen, erkennen wir das Schicksal derjenigen, die vor uns kamen, an. Wenn wir wirklich die Enkeltöchter der Frauen sind, die nicht verbrannt wurden, dann geht es darum, das Schicksal all derjenigen anzuerkennen, denen es anders ging. Es geht darum, gemeinsam kollektive Traumaarbeit zu leisten. Und das ist eben nicht immer leichtfüßig und lächelnd zu gestalten, sondern kann auch mal Kraft kosten. Das ist okay. Denn es geht nicht darum, ein möglichst hübsches Abziehbild einer patriarchalen Idee von der sexy Hexe zu werden, sondern eine tiefe authentische Verbindung zu dem alten Wissen wiederzuerlangen. Egal, ob wir dabei instagramable aussehen oder nicht.

Die Tür, die wir auf diesem Weg öffnen, wird es unseren Enkeltöchtern ermöglichen, den ganzen Raum wieder zu betreten.

Denn das Wissen ist noch da, die Weisheit noch in uns – es ist Zeit, sie zu aktivieren, für die nächsten Generationen. Damit wir die Großmütter werden, die diese verrückte Welt wieder zurechtrücken.

Der tiefe Stachel in der Sisterhood

Wenn wir über Hexen und Hexenprozesse sprechen, dann müssen wir auch über die tiefe Wunde in der Schwesternschaft der Frauen sprechen, die dadurch entstanden ist. Hat das Patriarchat es schon vorher verstanden, Frauen gegeneinander auszuspielen und für eine Aufspaltung der kollektiven Schwesternschaft zu sorgen, so hat die Hexenverfolgung ihr Übriges getan. Denn ja, es ist nicht deine Schuld, dass es immer wieder Momente gibt, in denen du anderen Frauen nicht vertrauen kannst. Es ist ein kollektives Trauma, das dazu führt, dass wir es selten schaffen, uns einander wirklich zu öffnen.

Ein kraftvolles und perfides Mittel der Hexenverfolgung waren die Denunziationen. Die erst haben das Unterfangen flächendeckend erfolgreich gemacht. Denn: Denunzianten konnten anonym bleiben. Dies garantierte eine höhere Bereitschaft, andere Frauen als Hexe zu denunzieren und damit zum Erfolg der Hexenprozesse beizutragen. Gab es einen ersten Denunzianten, eine erste Denunziantin, wurden gezielt weitere Zeugen der vermeintlichen Verbrechen gesucht, sodass dem oder der ersten sehr oft weitere folgten. Das besonders Perfide daran war, dass bei einer Verurteilung der Hexe die Denunzierenden teilweise bis zu einem Drittel des Vermögens der Angeklagten bekamen, zumindest aber eine fixe Belohnung. Es gab also einen durchaus wirtschaftlichen Ansporn dazu, Frauen zu denunzieren, und vor allem war es frei von Risiko. Genau das machte das ganze Szenario so fatal. Eine Folge übrigens ist die Angst vieler Frauen vor finanzieller Fülle, wie sie sich im Kapitel Frauen und Finanzen schon angedeutet hatte. Denn eine wohlhabende Frau dürfte häufiger denunziert werden.

Eine andere, noch viel tiefer sitzende Konsequenz ist das Misstrauen von Frauen gegenüber anderen Frauen. Denn mit der Denunziation zu Zeiten der Hexenermordungen wurden Unsicherheit und Angst geschürt. Dadurch, dass die Denunzierenden anonym bleiben konnten, wusste man nie, woher die Anschuldigungen kamen. Doch oft war klar, dass sie aus dem engeren Umfeld stammen mussten. Frauen konnten sich also noch schwerer gegenseitig vertrauen als vorher. Schon vorher hatte das Patriarchat durch die Spaltung der matriarchalen Linie und die Minimierung exklusiver Frauenzirkel dafür gesorgt, dass die alten Bindungen zerbrachen. Das Denunzieren tat nun ein Übriges. Es war eine Zeit wirtschaftlicher Not, viele Menschen litten Mangel – denn das patriarchale Klassensystem sorgte dafür, dass wenige viel hatten und viele wenig. Und wenn das Wenige dann durch Überschwemmungen oder Dürren weiter dezimiert wurde, verzweifelten die Menschen und suchten nicht selten nach Auswegen, die sie sonst nicht gewählt hätten. Das ist keine Entschuldigung für Denunziation, sondern der Kontext dessen, was geschah.

Wurde eine Frau nun aus ihrem Umfeld denunziert, war dies oft ein tiefes Trauma, denn damit wurde ein grundlegendes Vertrauen tief erschüttert. Die Folterungen, die viele Frauen über sich ergehen lassen mussten, hatten unter anderem auch den Grund, dass die vermeintlichen Teufelsweiber ihre Komplizinnen verraten sollten. Was sie unter den durchzustehenden Qualen auch taten – es wurden sehr oft aber auch einfach eingeflüsterte Namen bestätigt oder willkürliche Namen erzwungen. Damit wurde sichergestellt, dass die Prozesse weitergingen, man sich weiter bereichern konnte. Und vor allem wurde das Vertrauen zwischen Frauen noch tiefer erschüttert.

Impuls

Wie leicht fällt es dir, anderen Frauen zu vertrauen?
Wie leicht fällt es dir, dir selbst zu vertrauen?

Wir begannen, einander noch weniger zu vertrauen, und die Schwestern wurden schließlich zu Einzelkämpferinnen. Das Netz wurde auseinandergetrennt und zerschnitten. Bis heute spuren wir die Folgen. Denn das Trauma wurde nicht gelöst – oftmals haben wir es noch nicht einmal als solches erkannt. Und solange es nicht bewusst ist, wird es immer wieder in uns reaktiviert. Bevor ich geholt werde, soll die andere gehen. Bevor mir etwas passiert, soll lieber der anderen etwas zustoßen.

Oft sind wir aus diesem alten Trauma heraus bereit, andere Frauen über die Klinge springen zu lassen, damit es uns nicht erwischt. Deutlich wird es bereits, wenn wir lästern. Die berühmten Lästerschwestern sind dabei alles andere als schwesterlich. Lästern dient nur dem Zweck, dass es genügend Dinge gibt, die andere Frauen unangenehm oder daneben erscheinen lassen, dass es Momente aufzeigt, in denen sie sich nicht konform verhalten haben, oder dass es deutlich macht, dass sie sich nicht ordnungsgemäß zurückhalten. Lästern ist quasi der traumatische Wiederholungszwang unserer Zeit. Denn solange wir genügend Gründe finden und erläutern, warum zuerst bei den anderen Frauen geschaut werden sollte und warum diese ja eigentlich viel suspekter sind, versuchen wir sicherzustellen, dass keiner auf uns guckt. Damit keiner auf die Idee kommt, uns zu denunzieren und auf den Scheiterhaufen zu bringen. Genau das tun wir immer noch – auch wenn der Scheiterhaufen nicht mehr aus Holz besteht, sondern aus dem Papier der Klatschblätter oder den virtuellen Seiten der sozialen Medien. Dort findet die moderne Hexenjagd statt, und wir prangern Frauen an, die es sich anmaßen, aus der Norm auszubrechen.

Impuls

Wann hast du das letzte Mal gelästert? Was war deine wahre Motivation?

Wann hast du das letzte Mal negativ über eine andere Frau gesprochen, obwohl ihre Art, zu sein und zu leben, nichts mit deinem persönlichen Leben zu tun hat? Was steckte dahinter?

Was passiert, wenn du mit Freundinnen lästerst? Wie fühlst du dich dabei und auch danach, was gibt es dir?

Wie geht es dir, wenn du weißt, dass andere hinter deinem Rücken sprechen oder auch offen über dich lästern?

»Lästern« hat seinen Wortursprung übrigens in dem mittelhochdeutschen Wort *lastern* oder *lestern*, was auch so viel bedeutet wie »jemandem die Ehre nehmen«. Denn das ist es, was passiert: Wir versuchen, der anderen Frau ihre Ehre zu nehmen, sie von einer ehrbaren Frau zu einer Frau ohne Ehre zu machen, ihr quasi Dreck an den Stecken oder auch den imaginären Besenstiel zu schmeißen.

Wenn Frauen zusammenkommen

Wenn es unsere gemeinsame Absicht ist, das System zu verändern, dann wird es auch passieren. Es sind die Beziehungen zwischen Frauen, die uns aus dem patriarchalen System führen können. Es ist das Erinnern der Schwesterlichkeit, das uns aus dem Klassensystem führen kann. Als Frauen zusammenzukommen bedeutet, dass wir wieder in Beziehung miteinander gehen – auf allen Ebenen. Es bedeutet anzuerkennen, dass in den letzten Jahrtausenden auch zwischen uns so einiges schiefgelaufen ist – nicht nach der Schuld zu suchen, sondern die Verantwortung zu übernehmen. Vor allem als weiße privilegierte Cis-Frau. Schwesterlichkeit bedeutet, die Autorität einer anderen Frau anzuerkennen, anstatt sie permanent anzuzweifeln und zu untergraben. Es bedeutet, dass wir beginnen, an Frauen und Männer den gleichen Maßstab anzulegen. Und dabei hilft immer wieder die Frage: »Wenn ein Mann das jetzt gesagt hätte, hätte ich es akzeptiert, ihm geglaubt, es so stehen lassen können?« Und wenn die Antwort Ja ist, dann gilt es auch für die gleiche Aussage einer Frau.

Wir müssen uns gemeinsam unseren Vertrauensvorschuss zurückholen, anstatt uns weiterhin mit patriarchalem Misstrauen zu begutachten. Und »je weiter oben« wir auf der aktuellen Skala von Privilegien und Zugang zu Ressourcen stehen, desto größer ist unsere Verantwortung, es zu tun. Wenn dich das jetzt triggert, dann ist dies eine direkte Einladung, noch einmal genauer hinzuschauen: Wovor hast du Angst? Liegt es vielleicht daran, dass du dir selbst nicht traust und deswegen den anderen Frauen nicht vertraust?

Die Solidarität unter Frauen wird das Patriarchat zu Fall bringen – durch sie werden wir uns wieder so erleben können wie schon seit langer Zeit nicht mehr. Doch solange die patriarchalen Gedankenmuster in Frauen existieren und durch Frauen weitergegeben werden, machen wir es uns einfach nur gegenseitig schwer. Denn diese Muster werden dazu genutzt, die Position der Einzelnen zu stärken – was allerdings langfristig dazu führt, dass alle geschwächt werden. Und so wird das Patriarchat von Generationen von Frauen weitergegeben, weitergesponnen, immer wieder gefestigt und zementiert. Wir limitieren kleine Mädchen in ihrem Ausdruck. Wir erziehen Söhne zu Chauvis, Machos, Rassisten und Schwulenfeinden. Wir bewerten andere Frauen aufgrund ihres Kleidungsstils. Wir bauen unseren eigenen Wert auf unsere Fähigkeit auf, uns in dem System behaupten zu können. Alles patriarchal!

Doch anstatt uns auf die gehirngewaschenen Frauen zu konzertieren, ist es wichtiger, uns mit denen zusammenzutun, die bereit sind, ihre Arme wieder zu öffnen und wieder Hand in Hand zu gehen. Dabei ist es wichtig, »Banden zu bilden«, wie es so oft gesagt wird. Doch viel wichtiger ist es meiner Meinung nach, Brücken zu bauen. Brücken zwischen den entstandenen Lagern der jeweils »anderen« – zwischen der Latte-macchiato-Mutti und der Antifa-Göre, zwischen der erfolgreichen feministischen Frauenanwältin und der Kassiererin in der Drogerie, zwischen den Müttern, den Kinderfreien, den Alleinerziehenden, den Familienlebenden, den Karriereorientierten, den Idealistinnen und und und … Denn nur wenn wir erkennen, dass wir am Ende alle in einem Boot sitzen, wird sich etwas ändern – auch im Umgang miteinander. Es ist essenziell, dass wir als Frauen und nicht-männliche Menschen zu einem neuen Miteinander finden, und vor allem, dass wir uns trauen, den Anfang zu machen. Nicht nur für uns, sondern auch für diejenigen, die nach uns kommen.

Aktionsimpuls

Schwesterlichkeit und ein neues uraltes Miteinander zu leben und wiederzubeleben erfordert, dass wir uns unseren eigenen Ängsten und Befürchtungen stellen und herausfinden, woher sie eigentlich kommen und wofür sie eigentlich stehen. Konkret bedeutet das: Jedes Mal, wenn wir über eine andere Frau schlecht denken, sie bewerten oder abschätzend über sie reden, sollten wir uns fragen, was da eigentlich dahintersteckt. Denn nur wenn wir die wahren Wurzeln unseres Handelns und Denkens erkennen, können wir sie lösen und verändern – ansonsten bleiben wir im ewigen Wiederholungszwang stecken.

Nimm dir einen Zeitraum von mindestens einer Woche, in dem du dich täglich beobachtest. Mach dir eine Notiz, sobald du merkst, dass du eine Frau abwertest – ohne dich dabei zu bewerten. Notier den Kontext und den Gedanken. Abends schaust du dann auf deine Liste und spürst hinein: Worum ging es eigentlich? Manchmal werte ich andere Frauen ab, um mich besser zu fühlen – wenn ich beispielsweise unsicher in Bezug auf meinen Körper bin, dann ergötze ich mich an den Makeln anderer, um von mir abzulenken und durch die Abwertung ihrer Körper meinen aufzuwerten. Manchmal werte ich andere Frauen ab, um meinen Neid zu verstecken – beispielsweise, wenn eine andere Frau etwas besitzt oder an sich hat, was ich auch gern hätte. Indem ich sie als Person verleumde oder ihren Charakter infrage stelle, stelle ich sicher, dass sie nicht alles hat und sich mein Mangel kleiner anfühlt.

Es ist absolut menschlich, solche Gedanken zu haben, denn so sind wir konditioniert worden. Doch es ist wichtig, uns zu erinnern: So sind wir nicht wirklich – sondern so wirken das epigenetische Feld und die manipulativen gesellschaftlichen Strukturen auf uns. Es gilt bei diesem Impuls also nicht nur, andere nicht mehr zu bewerten, sondern vor allem uns selbst wiederzufinden. Denn wenn wir wieder in uns und bei uns sind, dann spüren wir in uns unseren Wert. Dann sind wir es uns wert.

Nach den ersten sieben Tagen kannst du einen Blick auf deine Notizen werfen und nach Mustern, immer wiederkehrenden Gedanken und Verhaltensweisen suchen. Hast du diese gefunden, spüre hinein, was du bräuchtest oder was du tun kannst, um sicherzustellen, dass du nicht mehr so handelst. Wie kannst du dafür sorgen, dass der entsprechende Mangel nicht mehr existiert, der dein abwertendes Denken oder Handeln hervorruft? Das Magische, das in diesem Prozess passiert: Wenn wir uns selbst füllen, sehen wir andere Frauen immer weniger als Konkurrenz.

Um den Effekt zu boostern, kannst du dir außerdem vornehmen, jeden Tag mindestens drei anderen Frauen ein Kompliment zu machen. Durch diesen Fokus verändert sich dein Blick vom Mangel auf das, was sie besonders macht. Du gehst ins Anerkennen. Es ist immer wieder berührend zu sehen, wie sich dadurch unsere Beziehungen zu Frauen verändern können. Wir kommen wieder zusammen, anstatt gegeneinander zu sein.

Göttinnen-Inspiration

Wenn wir als Frauen zusammenfinden, können wir den Lauf der Welt verändern. Und wer könnte uns eher daran erinnern als die Nornen? Die schicksalswebenden Schwestern Urd (das Gewordene; das, was war), Werdandi (das Werdende; das, was ist) und Skuld (das Werdensollende; das, was wird), die gemeinsam am Fuße des Weltenbaums Yggdrasil sitzen und das Schicksal der Menschen spinnen. Sie spinnen den Schicksalsfaden aus Vergangenheit, Gegenwart und Zukunft im ewigwährenden Kreislauf des Lebens. Ihre römischen Schwestern sind die Parzen, die griechischen die Moiren. Die slawischen Völker kennen die »drei kleinen Schwestern«: Zorya. Auf Englisch heißen sie Weird-Sisters, vom germanischen *wyrd* für Schicksal (so auch in Shakespeares »Macbeth«). Nach der nordischen Mythologie wird das Schicksal eines Menschen zum Zeitpunkt der Geburt bestimmt. In diesem Augenblick sollen weibliche Geister oder Ahninnen kommen, um sich das Kind genau anzuschauen und ihm seine Bestimmung zu geben. Doch auch wir können heute, wie die Nornen, gemeinsam beginnen, den Schicksalsfaden für diejenigen zu spinnen, die nach uns kommen. Das, was war, können wir transformieren; das, was ist, bestimmen; und damit das, was kommt, verändern. Gemeinsam als Schwestern, indem wir alle wieder an einem Strang ziehen.

Dabei können uns die keltischen Schwestern der Nornen inspirieren – die drei Bethen: Ambeth, Borbeth und

Wilbeth. Ambeth steht für die gebärende Mutter, oft wird sie mit einer Schlange dargestellt; Wilbeth symbolisiert mit ihrem Rad den Lauf des Lebens; und Borbeth verkörpert die Erde, in deren Schoß wir zurückkehren. Das Christentum machte aus ihnen Margarethe, Katharina und Barbara, die drei Nothelferinnen, denn diese drei Schwestern waren trotz aller Anstrengungen nicht aus der Seele der Menschen zu verbannen. So wie Schwesternschaft eben auch ein Teil unserer tiefen Natur ist.

Noch heute gibt es Spuren der Bethen überall im deutschsprachigen Raum. Der Marien-Wallfahrtsort Bethen in Norddeutschland ist ein besonders prägnantes Beispiel, aber auch die Taufkapelle im Wormser Dom hat ein Flachrelief mit den drei Bethen – was besonders interessant ist, da der Bischof, der den Bau errichten ließ, strikt gegen die Verehrung der drei Bethen war und diese als Sünde bezeichnete. Und es bedeutet, dass trotz der Christianisierung die Bethen noch im 11. Jahrhundert eng mit den Menschen verbunden waren. Bis 1968 gab selbst der Vatikan den Bethen einen Platz im Heiligenkalender: den 16. September. Bis heute findet an diesem Tag im italienischen Meransen eine Prozession ihnen zu Ehren statt. Zeit also, den Tag und die damit verbundene Energie auch bei uns wiederzubeleben!

Wir können uns über diese Schwestergöttinnen mit der Schwesterlichkeit in uns verbinden und sie um Unterstützung bitten, diese auch über persönliche Beziehungen, gelebte Blasen und bereits geschaffene Brücken hinweg zu verkörpern. Dazu bietet es sich an, drei Kerzen zu entzünden – eine schwarze, eine rote und eine weiße, für Vergangenheit, Gegenwart und Zukunft. Oder christlich gesprochen: für die Dreiheit Glaube, Liebe, Hoffnung. Schaff dir also einen ungestörten Rahmen, in dem du einen Space für dich einrichtest. Das kann dein Altar sein oder ein Ort in deiner Wohnung. Zunächst werde dir darüber im Klaren, welche Art von Schwesternschaft du dir wünschst. Welche alten Erinnerungen hast du in deinem System? Welche Wünsche hat deine Seele?

Dann überleg dir, wie diese Art von Schwesterlichkeit durch dich verkörpert werden kann. Was kannst du einbringen? Wie kannst du dich verhalten? Und zuletzt schreib dir auf, was passiert, wenn wir Frauen und nichtmännlichen Menschen wieder in Schwesterlichkeit und Geschwisterlichkeit zusammenkommen. Wie verändert das unsere Gesellschaft? Was ändert sich für die Einzelne? Trau dich, dabei groß zu denken.

Wenn du deine Listen hast, nimmst du drei Fäden oder Bänder – gern in Schwarz, Rot und Weiß, es können aber auch andere Farben sein. Nimm jeden einzelnen Strang in deine Hand, lass ihn durch sie fließen und erfülle ihn mit der jeweiligen Energie. Du kannst den Strang auch besprechen, du bespinnst ihn mit der Hilfe der Nornen und Bethen. So gehst du für jeden Strang vor. Und dann wendest du dich direkt an die drei Bethen. Bitte sie um Unterstützung bei deinem Vorhaben der Schwesternschaft. Bitte sie darum, alle Frauen zu unterstützen. Bitte sie um das, was dir wichtig erscheint. Und dann flicht die drei Bänder zu einem Zopf zusammen – verwebe die verschiedenen Qualitäten, webe die Sisterhood, die du dir wünschst. Spüre, wie sich die Energien vermischen und unterstützen – ein Zopf ist immer stärker als ein einzelnes Band.

Du kannst den Zopf auf deinem Altar liegen lassen oder ihn an einen Baum hängen (nur Naturfasern, bitte!). Oder du kannst ihn verbuddeln, damit aus ihm Neues erwächst (auch hierbei nur Naturfasern, bitte). Denn Beth ist ursprünglich die große Erdgöttin, und die Bethen sind ihre Töchter. Noch heute finden wir den Hinweis, wenn wir ein Beet anlegen oder uns betten – schliefen die Menschen früher ja auf dem Boden. Und so ist auch das Beten an sich ein Gespräch mit der Erdgöttin, der Großen Mutter, und kein verzweifeltes Rufen an einen weit entfernten Gott. Wir gehen in Kontakt mit der Erde unter unseren Füßen und bitten um Unterstützung. Wir erkennen sie als unsere Mutter und damit alle Frauen als ihre Töchter an. So sind wir Schwestern – von Anbeginn der Zeit. Und heute ist es Zeit, es wieder zu verkörpern, auf allen Ebenen.

Eine neue Geschichte schreiben

Wenn du bis hierhergekommen bist, dann darfst du dir selbst eine große Umarmung geben. Ich weiß, dass manches in den bisherigen Kapiteln nicht einfach zu verdauen war, dass einige Stellen alte Emotionen hochgebracht haben können und dass es zuweilen herausfordernd gewesen sein kann, die Impulsfragen zu beantworten und das Aufkommende zu fühlen. Doch du bist bis hierhergekommen, und ich freue mich sehr – für dich und für all die Frauen, deren Energiefeld du durch deinen Weg berührt hast.

In diesem Teil blicken wir nun nach vorn. Denn die Frage bleibt: Was machen wir mit den Erkenntnissen und den Mustern, die wir aufgedeckt haben? Wir können sie nutzen, um aktiv den Lauf der Geschichte zu verändern. Denn: Wenn wir wissen, woher wir kommen, dann können wir bestimmen, wohin wir gehen.

Ein Phänomen, das ich immer wieder – auch bei mir selbst – beobachtet habe, ist, dass wir Dinge logisch wissen und nachvollziehen können und dennoch unser Verhalten daraufhin nicht ändern. Gerade in Bezug auf Feminismus hat es mich immer wieder erstaunt, dass nicht alle Frauen Feministinnen sein wollen und sehr viele sogar davor zurückschrecken, sich als solche zu bezeichnen. Es erschien mir unverständlich, denn logisch gesehen ist es als Frau doch das Selbstverständlichste, auf der Seite der Frauen zu stehen und damit auf der eigenen Seite. Ja, Feminismus geht viel weiter, als sich für die Rechte der Frauen einzusetzen, das weiß ich. Wir haben in den vorherigen Kapiteln viele Wurzeln für frauenunfreundliches Verhalten und Denken entdeckt, unser ganzes gesellschaftliches System ist davon durchsetzt – angefangen von der Idee des monotheistischen männlichen Gottes hin zur abschätzigen Bewertung von Frauenkörpern. Und wir haben im Teil über das Miteinander erkannt, dass auch wir als Frauen nicht davor gefeit sind, uns gegenseitig ein Bein zu stellen oder ein Messer in den Rücken zu rammen. Doch warum können wir nicht einfach damit aufhören, wenn wir die Themen erkannt haben? Was hindert uns daran, auch kollektiv diese Verhaltensweisen abzuschalten? Denn ja, es gibt äußere Faktoren, die uns das Leben erschweren und uns auf besondere Weise herausfordern – viele haben wir im Laufe des Buchs angeschaut und auseinandergenommen. Doch die meiner Meinung nach entscheidendsten Faktoren liegen in uns.

Es sind zwei Schlüsselelemente, die dazu führen, dass es das Patriarchat immer noch gibt und dass wir es weiterhin aktiv mitgestalten. Zum einen unser eigenes inneres Patriarchat, das vielen überhaupt nicht bewusst ist. Zum anderen die Ahnentraumata, die wir in uns tragen und die mehr unserer Handlungen und Gedanken beeinflussen, als wir uns meist eingestehen wollen. Nur wenn wir uns beide Bereiche in uns anschauen, können wir die Welt außerhalb von uns wirklich nachhaltig und langfristig verändern. Denn es sind Frauen, die das Patriarchat aufrechterhalten. Erst wenn wir uns wieder spirituell verbinden und in tiefe Gemeinschaft mit anderen Frauen gehen, wird sich etwas ändern. Erst dann entziehen wir dem aktuellen System den Nährboden und beginnen, aktiv eine neue Welt zu schaffen. Für uns und für diejenigen, die nach uns kommen.

Während es im vorherigen Teil um das Erinnern und Verstehen ging, wir mit Impulsen reflektierten, aktiv wurden und uns von der Göttin inspirieren ließen, so geht es in diesem Teil um das konkrete Verkörpern dessen, was spirituellen Feminismus ausmacht. Denn wenn wir spirituell nicht klar und gut verbunden sind, können wir nicht aus unserer gesamten Kraft heraus agieren. Nur wenn wir Körper, Geist, Herz und Seele in Einklang bringen, alles miteinbeziehen, dann ist unserer Feminismus ein holistischer und integraler. Erst dann werden wir es schaffen, transgenerationales Trauma zu transformieren und intergenerationale Intentionen zu implementieren.

Inneres Patriarchat

»Patriarchy has no gender.«
BELL HOOKS[61]

Für viele Frauen fühlt sich die Idee eines inneren Patriarchats zunächst absurd an – versuchen wir doch schließlich, gemeinsam das System zu verändern. Vor allem ist es für viele unvorstellbar, dass sie selbst ein inneres Patriarchat in sich tragen sollen. Doch es ist so. Dabei ist das innere Patriarchat ein Phänomen, das in verschiedenen Ausdrucksformen aktiv wird. Auf einer ersten Ebene ist es positionsfokussiert: Innere Mechanismen sorgen dafür, dass unser Handeln auf der Basis unserer gesellschaftlichen Position zu unserem kurzfristigen Vorteil sein mag, jedoch langfristig die Unterdrückung und Benachteiligung aller Frauen nach sich zieht. Daneben gibt es den Performancefokus, mit dem wirkt das innere Patriarchat direkt gegen uns – innere Mechanismen sorgen dafür, dass wir uns selbst davon abhalten, voll und ganz in unsere Macht und Kraft zu gehen und uns in all unseren Facetten zu zeigen. Auch das führt am Ende zu einer Benachteiligung aller Frauen, denn wenn wir uns nicht trauen, uns zu zeigen und für uns einzustehen, wie sollen wir dann etwas ändern? Der dritte Fokus ist personenfokussiert – das sind die Mechanismen, die sicherstellen, dass alle so bleiben, wie es die Rollenmuster wollen, weil es uns vermeintliche Sicherheit und Orientierung gibt.

Das innere Patriarchat ist ein cleveres System, das tief in unserem epigenetischen System sitzt und tagtäglich durch Botschaften, Wortwahl und Sehgewohnheiten erneut bestätigt und gefüttert wird. Jeden Tag sorgen Millionen Frauen durch ihr inneres Patriarchat dafür, dass das äußere Patriarchat weiterhin aufrechterhalten wird. Die drei genannten Ebenen – ich nenne sie Fokusse oder Ausprägungen: Position, Performance, Person – hatte auch ich in mir aktiv, ohne es zu wissen. Als ich es erkannte, lief es mir kurz kalt den Rücken herunter. Denn mir wurde dabei erst klar, in welchem Maß ich unbewusst das Patriarchat als solches weiter aufrechterhalten hatte, obwohl ich doch gefühlt so aktiv daran mitwirkte, dass es sich nun endlich verabschieden darf. Dabei ist es auch hier wichtig, uns klarzumachen: Es ist nicht unsere Schuld, dass es so ist, es ist unsere Verantwortung, es zu ändern. Das bedeutet, dass wir kein schlechtes Gewissen haben oder uns mit Scham überschütten müssen, wenn wir unser inneres Patriarchat klar und deutlich erkennen. Doch es bedeutet, dass wir bereit sein müssen, diese Strukturen zu verändern. Und dafür müssen wir zunächst anerkennen, wie schädlich sie nicht nur für uns, sondern auch für andere Frauen und das Kollektiv unserer Enkeltöchter sind.

Wir müssen bereit sein, dem inneren Patriarchat auf den Grund zu gehen, den Symptomen auf die Spur zu kommen, um sie dann zu transformieren und zu verändern. Denn solange das Patriarchat in uns herrscht, werden wir es im Außen nicht überwinden. Egal, wie stark wir kämpfen. Das kann im Übrigen ein Grund dafür sein, warum es manchmal so erschöpfend ist – denn auch wenn wir meinen, dass wir nur mit äußeren Strukturen zu kämpfen haben, so werden doch oft auch unbekannte innere Strukturen getriggert, und wir bekämpfen uns quasi selbst. Was dann dazu führt, dass wir schlussendlich nicht mehr genügend Kraft für den äußeren Kampf haben. Sobald wir jedoch diese inneren Strukturen erkennen und daraufhin auflösen können, verändert sich unser Bewusstsein, und unsere innere Freiheit kommt hervor. Es entsteht eine neue Kraft und ein Ort des Friedens, aus dem heraus wir gezielter und kraftvoller agieren können. Nur wenn wir unser inneres Patriarchat transformieren, können wir die Welt wirklich verändern. Für uns alle.

Erster Fokus: die Position

Schauen wir uns zunächst den Fokus der Position im inneren Patriarchat an. Es ist quasi der Fokus, der sich unmittelbar auf gesellschaftlicher Ebene zeigt. Haben wir diesen Fokus inne, dann wollen wir unsere gefühlt sichere Position um alles in der Welt sichern. Oft wissen wir, dass diese Position auf der Unterdrückung und Benachteiligung anderer basiert – also spirituell gesehen nicht wirklich im Einklang ist. Doch es gibt diese Stimme in uns, die uns davon überzeugt, dass wir nur sicher sind, wenn wir an unserer Position festhalten – und damit die existierende Ungerechtigkeit zementieren. Wir werden also selbst zum Patriarchen.

Ein Beispiel für das aktive positionsfokussierte innere Patriarchat und wie es sich nach außen zeigt, ist das Wahlverhalten weißer Frauen bei der Präsidentschaftswahl in den USA 2016. Denn es waren die weißen Frauen, die Donald Trump zu seinem Wahlsieg verhalfen, indem sie ihn wählten. Dieses Beispiel macht es sehr plakativ. Obwohl Trump ein Frauenverachter ist, sexuell übergriffig und misogyn – also eigentlich nicht für Frauen wählbar –, so gab es doch viele weiße Frauen, die ihn wählten. Was diese Frauen zu dem Schritt motivierte, war der Versuch, die eigene Macht zu erhalten und sich nicht solidarisch zur Gemeinschaft der Frauen zu verhalten. Sie blendeten die Konsequenzen für sich als Angehörige des Kollektivs der Frauen aus und sahen nur die Vorteile für sich persönlich – als Frau eines weißen Mannes. Denn die Privilegien, die sie durch ihren Mann haben, eventuell aufgeben zu müssen machte ihnen mehr Angst, als zu versuchen, die Strukturen zum Vorteil aller zu verändern. Und so führte das innere Patriarchat dazu, dass sich das Patriarchat im Außen verfestigen und weiter dominieren konnte. Denn die kurzfristige Sicherung der Dominanz der jeweiligen Frau ließ sie ausblenden, dass sie im Patriarchat eigentlich nicht gewinnen kann. Doch sie konnte dafür sorgen, dass über andere Kriterien ihre Vormachtstellung gesichert wird, auch wenn diese nicht aus ihr heraus besteht. Sowohl ihr Mann als auch ihre Söhne profitierten von Trump, sind vielleicht sogar wie er – weiß, cis, christlich, heterosexuell. Und die Frau, die Trump wählte, ging davon aus, dass jemand, der ist oder zumindest wirkt wie ihr Mann, für sie und ihren Mann sorgen wird. Auch wenn es sie die Chance auf Gleichberechtigung und Anerkennung kostet, so sichert es doch die Position in der Gesellschaft als solches.

Ein anderes Beispiel ist das sogenannte Entitlement, die selbstverständliche Beanspruchung von Ressourcen und Zugang. Solange ich glaube, dass ich aufgrund verschiedener Merkmale mehr Rechte oder Berechtigungen habe als ein anderer Mensch, habe ich tiefe patriarchale Strukturen in mir verinnerlicht. Denn nur dadurch, dass ich meine Dominanz ausübe, komme ich in den Genuss von Ressourcen, von denen ich ausgehe, dass sie mir zustehen, oder bekomme Zugang zu Orten, die ich wie selbstverständlich betrete, die anderen jedoch verschlossen sind. Konkret kann das heißen, dass ich wie selbstverständlich als weiße deutsche Frau eine unangemeldete Frau mit Migrationshintergrund für einen niedrigen Stundenlohn bei mir putzen lasse und davon ausgehe, dass das okay ist. Dass mir das zusteht und ich sogar noch etwas Gutes tue. Es kann auch bedeuten, dass ich Orte mit einer Selbstverständlichkeit betrete, ohne zu fragen. Dies gilt insbesondere im Zusammenhang mit anderen Kulturen, auf deren Traditionen oder Regeln keine Rücksicht genommen wird. Diese Mechanismen sind uns oft nicht bewusst, weil sie so tief in uns stecken. Gerade für weiße US-Amerikaner ist es oft selbstverständlich, sich überallhin zu bewegen, ohne zu fragen – schließlich läuft durch ihre DNA das Blut von Menschen, die sich einen riesigen Landstrich erobert haben, indem sie die indigene Bevölkerung gezielt ermordet und dezimiert haben. Das geht nur, wenn man glaubt, das Recht dazu zu haben. Doch auch in Europa tragen wir diesen Fokus des inneren Patriarchats in Bezug auf die Position in uns. Zwischen Frauen kann sich diese Form des inneren Patriarchats darin zeigen, dass wir einen Unterschied in unserem Verhalten zwischen weißen und schwarzen Frauen machen. Es kann sich darin zeigen, dass wir Frauen mit Kopftuch anders behandeln als Frauen, die keines tragen. Es ist aktiv, wenn wir uns auf die Seite eines Mannes schlagen, aus der Berechnung heraus, dass uns dies den Status oder die Macht sichern könnte oder wir Nutznießerin seiner Position werden, während wir aber gleichzeitig unsolidarisch mit anderen Frauen sind. Es passiert jedes Mal, wenn wir unseren persönlichen kurzfristigen Vorteil – ob wirtschaftlich, emotional oder strukturell – über das Gemeinwohl stellen beziehungsweise über die Position von Frauen allgemein. Damit treiben wir quasi jedes Mal einen Keil zwischen uns und die anderen Frauen und folgen dem Prinzip: Teile und erobere.

Impuls
An welchen Stellen ist dein inneres Patriarchat in Bezug auf die Position aktiv?
In welchen Momenten profitierst du in Bezug auf deine Position durch dein inneres Patriarchat?

Diese Idee, dass lieber ich allein viel profitiere, als dass ich das Risiko eingehe, dass wir alle vielleicht ein wenig profitieren könnten, sorgt dafür, dass wir es dem Patriarchat erlauben, uns zu spalten. Es bedeutet, dass wir lieber ein weißer Schwan sind, als dass wir viele schwarze Schwäne kreieren, und annehmen, dass wir nicht wissen, was dann passiert. Ein weiterer Faktor, der dafür sorgt, dass unser positionsfokussiertes inneres Patriarchat aktiv bleibt, ist die Angst davor, dass wir nicht nur unsere Machtposition verlieren könnten, sondern die Rache der anderen fürchten müssten. Derer, die bislang keinen Zugang zu unseren Privilegien hatten. Doch was dies eigentlich nur zeigt, ist, dass wir wissen, dass wir und oftmals auch unsere Ahnen von den Strukturen des Patriarchats profitiert und Angst davor haben, dies offiziell einzugestehen, aus Angst, dass uns das, was wir dadurch gewonnen haben, wieder genommen wird. Dabei gilt wie zuvor: Es ist nicht immer unsere Schuld, doch immer unsere Verantwortung. Denn wenn wir nicht die Antwort sind, wer dann?

Die Idee von »Auge um Auge, Zahn um Zahn« ist ebenfalls eine total patriarchale. Was wäre also, wenn sie nicht wahr wäre, sondern nur dazu genutzt wurde, um die aktuellen Strukturen aufrechtzuerhalten? Dann könnten wir heute aufhören zu spalten und jetzt direkt damit beginnen, uns auf die Kraft der Gemeinsamkeit zu verlassen und das Risiko einzugehen, eventuell selbst ein wenig abgeben zu müssen – jedoch mit dem Wissen, dass am Ende wir alle profitieren. Wenn für alle gesorgt ist, dann sind wir ja alle miteinbezogen, denn wir sind ein Teil von uns allen. Genau das haben wir im Patriarchat oftmals vergessen. Der erste Fokus des inneren Patriarchats ist also etwas, das uns auseinanderhält. Und es ist Zeit, diese Mauer zu durchbrechen und zu erkennen, dass wir alle im selben Boot sitzen. Nur gemeinsam können wir eine neue Welt erschaffen.

Zweiter Fokus: die Performance

»Das Wort ›Sünde‹ ist von der indoeuropäischen Wurzel ›es‹ abgeleitet, was ›sein‹ bedeutet. Als ich diese Etymologie entdeckte, verstand ich intuitiv, dass für eine Person, die im Patriarchat gefangen ist, welches die Religion des gesamten Planeten ist, ›sein‹ im vollen Sinne ›sündigen‹ bedeutet.«

MARY DALY[62]

Hier geht es um den performanceausgerichteten Fokus des inneren Patriarchats. Es ist der Fokus, der sich auf der persönlichen Ebene zeigt. Er lässt uns immer wieder glauben, dass wir nicht gut genug sind und mehr Leistung bringen müssen, um anerkannt zu werden – er nährt die Idee, dass unser Wert von unserer Produktivität abhängt. Der performanceausgerichtete Fokus des inneren Patriarchats äußert sich darin, dass wir uns nicht genügend Schlaf gönnen, uns nicht trauen, uns auszuruhen, oder Angst vor der Langweile haben – ist sie doch ein Zeichen dafür, dass wir eigentlich etwas tun könnten. So wie das äußere Patriarchat dafür sorgt, dass wir ständig beschäftigt und produktiv sein sollen, so treibt uns auch das performancefokussierte innere Patriarchat dazu an, permanent zu performen, Leistung zu bringen und schlussendlich unerfüllbare Erwartungen an uns selbst zu haben – an denen wir scheitern, wofür wir uns dann wieder niedermachen.

Es ist die Stimme in uns, die uns immer wieder antreibt, die uns dazu bringt, einen Kaffee zu trinken, anstatt fünf Minuten die Augen zu schließen. Es ist dieser innere Treiber, der unentwegt mehr fordert und uns innerlich auspeitscht, wenn wir die To-do-Liste schon wieder nicht abgearbeitet haben. Dieser Fokus lässt uns wissen, dass wir zu dick oder auch zu dünn sind, um das Leben einfach so genießen zu dürfen. Er lässt uns wissen, dass wir noch mehr Besitz brauchen, um glücklich sein zu können. Vorher geht das nicht. Es ist inneres Patriarchat, wenn wir bis spätabends völlig ausgelaugt am Rechner sitzen und uns dann für unsere Toughheit feiern, weil wir die Präsentation am nächsten Tag perfekt hinbekommen. Es ist die Stimme, die uns einredet, dass wir noch mehr und noch weiter können und jetzt definitiv noch nicht der Ort oder der Moment ist, an dem wir verweilen wollen. Und so bezwingen wir uns selbst jeden Tag, nehmen uns den eigenen Wert und zweifeln an uns. Das Fiese an diesem Fokus ist, dass wir uns, noch bevor irgendjemand anderes etwas sagen oder tun kann, schon selbst abwerten und niedermachen. Unser inneres Patriarchat lässt uns permanent wissen, dass wir weniger wert sind, dass wir weniger gut sind und dass wir nicht leistungsfähig genug sind.

Dieser auf uns gerichtete Fokus des inneren Patriarchats führt dazu, dass wir uns am Ende erschöpft dem äußeren Patriarchat fügen – bestätigt es doch so viele Dinge, die wir innerlich eh denken. Und so hinterfragen wir die äußeren Strukturen nicht mehr, sondern versuchen, auch ihnen zu entsprechen – als ewig freundlich lächelnde Frau in einer Gesellschaft, die auf Frauendiskriminierung aufbaut. Solange wir uns jedoch selbst diskriminieren, wird sich im Außen nichts ändern, sondern wir füttern unbewusst das System, das uns immer wieder erschöpft und ausgeblutet zurücklässt. Und selbst dafür machen wir uns im Zweifel verantwortlich, weil wir es hätten kommen sehen müssen, weil wir es hätten besser machen müssen und so weiter. Dieser Fokus des inneren Patriarchats nährt sich von der toxisch maskulinen Energie, die dabei in uns aktiv wird und uns nach und nach vergiftet und ausbrennen lässt. Und so ist ein Großteil der Erschöpfung, die wir am Ende des Tages spüren, auch auf unser inneres performancefokussiertes Patriarchat zurückzuführen – denn sich innerlich selbst immer wieder fertigzumachen, ist naturgemäß sehr erschöpfend.

Impuls

Kennst du Momente, in denen du dich selbst antreibst, obwohl du erschöpft bist?
An welchen Stellen kannst du deine innere Peitsche spüren, die dich über deine Grenzen treibt?
Wann wertest du dich innerlich ab, und was wertest du dann ab?

Wenn wir gegen uns selbst kämpfen, dann stehen wir auf verlorenem Posten und sind am Ende definitiv k.o. Wenn wir aufgrund von körperlich fordernden Tätigkeiten physisch erschöpft sind, ist das natürlich. Wenn wir jedoch erschöpfen, weil wir uns nicht mehr die Zeit zur spirituellen Verbindung gönnen – es ist ja nichts Produktives – oder uns immer wieder selbst emotional runtermachen, dann sind dies Symptome des inneren Patriarchats. Diese Kreisläufe gilt es zu durchbrechen. Dabei kann uns eine regelmäßige nährende spirituelle Praxis dienen, die uns immer wieder auch an unsere eigene Göttlichkeit erinnert und den Fokus auf die feminine Heiligkeit legt. Es muss kein stundenlanges Gebet sein, sondern kann aus fünf fokussierten Minuten in Verbindung mit der Erde und der Großen Mutter bestehen. Diese Verbindung erinnert uns daran, dass wir zum einen als Frauen absolut liebenswert und wertvoll sind, und zum anderen daran, dass wir nichts dafür tun müssen und unseren Wert nicht beweisen müssen. Es nimmt uns auf der seelischen Ebene den Druck.

Dritter Fokus: die Person

Es gibt noch einen dritten Fokus des inneren Patriarchats, über den wir noch seltener sprechen. Das ist der Fokus, der sich auf die Person bezieht. Damit halten wir an den Strukturen fest und erlauben niemandem – keiner Person –, diese zu verlassen. Wir erlauben Männern nicht zu weinen und zu emotional zu werden. Wir wollen keine strickenden Männer, und wir wollen keine Ballett tanzenden Söhne. Wir glauben weiter daran, dass Männer lieber Holz hacken als Harfe spielen, und wir schenken unseren Jungen Lastwagen, denn sie wollen ja sicherlich keine Puppen. Wir waschen die Wäsche unserer Söhne und lassen unsere Töchter den Abwasch machen. Dieses innere Festhalten an vermeintlichen Gegebenheiten trägt einen nicht unerheblichen Teil zum aktuellen Status quo bei. Doch am Ende zeugt es einfach von einer großen Angst davor, was passieren würde, wenn diese Strukturen aufbrechen. Denn wenn ich Männern erlaube, femininer – kurzum: menschlicher – zu werden, was bedeutet das dann für mich als Frau? Wie definiere ich dann meine Identität? Was macht mich dann noch zur Frau? Viele kennen wahrscheinlich diese inneren Fragen.

Eine bestimmte Idee vom Mannsein erlaubt uns, eine bestimmte Idee vom Frausein aufrechtzuerhalten. Einen Rahmen, in dem wir uns mit vermeintlicher Sicherheit bewegen können. Ebenso steht dahinter die Frage: Wenn ich der maskulinen Energie erlaube, in eine gesunde Form zu wechseln, was mache ich dann mit dem Anteil toxischer maskuliner Energie in mir? Solange ich diese als etwas Externes wahrnehme, kann ich meine eigenen Mechanismen externalisieren. Je mehr gesunde beziehungsweise heile oder gar heilige Maskulinität mich umgibt – in welcher Form auch immer –, desto mehr werde ich mit meinen ungeheilten inneren Mechanismen konfrontiert und kann diese nicht wegblenden. Sie werden deutlicher wahrgenommen und können richtig unangenehm sein. Um das zu vermeiden, versuche ich händeringend, an den alten Mustern festzuhalten, auch wenn ich mir gleichzeitig Gleichberechtigung und mehr Rechte für Frauen wünsche. Dieses innere Paradox kann uns tief erschöpfen, denn es ist ein Kampf gegensätzlicher Energien. Sind wir uns dieser nicht bewusst, können sie uns zerreißen, ohne dass wir wissen, warum.

Impuls

Wie zeigt sich dein inneres personenfokussiertes Patriarchat?

Hast du dein Festhalten an traditionellen Rollen schon mal vehement verteidigt?

Kennst du Situationen, in denen du Frauen abwertest, weil sie jenseits der Norm agieren?

Wir erkennen das personenfokussierte innere Patriarchat daran, dass Männer keine Röcke und keine Stöckelschuhe tragen sollten und dass es uns irritiert, wenn sie es tun. Wir erkennen es in dem Moment, in dem wir Männern Verhalten durchgehen lassen – es sind eben Jungs –, das wir bei Frauen verachten. Dieses fixierende innere Patriarchat wird deutlich, wenn wir Frauen dafür beschämen, dass sie aus den Rollen ausbrechen und nicht »weiblich genug« sind – auch wenn dies nur innerlich und in unseren

Gedanken passiert. Das fixierende innere Patriarchat hilft uns, denn selbst wenn wir vielleicht mit unserer Rolle in der Welt nicht hundertprozentig zufrieden sind, so können wir uns doch an ihr orientieren und sie als Wegweiser nutzen. Dieser Wegweiser erlaubt es uns, viele Fragen gar nicht erst stellen zu müssen und viele Entscheidungen nicht zu hinterfragen. Das Bestärken alter Strukturen bedeutet für viele auch Sicherheit.

Doch das innere Patriarchat sorgt eben auch dafür, dass uns diese Sicherheit unsere Souveränität kostet und wir niemals herausfinden, wer wir wirklich sind oder wer wir jenseits der Rollenbilder sein könnten. Wir halten uns selbst gefangen. Und nicht nur das, wir halten auch unsere Töchter und unsere Söhne gefangen – denn wir fordern auch von ihnen, dass sie an den patriarchalen Rollenbildern, die uns Sicherheit geben, festhalten.

Sich selbst befreien. Burn the Patriarchy!

Wie schon erwähnt trug auch ich alle Aspekte des inneren Patriarchats in mir. Ich hatte Angst um meine Position, da ich noch an die Mär der Dominanz glaubte. Ich trieb mich ewig an, mehr zu machen und aktiv zu sein, auch wenn ich schon erschöpft war, denn ich glaubte an die Mär, dass mein Wert von meinem produktiven Schaffen abhing. Ich war irritiert, wenn Menschen die gesellschaftlich gedachten Rollenbilder verließen, vor allem wenn Männer emotional wurden, da ich auf einmal mit meiner eigenen unterdrückten femininen Seite in Kontakt kam und das nicht angenehm fand. Niemand von uns ist vor dem inneren Patriarchat gefeit. Das Entscheidende ist jedoch, es zu erkennen und zu entschlüsseln, um es dann aufzulösen.

Um uns aus den Schlingen des inneren Patriarchates zu befreien, gilt es zunächst, all die Gedanken, die dazugehören, einzufangen. Denn die Gedanken werden zu Taten. Fangen wir die Gedanken jedoch ab, bevor sie unser Handeln bestimmen, dann können wir sie transformieren und verwandeln. Konkret bedeutet das: Wenn ich einen patriarchalen Gedanken denke, halte ich ihn fest, trete einen Schritt zurück und überlege mir, was wirklich wahr ist und wie ich diesen Gedanken verändern kann. Denn das Patriarchat ist eine große Lüge, eine menschenfeindliche Ideologie, die wir nur dann verändern, wenn wir sie nicht mehr nähren. Habe ich zum Beispiel den Satz: »Weinende Männer sind Weicheier« im Kopf, dann halte ich ihn fest und trete innerlich einen Schritt zurück. Ich stelle fest, dass dieser Satz nicht wahr ist, und beginne ihn quasi in meiner Hand so lange zu drehen, bis er sich verwandelt: Wahr ist, dass mir weinende Männer Angst machen. Wahr ist, dass Männer das Recht haben zu weinen, wahr ist, dass Männer auch nur Menschen sind. Wahr ist, dass ich mir einen starken Mann wünsche, weil ich mich selbst schwach fühle und Verantwortung abgeben will ... All diese Sätze lasse ich hochkommen und spüre in jeden hinein. Sie sind alle mit dem ursprünglichen Satz »Weinende Männer sind Weicheier« verbunden. Ich kann diese Sätze aufschreiben oder mit dem Handy aufnehmen. So kann ich mich durch all diese Sätze hindurchhangeln. Bin ich fertig, kehre ich zum Ursprungssatz zurück: »Weinende Männer sind Weicheier.« Und dann frage ich noch einmal: Ist das wahr? Die Antwort wird »Nein« sein, denn ich habe herausgefunden, weswegen ich diesen Satz glauben wollte.

Jetzt kommt die Frage: Was ist die Wahrheit über Männer, die weinen? Nimm dir dazu einen kurzen Moment Zeit und forme die neue Wahrheit. Zum Beispiel: »Männer sind Menschen. Und

Menschen weinen.« Diesen Satz spürst du. Du hast ihn gewissermaßen vor dir in der Hand. Wie fühlt er sich an? Und dann führst du ihn zum Herz oder Hals oder Kopf – wo auch immer er hingehört, du legst deine Hand bewusst auf dieses Körperteil und verankerst damit diese neue Wahrheit in dein System.

Je häufiger du das machst, desto schneller wirst du patriarchale Sätze erkennen, die Gedankenketten bilden können, den Satz verändern und neu verankern. Bei mir dauert es mittlerweile oft nur noch einige Sekunden, weil es ein automatisierter Vorgang ist. Und anstatt mich für jeden Glaubenssatz, den ich finde, fertigzumachen, feiere ich jeden einzelnen Satz, den ich verändere, als meinen Beitrag zur Freiheit vom Patriarchat! Denn je mehr ich aus mir herausholen kann, desto weniger gebe ich weiter in die Welt. Je mehr Patriarchat ich aus mir lösen kann, desto weniger vibriere ich in dieser Energie. Mit jedem gelösten Glauben werde ich freier. Ich gebe der wilden Frau in mir mehr und mehr Raum. Ich erlaube ihr, wieder frei durch die Welt zu ziehen.

Burn the Patriarchy – Glaubensätze transformieren

Wenn du mit dem Transformieren der Glaubenssätze beginnst, ist es hilfreich, nicht auf die Sätze zu warten, sondern dir mehrmals am Tag einen Alarm zu stellen und dann zu lauschen, welcher Gedanke gerade präsent ist oder gerade präsent war. So kannst du direkt deinen Glaubenswandel-Muskel trainieren, bekommst Routine und wirst nach einiger Zeit auch keinen Wecker mehr brauchen, denn dein System beginnt, selbst nach den Sätzen zu suchen. Ich persönlich haben mir zu Anfang alle Sätze aufgeschrieben und sie abends in einem persönlichen »Burn the Patriarchy«-Ritual verbrannt. Jeden Satz, den ich

> enttarnt und verwandelt habe, verbrannte ich im Angedenken an diejenigen, die unter ihm leiden mussten. Und ich habe mich stellvertretend entschuldigt. Gerade am Anfang war dies sehr kraftvoll, und ich habe gespürt, wie sich die Energie verändert hat. Ich habe mir anfangs einundzwanzig Tage mit einundzwanzig Sätzen pro Tag vorgenommen, mit einer Feuerzeremonie am Abend. Es war eine wahrlich magische Zeit. Du kannst, wenn du willst, zum Vollmond beginnen und erst mal nur die vierzehn Tage bis zum Neumond gehen. Ich wollte damals nicht warten und habe einfach losgelegt. Und dabei ist es auch okay, wenn du dich für drei oder fünf Sätze am Tag entscheidest und diese am Ende der Woche verbrennst. Mach es so, wie es für dich stimmig ist.

Wenn wir das Patriarchat in uns verbrennen, auflösen und verschwinden lassen, dann hat es auch außerhalb von uns immer weniger Macht über uns. Denn es hat weniger Haken, in die es greifen kann, weniger Momente, in denen es uns erwischen kann. Je weniger Patriarchat in uns herrscht, desto weniger kann uns das Patriarchat etwas anhaben. Ich habe auch schon von einigen Frauen gehört, dass sie während ihrer drei oder vier Wochen »Burn the Patriarchy« gemerkt haben, wie sich Beziehungen veränderten, wie sich Kollegen anders verhielten, Gespräche anders verliefen. Denn wenn sich unser Energiefeld verändert, dann verändern wir auch die Art und Weise, wie wir in die Welt gehen und wie die Welt auf uns antwortet.

Dazu gehört der Mut hinzuschauen – und uns einzugestehen, dass wir bis über beide Ohren im Patriarchat stecken. Und wieder gilt: Es ist nicht unsere Schuld. Doch es ist unsere Verantwortung, es zu ändern. Es ist unsere Aufgabe, die Antwort zu werden, sie zu verkörpern und die Veränderung zu leben. Für uns und diejenigen, die uns folgen werden. Denn je mehr wir uns vom inneren Patriarchat befreien, desto weniger wird es an die folgenden Generationen weitergegeben. Die Arbeit mit dem eigenen inneren Patriarchat hat damit immer auch eine kollektive transformative Komponente. Verändern wir unsere Gedanken, verändern wir unser Verhalten, und dann verändern sich unsere Beziehungen und Begegnungen. Also, los geht's! Let's burn the patriarchy!

Ahnentrauma

So wie uns das innere Patriarchat vereinnahmen kann, so können auch die Erfahrungen unserer Ahninnen und Ahnen dazu führen, dass wir in alten Verhaltensweisen und Gedankenmustern hängenbleiben – ob wir es wollen oder nicht. Gerade unsere Ahninnen haben Erfahrungen gemacht, die teilweise so intensiv und traumatisch waren, dass sie noch heute in unserem Körper aktiv sind, unsere Gedanken beeinflussen und unser Verhalten lenken. Dieses Ahnentrauma zu erkennen und zu transformieren kann unheimlich kraftvoll sein, denn es führt uns in eine neue Freiheit und Handlungsfähigkeit. Je mehr wir das Ahnentrauma in uns transformieren und damit auch Heilung in unsere Linie bringen, desto mehr entsteht ein Raum der Möglichkeiten für eine freie feministische Zukunft. Eine Zukunft, die wir aktiv gestalten und formen können, frei von alten Mustern und ewigen unbewussten Wiederholungen.

Wie schon angesprochen, können in uns epigenetische Marker getriggert werden, von denen wir nicht wissen, dass sie existieren.

Manchmal sind sie von der Zeugung an in uns aktiv, manchmal ausgelöst durch bestimmte Ereignisse. Aktive ahnengeprägte Verhaltensmuster erinnern uns daran, dass Epigenetik manchmal stärker sein kann, als wir es uns vorstellen können. Das Gute ist jedoch: Wir sind ihr nicht hilflos ausgeliefert. Denn erkennen wir erst mal, dass es sich um ahnengeprägte Muster handelt, dann können wir sie transformieren und lösen.

Erschütterungen von Herz und Seele. Durch die Generationen hinweg

»Niemand hat dich gewarnt, dass die Frauen, deren Füße du abschneidest, um sie am Laufen zu hindern, Töchter mit Flügeln gebären würden.«

IJEOMA UMEBINYUO[63]

Was die Schamanen schon lange wussten, beweist heute die Epigenetik – denn im Patriarchat braucht die kontrollierende Logik ja immer einen wissenschaftlichen Beweis. Epigenetik ist der Wissenschaftszweig, der sich mit dem Thema Traumata und Ahnen auseinandersetzt und nachweisen kann, dass Trauma über die Generationen weitergegeben wird. Unsere Ahnen sprechen durch die epigenetischen Marker noch immer mit uns – und das auch über die sieben Generationen hinaus, von denen Schamanen oft ausgehen. Dabei unterscheide ich zwischen der emotionalen und der spirituellen DNA, wie du gleich genauer sehen wirst. Unsere emotionale DNA kann durch Traumata beeinflusst werden, die sich in sie einprägen. Gleichzeitig können es aber auch positive Ereignisse sein, die sich so tief »eingebrannt«

haben, dass wir sie noch Genrationen später als Zuversicht oder Urvertrauen spüren.

Die Epigenetik unterstützt diese Auffassung. Die Umwelt und die Erfahrungen der Vorfahren beeinflussen die Gesundheit der Nachfahren. Es ist das Bild der Großmutter, die ihre Enkelin bereits in sich trägt, wenn sie mit ihrer Tochter schwanger ist, denn die Eizellen sind schon im weiblichen Embryo angelegt. Ein Baby ist während der Schwangerschaft nicht isoliert. Jeder Umweltreiz, der auf die Mutter wirkt, jedes Erlebnis, das sie emotional intensiv berührt, wirkt auch auf das Baby und damit auf die Keimzellen. Die Epigenetik ist der Wissenschaftszweig, der mittlerweile das nachweisen kann, was Schamanen und traditionelle Heilerinnen schon seit Jahrtausenden behaupten. Viele medizinische und spirituelle Traditionen indizieren, dass Geist und Körper verbunden sind. Ungelöste emotionale Belange bleiben im Emotionalkörper als ungesunde Energien hängen, und auf der physischen Ebene kann man sie unter dem Mikroskop als stressbedingte Schäden im Stressreaktionssystem und im psychoneuroimmunologischen Netzwerk wahrnehmen. Diese Veränderungen im Emotionalkörper können psychosomatische Symptome wie neurogene Entzündungen auslösen. Es kann passieren, dass sich Enkelkinder von Kriegsopfern immer noch heftig erschrecken, wenn sie so etwas wie einen Fliegeralarm hören, obwohl sie selbst nie im Bombenhagel in den Bunker flüchten mussten. Ich selbst kenne das von mir – etwas, das durch meine Linie weitergegeben wurde: Meine Großmutter gebar meine Mutter im Bombenhagel in einem Geburtenheim im Sauerland, und ein Teil von mir war damals schon mit dabei.

Auch Erfahrungen wie das Verlassenwerden in Extremsituationen können uns prägen. So kann eine Frau mit einer solchen

Erfahrung die Überzeugung an ihre Töchter weitergeben: »Auf Männer kannst du dich nicht verlassen. Sie verlassen dich. Ohne Vorwarnung. Keiner bleibt, und sie sind sich immer wichtiger als alles andere. Es ist besser, ihnen fernzubleiben.« Das kann dann dazu führen, dass keine Frau in ihrer Linie nach ihr mehr langfristig mit einem Mann glücklich wird.

Impuls

Welche patriarchalen Verhaltensweisen oder Befindlichkeiten sind typisch für deine Familie?
Kommen diese aus dem Hier und Jetzt, oder war das »schon immer« so?
Welche dieser Verhaltensweisen oder Gedanken erkennst du bei dir wieder?
Bei welchen fühlst du dich wie ferngesteuert?

Durch die emotionale DNA können wir einen Zugang zu unserer spirituellen DNA bekommen. Der Emotionalkörper ist quasi wie ein Portal, das sich in zwei Richtungen öffnen kann. Dabei ist die spirituelle DNA unser mystisches Bewusstsein und unsere Anbindung an das Göttliche, das große Ganze, an Mutter Natur und damit auch an den Kosmos.

Der Arzt Joseph Tafur beschreibt es wie folgt: »Durch das Herz können wir diese subjektive Gegebenheit der ozeanischen Grenzenlosigkeit erfassen. Durch das Herz lernen wir den Spirit kennen. Wir spüren ihn, auch wenn ihn unser Verstand nicht erfassen kann. Spirit ist Erinnerung, Spirit ist Möglichkeit. Spirit berührt den Leib und ist so real wie Herzschmerz und Freude. Spirituelles Leiden macht uns krank, spirituelle Heilung lässt uns gesunden.«[64]

Wenn wir mit der spirituellen DNA arbeiten, dann geht es um das Finden des ursprünglichen Codes, der Essenz – und in den allermeisten Fällen ist es nicht der christliche Glaube, sondern das, was davor existierte. Eine tiefe erdverbundene Spiritualität, wie wir sie zu Beginn dieses Buchs kennengelernt haben. Eine Spiritualität, die in einer tiefen Ehrung der Frau und des Weiblichen wurzelt. Doch die Christianisierung und Hexenverfolgung haben tiefe traumatische Spuren in der europäischen spirituellen DNA hinterlassen. Auch der Missbrauch der uralten Runenzeichen im Zweiten Weltkrieg ist nicht spurlos an unserer spirituellen DNA vorbeigegangen. Diesbezügliche Erlebnisse unserer Ahnen können noch heute in uns getriggert werden oder von sich aus aktiv sein. Sie können dazu führen, dass es uns schwerfällt, dem Göttlichen zu vertrauen, oder uns daran hindern, uns dem Göttlichen oder der Göttin wieder vollkommen hinzugeben. Diese Traumata in der spirituellen DNA können bewirken, dass wir uns davor fürchten, uns mit unseren spirituellen Gaben zu zeigen, denn die Erschütterung über den Tod so mancher unserer Ahninnen und Ahnen sitzt noch tief. In unserer spirituellen DNA sind all die Erlebnisse und Erfahrungen bewahrt, die mit unserer Verbindung zur »ozeanischen Grenzenlosigkeit« zu tun haben, von der Joseph Tafur sprach.

Impuls

An welcher Stelle hältst du dich zurück, wenn es um Spiritualität geht?

Wie wurde in deiner Familie mit dem Thema Spiritualität, das sich auch als Religiosität gezeigt haben kann, umgegangen?

Wovor hast du Angst, wenn es darum geht, dich vollkommen in und mit einer Spiritualität zu zeigen?

Diese Erschütterungen von Seele und Herz können dazu führen, dass wir alte patriarchale Muster unbewusst wiederholen. Sie können uns dazu bringen, Dinge zu tun, die wir »bei Sinnen« so nicht tun würden. Erkennen wir unsere Ahnentraumata nicht, wiederholen wir gewissermaßen Patriarchales und halten damit einen veralteten Status quo aufrecht, anstatt uns dem hinzugeben, was wirklich sein könnte. Wir nehmen uns die Chance, uns daran zu erinnern, wer wir wirklich sind.

Den Ursprung finden

»Alle, die je gelebt haben, waren die Summe der Entscheidungen ihrer Vorfahren. Das ist die menschliche Beschaffenheit.«

FELICITY HAYES-MCCOY[65]

Woran erkennen wir nun, ob unsere Handlungen und Gedanken auf den Erfahrungen unserer Vorfahren basieren oder ob sie aus uns selbst kommen? Den ersten Hinweis darauf liefert deine Suche nach dem Ursprung. Hast du einen »verdächtigen« immer wiederkehrenden Gedanken oder ein immer wieder auftretendes Verhalten, kannst du dir als Erstes die Frage stellen: Gibt es für diesen Gedanken beziehungsweise für dieses Verhalten ein Ursprungsereignis in deinem Leben? Ein Beispiel aus meinem Leben ist, dass ich lange Zeit immer einen Snack dabeihaben musste. Auch wenn ich nur für kurze Zeit unterwegs war, hatte ich einen Müsliriegel oder einen anderen Snack in meiner Tasche. Die Idee, ohne Nahrung aus dem Haus zu gehen, löste eine nervöse Unruhe in mir aus. Ich folgte also diesem Gefühl und stieß auf den Gedanken von: »Ich muss Essen dabeihaben, damit ich nicht verhungere.« Also nahm ich den Satz und schaute auf mein Leben – gab es dort einen Moment, der diese Angst vorm Verhungern begründen würde? Gab es Zeiten, in denen ich hungern musste? Ich konnte kein Ursprungserlebnis in meinem Leben finden, was für mich ein Hinweis darauf war, dass dieser Gedanke und das damit verbundene Verhalten im Ursprung nicht meines war. Schlussendlich konnte ich es in der Tat bis zu meinen Ahnen und einer Zeit mit langen Phasen des Hungerns zurückverfolgen. Nachdem ich das Muster erkannte, anerkannte und auflöste, kann ich nun ohne Essen das Haus verlassen. Wie du in solchen Fällen vorgehen kannst, beschreibe ich gleich noch.

Einen weiteren Hinweis darauf, ob ein Verhalten oder ein Gedankenmuster ahnengeprägt ist, finden wir anhand der Frage, seit wann sie existieren. Auch dabei gilt: Gibt es keinen Moment in unserem Leben, den wir damit verknüpfen können, oder kommt uns direkt ein »Das war schon immer so«, dann ist die Wahrscheinlichkeit hoch, dass es übernommenes beziehungsweise übertragenes Verhalten ist, das seinen Ursprung in der traumatischen Erfahrung einer unserer Ahninnen oder auch Ahnen hat.

Ahnenthemen auflösen

Mit den folgenden Schritten kannst du für dich beginnen, Ahnentrauma zu identifizieren und zu transformieren:

1. Gedanken fangen

Nimm den Gedanken wahr, der immer wieder mal auftaucht und dir erstaunlich oder sogar hinderlich erscheint. Wenn es um ein Verhalten geht, nimm den Gedanken wahr, der dazu führt. Im Zweifel spule vor deinem inneren Auge so weit zurück, bis du kurz vor der ungünstigen

Handlung bist, und dann nimm den Gedanken wahr, der aktiv ist.

Die Frage nun ist: Welche Stimme spricht da? Ist es deine oder die von jemand anderem?

2. Körper-Scan

Spüre nun die Emotion, die mit dem Gedanken verbunden ist. Wo im Körper kannst du sie wahrnehmen? Es kann jedes Körperteil sein, nicht bewerten. Manchmal kann die Emotion sogar außerhalb des Körpers sein.

Die Frage dazu: Welche Emotion nimmst du wahr? Wie kannst du sie beschreiben? Wo kannst du sie spüren?

3. Energie ausmisten

Wenn du merkst, dass die Stimme und/oder die Emotion nicht deine ist, dann kannst du sie aus deinem System nehmen. Dazu kannst du dir bildlich vorstellen, wie du den Gedanken oder die Emotion aus deinem Körper herausnimmst und vor dich legst. Du kannst das Ganze mit einer physischen Handbewegung unterstützen.

Wie fühlt sich dein Körper, dein ganzes System an, wenn du den Gedanken, die Emotion aus dir herausgenommen hast? Wie spürst du die Veränderung?

4. Ursprung anerkennen

Richte deinen Fokus auf die Energie vor dir, die du aus dir herausgenommen hast. Vielleicht kannst du sie bildlich wahrnehmen, vielleicht spürst du sie. Jetzt ist es Zeit, sie aufzulösen. Dazu kannst du die folgenden Sätze sprechen:

»An die Ahnin, zu der diese Energie gehört – ich fühle dich, und ich erkenne dein Schicksal an. Ich erkenne an, dass dieser Gedanke / diese Emotion dir einmal gedient hat. Doch ich lebe jetzt im Jahr 2022, und die Welt ist eine andere. (Wenn du willst, kannst du es an dieser Stelle beschreiben: Frauen haben Bankkonten, es gibt volle Supermärkte, Frauen dürfen sich scheiden lassen, Frauen sind Chefs von großen Firmen, Frauen können ihre eigene Wohnung von ihrem eigenen Gehalt mieten …) Du bist meine Ahnin, und ich bin deine Enkeltochter. Ich möchte mein Leben jetzt so leben, wie ich es will – in Frieden, Fülle und Freiheit. Ich bitte dich, schau freundlich, wenn ich es tue. Hier und heute erlöse und transformiere ich diese Energie für mich und für all diejenigen, die bereit dazu sind.«
Dann atme tief ein und aus und spüre, was passiert. Erlaube der Energie, sich zu transformieren. Wenn du willst, kannst du dir auch deine Linie vorstellen und spüren, wie die Transformation durch diese hindurchläuft. Vom Hier und Jetzt bis zum Ursprung. Und zurück. Am Ende bedanke dich und verabschiede dich von deiner Ahnin.

5. Das Jetzt zum Vibrieren bringen

Nun richte den Fokus wieder auf dich selbst und den in dir frei gewordenen energetischen Raum. Diesen gilt es nun bewusst mit frischer Energie und feministischen Gedanken zu füllen.

Atme tief ein und aus und fülle den inneren Raum bewusst mit Worten und Vibrationen, indem du sagst: »Ich lade Klarheit, Selbstbewusstsein, Stärke, feministisches

Bewusstsein, die Göttin (benenne, was für dich stimmt) ein, in mir Platz zu nehmen.«

Öffne deine Arme und sprich: »Ich öffne mich für Situationen, in denen ich in meiner Präsenz bleibe, unabhängig von Männern agieren kann, mich daran erinnere, was ich will, anstatt den Erwartungen anderer zu entsprechen (benenne, was für dich stimmt).«

6. Die neue Energie verkörpern

Zum Abschluss finde drei Dinge, die du innerhalb der nächsten zweiundsiebzig Stunden tun kannst, um die neue Energie zu verkörpern und damit langfristig zu verankern. In dir und im Kollektiv. Denn die Veränderung deiner Vibration verändert auch das kollektive Feld der Frauen.

Ich möchte an dieser Stelle daran erinnern, dass die Arbeit mit den Ahnen und mit transgenerationaler Energie und deiner Vibration intensiv und nachhaltig bewegend sein kann. Nimm dir also gern Zeit für die eben beschriebenen Schritte. Mach sie zu Beginn mit mindestens zwei Tagen Abstand zwischen den Durchgängen, damit alles Zeit hat, sich zu setzen. Allzu oft sind wir noch im patriarchalen Muster von »Schneller und mehr« gefangen. Manchmal ist langsamer hingegen wirkungsvoller. Denn unser System braucht Zeit, die bewegten Dinge zu integrieren. Geben wir uns diese Zeit nicht, dann laufen wir Gefahr, wieder in alte Muster zu verfallen oder den potenziellen Effekt einer solchen Praxis deutlich zu mindern. Und das wäre schade. Denn es würde uns zurückwerfen in die patriarchale Idee vom ewigen Tun – eine Idee, die wir für die Welt, die wir gemeinsam kreieren, durchaus auflösen dürfen.

Von Erschütterung zu Ermächtigung. Displace the patriarchy!

Durch das schrittweise Erkennen und Auflösen von Ahnentrauma kommen wir mit unserem Sein mehr und mehr im Hier und Jetzt an. Denn nur wenn wir die alten Gedanken und übertragenen Verhaltensmuster lösen, können wir beginnen, wirklich wir selbst zu sein. Dabei erschüttern wir zum Teil auch unser Familiensystem. Es kann sein, dass die Verwandten mit dem Kopf schütteln oder in aktiven Widerstand gehen – auch ohne, dass sie von unserer Arbeit wissen. Denn wir sind alle kollektiv im System verbunden. Sollte es Abwehr geben, gilt es das auszuhalten und vor allem nicht persönlich zu nehmen.

Das andere, was passiert, wenn wir in diese Arbeit gehen, ist, dass wir uns selbst Schritt für Schritt ermächtigen. Denn wir werden klarer, präsenter und vor allem kraftvoller. Indem wir uns erlauben, wieder in unsere eigene Macht zu gehen – die zuvor teilweise ordentlich unter alten Vorstellungen verschüttet gewesen sein kann –, beginnen wir auch wieder mehr, aktive Schöpferinnen unseres Lebens zu werden. Wir beginnen wieder, die feminine Schöpferinnenkraft zu verkörpern. Wir erlauben der Göttin wieder, sich durch uns zu verkörpern. Für uns und all diejenigen, die nach uns kommen.

An dieser Stelle sei nur kurz erwähnt, dass Ahnenarbeit und Ahnenheilung selbstverständlich noch viel tiefer gehen kann, als ich es hier aufgeführt habe. Dazu habe ich bereits ein Buch geschrieben: *Du bist die Antwort auf deine Fragen.* Falls du also tiefer einsteigen, Familiengeheimnisse lüften und auch deine kraftvollen und friedlichen Ahninnen und Ahnen kennenlernen willst, dann lege ich es dir ans Herz. Für den Anfang kannst du jedoch auch schon richtig viel durch die hier beschriebene Praxis verändern. Denn durch das Identifizieren und Entfernen der alten patriarchalen Energie in uns öffnen wir einen Raum für neue Möglichkeiten. Es entstehen neue Handlungsspielräume, die mit feministischen Optionen gefüllt werden dürfen. Und auf einmal fühlt sich die Welt schon ganz anders an. Wir erobern uns im wahrsten Sinne des Wortes unsere Körper und Energiesysteme zurück! In diesem Sinne: Befreie dich selbst. Displace the patriarchy!

Neue Wege finden

Nachdem wir nun wissen, wie wir das Patriarchat energetisch und gedanklich wieder aus uns herausbekommen, stellt sich die Frage nach den neuen Wegen, die wir dann gehen. Dazu möchte ich vorab sagen: Schritt für Schritt ist hier meine Devise. Als ich begonnen habe, die Ausmaße zu erkennen und zu begreifen, wie tief sich das Patriarchat in mein Leben verwoben hatte, wollte ich zunächst alles auf einmal verändern. Ich war damit allerdings wieder in die patriarchale Falle getappt – ich konnte meinen inneren Patriarchen hämisch lachen hören. Also habe ich mich damals dazu entschieden, mir nach und nach verschiedene Aspekte und Lebensbereiche vorzunehmen – wissend, dass ein Lebensbereich ja auch immer den anderen mit beeinflusst.

Der Seele ein Zuhause geben

They thought they could bury us,
but they forgot we were the seeds.
NACH DINOS CHRISTIANOPOULOS

An allererster Stelle stand dabei für mich, eine spirituelle Praxis zu finden, die meiner Seele wieder ein Zuhause gibt und sämtliche meiner Zellen an meine Göttlichkeit erinnert. Dazu war es unerlässlich für mich, aktiv Alternativen zu dem weiterhin sehr präsenten monotheistischen männlichen Gott zu bekommen. Denn was wir sehen, bestimmt unsere Perspektive. Mir hat es damals geholfen, mich im Außen mit Göttinnen-Bildern zu umgeben. Ich habe mir beispielsweise das Göttinnen-Orakel von Doreen Virtue gekauft, in dem verschiedene Göttinnen mit Botschaften abgebildet sind. Ich habe im Internet zu Göttinnen recherchiert und mir einen Desktophintergrund zusammengestellt. Ich wollte sichergehen, dass ich mehrfach während des Tages Bilder weiblicher und femininer Göttlichkeit sehe. Denn unsere Sehgewohnheiten verändern unsere Wahrnehmung.

Das Gleiche gilt übrigens auch bei den ewig gleich aussehenden dünnen Frauen, die uns medial vorgesetzt werden und die wir dann als schön empfinden. Auch hier gilt: Verändern wir unsere Sehgewohnheiten – sehen wir also einfach öfters dicke und nicht normschöne Menschen, dann verändert sich unser Empfinden und vor allem unser Verhältnis zum eigenen Körper. Und so habe ich mit den Göttinnen bewusst mein Empfinden und mein Verhältnis zu meiner Heiligkeit und femininen Göttlichkeit verändert.

Für mich war es essenziell, mich zunächst spirituell wieder rückzuverbinden, denn wie schon ganz zu Anfang beschrieben war die Unterdrückung der uralten Spiritualität ein Schlüssel zur Unterdrückung der Frau. Und so begann ich, der Göttin, den Göttinnen Raum zu geben. Begleitet von ihnen spürte ich, wie in mir langsam ein Wandel begann – es war fast so, als ob sich ein Teil von mir nun nicht nur im Kopf an die alte Wahrheit erinnerte, sondern ich konnte es fühlen. Dazu war es hilfreich, mich jeden Tag mit meiner Intuition und der Göttin zu verbinden. Allein die Tatsache, mir diese Zeit zu nehmen, war ein Kippen meiner patriarchalen Verhaltensmuster – denn es war ja nichts Produktives, was ich da tat. Und es war magisch. Ich konnte spüren, wie sich in mir etwas verschob – fast so, als ob sich in dieser verrückten Welt etwas wieder zurechtrückte. Ich fühlte, wie ich wieder mehr in mir zu ruhen und mich mehr verbunden zu fühlen begann.

Ein weiterer wichtiger Aspekt für die Stabilisierung und Stärkung meiner Seele und der Spiritualität war die Verbindung zu meinen Ahnen. Mich als Teil einer Linie von Frauen zu erkennen, deren Vermächtnis ich war, war unheimlich machtvoll. Die Ahnen nach all den Jahrhunderten der Verbannung wieder zurückzuholen war enorm kraftvoll. Ich spürte, wie das Netz der Kirche zu ächzen begann. Ich »entkonfirmierte« und »enttaufte« mich bewusst – denn ich brauchte die (an Bedingungen geknüpfte) Liebe von Gott nicht mehr, die mir als Kind so erstrebenswert erschien. Ich hatte jetzt meine Ahninnen und Ahnen wieder. Und ich erinnerte mich, dass ich das Resultat ihrer Gebete war. Ich bin ein verkörpertes Gebet – was kann es Machtvolleres geben? Jeder Schritt, den ich seitdem tue, ist wie eine Silbe dieses Gebets, dieses uralten Gesangs, der immer noch über die Erde weht. In meinem Atem besteht die Vibration der Frauen fort, die vor langer Zeit ums Feuer saßen. In meinem Sein bin ich die lebendige Erinnerung daran, dass die alte Weisheit immer noch existiert und durch uns gelebt werden kann. Sie dachten, sie könnten uns begraben, sie dachten, sie könnten unseren Glauben begraben, sie dachten, sie könnten unsere Seele vergessen machen. Doch was sie nicht wussten, war, dass wir die Samen sind. Und wir sind gerade erst dabei, neu zu sprießen und zu erblühen.

Die Rückverbindung zur uralten europäischen Spiritualität hat mich in einer Art und Weise in mir verwurzelt, wie ich es mir nie zuvor hätte vorstellen können. Die dadurch entstandene Verbindung mit den Jahreszeiten und mit alten Bräuchen trägt mich heute durch das Jahr – der solare Kalender ist nur noch für Termine relevant, hat sonst aber keine Bedeutung mehr für mich. Und ich spüre, wie es mir eine nie zuvor erlebte Freiheit gegeben hat. Die zeigt sich auch im sogenannten weltlichen Alltag, denn ich merkte irgendwann, wie sich durch die Veränderung meiner Präsenz auch mein Umgang mit Strukturen und Mechanismen veränderte.

Wenn du den Göttinnen-Inspirationen in diesem Buch nachgehst, wirst du merken, wie du sie auch als Basis für eine kraftvolle spirituelle Praxis nutzen kannst. Du kannst sie jederzeit wiederholen und auch für dich anpassen. Du kannst mit jeder einzelnen Göttin als Facette der großen femininen Göttlichkeit in Kontakt gehen oder direkt mit der Großen Mutter. Du wirst dich in ihr erkennen – das ist der erste Schritt zur Heilung der alten Wunde vom Fall der Göttin, dem Tod des Drachen, der Dämonisierung Liliths, der Erbsünde Evas und der Verteufelung der weisen Frauen.

Es ist wichtig, dass wir uns daran erinnern, dass es etwas vor dem Christentum gab. Es gab etwas vor der brutalen Zwangsmissionierung der Menschen. Es gab einen Glauben, der im Einklang mit Frauen, mit der Natur und der Erde war. Es ist Zeit, diese Spiritualität wieder zu leben. Denn diese Spiritualität ist inkludierend, nachhaltig und zukunftsorientiert. Sie dreht sich nicht um einen fiktiven glorifizierten Ort und arbeitet nicht mit Schuld und Sünde, sondern sie lädt uns ein, im Hier und Jetzt verantwortlich zu handeln. Es braucht keinen Mitgliedsausweis – besser bekannt als Taufe –, um dabei zu sein, und sie macht nicht beim Menschen halt, sondern bezieht die Natur und alle Lebewesen mit ein. An dieser Stelle teile ich meine steile These, dass wir ohne die ausbeuterische monotheistische Religion heute weniger kapitalistische Ausbeutung hätten und die natürlichen Lebensräume anderer Arten deutlich mehr respektiert worden wären. Der menschengemachte Klimawandel war auch nur deshalb möglich, weil unsere Spiritualität es erlaubte, ja sogar förderte. Christliche, muslimische, monotheistische maskuline Religion ist frauenfeindlich und erdenfeindlich. Sie ist an einer Minderheit orientiert, die ihre Interessen brutal durchsetzt – hallo Kreuzzüge – und einen immensen Privatbesitz angehäuft hat – hallo Vatikanbank – und sich damit perfekt in den patriarchalen Strukturen eingenistet hat.

Diese Spiritualität ist kein heiliger Ort für eine Seele, sondern ein Ort, an dem Schuldscheine auf sie ausgestellt wurden. Es ist für unser seelisches Wohlbefinden daher essenziell, uns nun selbst einen Ort zu schaffen, an dem unsere Seele durchatmen kann, an dem sie sicher ist und nicht im Höllenfeuer brennen muss, wenn sie einen Fehler macht. Einen Ort, an dem sie sich angstfrei und tief verbinden kann. Dies ist deine spirituelle Praxis – frei von Dogmen und Patriarchat. Gestalte sie so, dass sie ohne Druck und mit Hingabe stattfinden kann. Mach sie zu einem verbindlichen Element deines Lebens – nicht aus Zwang, sondern als Basis der Heilung. Und erlaube dir, sie so zu gestalten, wie sie dir guttut.

Von der Erkenntnis zur Tat

»Ja, wir sind wütend, ja, wir machen einen Lärm darum, und ja, wir sind hungrig nach Veränderung.«
KATE HODGES[66]

Im Laufe des Buches hast du durch die Frage- und Aktionsimpulse schon einiges bewegen können. Vor allem die Aktionsimpulse helfen dabei, Dinge direkt zu verkörpern. Wenn wir unsere Gesellschaft verändern möchten, dann ist es unerlässlich, die Veränderung auch zu verkörpern. Das geschieht durch jede Einzelne – niemand kann sich aus der Verantwortung stehlen! Denn Feminismus bedeutet eben auch, dass wir selbst uns ermächtigen und damit aktiv in die Veränderung der Welt und der gesellschaftlichen Struktur eingreifen. Dabei kann jede ihren persönlichen Weg finden – wichtig ist nur, dass du ihn gehst. Für die eine ist es ein politisches Engagement, für die andere ein soziales. Einige Frauen beschließen, unternehmerisch richtig viel Geld zu generieren, um es dann Zwecken zufließen zu lassen, die die Welt zu einem lebenswerteren Ort machen. Was auch immer es sein mag – finde deinen Weg.

Such dir dazu zunächst einen Lebensbereich aus, in dem du dich aktuell nicht zufrieden fühlst. Ist es dein Körperbild, deine Sexualität, der Umgang mit deinen Kolleginnen, deine Rolle in der Familie, dein Umgang mit Finanzen? Was auch immer es ist, wähle diesen Bereich aus. Als Hilfe kannst du einen Kreis malen und ihn in Tortenstücke unterteilen. Je ein Tortenstück für die eben genannten Lebensfelder und die Themen aus dem Buch, die dich betreffen. Im Zweifel machst du vorher eine Liste und überträgst diese dann auf die Tortenstücke. Dann fokussierst du dich nach und nach auf jedes Tortenstück und fragst dich: Auf einer Skala von 1 bis 13 (wir sind ja Feministinnen und 13 ist die Zahl der Göttin!), wie erfüllt/glücklich/zufrieden bin ich mit diesem Lebensbereich? Schreib die Zahl in das Tortenstück. Am Ende nimmst du einen Stift und malst die Tortenstücke der jeweiligen Zahl entsprechend aus. Bei 1 nur ein bisschen in der Spitze, bei 13 komplett. Alle Tortenstücke unter 9 sind ein Bereich, in dem du aktiv werden kannst.

Wenn viele der Bereiche nicht bei 10 oder drüber liegen, ist es nicht deine Schuld – wir leben in einem System, das Frauen abwertet und ihnen systematisch die Macht nimmt. Doch auch wenn es nicht deine Schuld ist, dass du immer noch keinen Überblick über deine Finanzen hast, so ist es doch deine Verantwortung, das zu ändern. Auch wenn es nicht deine Schuld ist, dass du dich unwohl in deinem Körper fühlst, so kannst du aktiv etwas dazu beisteuern, dass es sich ändern kann. Wie du dein inneres Patriarchat enttarnen und verbrennen kannst, hast du schon erfahren. Die gleichen Tools kannst du nun auch nutzen, wenn du beginnst, dir den Bereich deiner Wahl zurückzuerobern und damit zu heilen. Und auch das Folgende kannst du nutzen.

1. Finde Vorbilder, verkörperte Inspiration

In jedem Bereich gibt es Frauen und nicht-männliche Menschen, die uns inspirieren können – manchmal müssen wir sie ein wenig suchen. Und nicht jedes Vorbild muss perfekt sein, es darf eher eine Anregung dafür sein, wohin dein Pfad führen darf. Und wenn du keines findest: Glückwunsch! Dann ist es Zeit, selbst eines zu werden.

Vorbilder finden wir auf Instagram über die entsprechenden Hashtags, in Büchern zu den passenden Themen oder durch

Suchmaschinen im Internet. In den Büchern der »Rebel Girls«-Serie finden sich garantiert inspirierende Frauen.[67]

Haben wir eine »Inspirations-Schwester« gefunden, dürfen wir uns jeden Tag fragen: Was würde sie heute tun? Wie kann ich heute ein wenig von ihrer Energie in mein Leben bringen? Ist es die Art, wie sie sich kleidet? Die Tatsache, dass sie den Anruf beim Bankberater nicht aufschiebt? Die Herzlichkeit, mit der sie Frauen in ihrer Sisterhood willkommen heißt? Was auch immer es ist: Tu es! Durch dein »Channeln« dieser inspirierenden Energie veränderst du nicht nur deine Energie, wenn du sie verkörperst, sondern öffnest auch die Tür dafür, dass andere inspiriert werden. Und Inspiration ist ein tief spiritueller Akt: Du bist eins mit Spirit.

2. Ändere Gewohnheiten und gib deiner Seele einen neuen Wohnort

Es gibt diesen Satz: Wenn das, was du machst, nicht funktioniert, dann mach etwas anderes. Auch wenn er wahr ist, ist es manchmal gar nicht so einfach, ihn umzusetzen – denn wir stecken oft in Situationen oder Strukturen fest. Beim Ändern unserer Gewohnheiten geht es nicht darum, dass wir uns selbst optimieren und unser Leben schwuppdiwupp perfektionieren. Es geht darum, unsere Gewohnheiten in Bezug auf das Patriarchat zu ändern – es zu durchschauen und einen anderen Blick einzunehmen. So können wir beispielsweise unseren Blick auf Frauenkörper dadurch verändern, dass wir unsere Sehgewohnheiten verändern. Wir können unseren Social Media Feed bewusst anpassen; wir können dort hingehen, wo man echte Körper sieht (Freibad, Sauna & Co.); wir können aufhören, Zeitschriften, die Diäten hypen, zu konsumieren, und stattdessen Bücher wie *Body*

Politics von Melodie Michelberger oder *Happy Fat* von Sophie Hagen lesen. Geht es um alltägliche Abläufe, können wir uns zunächst eine Mini-Pause – oder auch mehrere – einbauen, in denen wir unsere Kopfhörer aufsetzen und unseren Lieblingssong hören, unsere »Goddess-Playlist« anmachen oder einfach Walgesang, der uns an unsere Verbindung mit dem großen Ozeanischen erinnert. Das geht auch ganz hervorragend in der Firma auf dem Damenklo, denn dort haben wir eine Kabine ganz für uns. Ich kenne Frauen, die ihren persönlichen Umsturz des Patriarchats genau an diesem Ort gestartet haben – jede Stunde für fünf Minuten war der Beginn. Und jeder Pause folgte ein Aktionsimpuls beziehungsweise ein Verkörperungsmoment, in dem wir einfach unseren Körper spüren und die Vibration, die durch ihn fließt.

Wenn wir unsere Gewohnheiten ändern, dann ändern wir den Ort, an dem unsere Seele wohnt. Im Patriarchat haust sie in einem engen kleinen Käfig. Doch wir können ihr den Space geben, den sie verdient – wie auch immer dieser für dich aussehen mag, flauschig, farbig und feminin. Hat unsere Seele wieder Platz, dann beginnen wir auch wieder, unseren Platz wirklich einzunehmen. Wir erkennen, dass unsere Gewohnheiten tief mit dem Bild verbunden sind, das wir von uns haben, mit dem Raum, den wir uns erlauben, und der Freiheit, die wir uns nehmen. Es ist Zeit, dass wir aufhören, in einem System zu funktionieren, das für uns nicht funktioniert. Es ist Zeit, dass wir einen Raum kreieren, in dem wir alle sein dürfen – ein Ort, ein Leben, eine Gesellschaft, in der wir uns zu Hause fühlen können.

3. Setz Grenzen und erhöhe deine Schwingung

Zu lange sind wir Frauen zum Schweigen gebracht worden oder durften unsere Stimme nicht erheben – galten wir doch direkt als zickig, bossy, kompliziert oder als Furie. Wobei die Furien im matriarchalen Kontext als die Töchter von Gaia, der Erdmutter, angesehen werden und als Verteidigerinnen mutterrechtlicher Prinzipien. Mit genau dieser Energie dürfen wir auch wieder beginnen, für unsere feministischen Prinzipien und persönlichen Rechte einzustehen. Die kraftvollste Übung dabei ist es, Nein zu sagen – zu allem und zu jedem, wo es für uns richtig ist. Dabei hilft es oft, uns daran zu erinnern, dass so ein Nein immer ein Ja zu uns ist. Und jedes Ja zu uns, zu unseren Bedürfnissen und unserem Sein erhöht unsere innere Schwingung und hilft unseren Zellen, sich daran zu erinnern, wie es sich anfühlt, in einer Vibration von Fülle, Klarheit und Sicherheit zu existieren. Anstatt des ewigen Eiertanzes und Abwägens, das wir als Frauen allzu gut kennen.

Finde also für den Lebensbereich, den du dir ausgesucht hast, deine Grenzen und artikuliere sie. Was geht, was geht nicht mehr, wenn du auf eine 13 auf deiner Glücksskala kommen willst? Was ist akzeptabel, was ist nicht mehr akzeptierbar, wenn du auf eine 13 kommen willst? An welcher Stelle darfst du die »böse Fee« raushängen lassen und sagen: Genug! So wie in Dornröschen die dreizehnte Fee erschien, als der patriarchale König zur christlichen Taufe seiner Tochter zwölf sonnengoldene Teller auf den Tisch stellte und so tat, als ob er keinen dreizehnten hätte. Da kam sie und sagte: »Es reicht! Spätestens zur Menarche, der ersten Blutung, dem Stich mit der Spindel, wird sie mein. Vergiss das nicht!« Und sie hatte recht. Mit dieser kraftvollen, schrankenweisenden Energie der dreizehnten Fee, mit der Energie der

Göttin darfst du Nein sagen – und damit Ja zu dir und zu allen Frauen, die ihren Raum einnehmen wollen. Denn dein Nein ist so viel mehr als nur ein Nein. Es ist der Beginn einer (R)evolution – jede Frau, die dein Nein als Ja zu dir spürt, wird sich beim nächsten Mal daran erinnern. Es ist Zeit, die faulen Kompromisse, die eh nie wirkliche Kompromisse, sondern eher kompromittierend waren, gehen zu lassen und unsere eigenen Regeln zu machen.

Diese drei Schritte wirken auf den ersten Blick jeweils simpel – doch oft sind es die einfachen, gar nicht so komplexen Dinge, die die Welt verändern. Diese drei Schritte dienen als Sprungbrett zu größeren Taten, sie sind quasi das Warm-up. Wenn du mit ihnen vertraut bist, wirst du merken, wie du deinen Aktionsradius ausdehnst, weil sich dein Selbstbewusstsein – das Bewusstsein deiner Selbst – wieder ausdehnt und seinen ursprünglichen Space einnimmt. Es wird weniger wichtig, was die Gesellschaft denkt, und relevanter, wie du dich fühlst. Denn darum geht es, wenn wir das Patriarchat zu Fall bringen wollen: immer mehr in unser wahres Sein zu kommen.

Eine gute Ahnin sein

Im Patriarchat lautet das Motto: Mach dein Ding, schaff dir deine eigene Welt. Maximiere das Jetzt. Kurzum: Nutze all die Ressourcen, die du kriegen kannst, um dein maximal krassestes Leben zu erschaffen … Doch wenn wir das machen, geht die Rechnung am Ende nicht auf. Unser Handeln wirkt eben nicht nur für uns im Hier und Jetzt, sondern auch über die berühmten sieben Generationen hinweg – zurück und nach vorn. Und sieben Generationen sind immerhin gut zweihundert Jahre. Daher ist das Wichtigste, bevor wir an die Maximierung unseres individuellen Erlebnisses denken: die Erinnerung daran, dass alles, was wir tun, die, die nach uns kommen, beeinflusst und dass auch wir von denen, die vor uns gingen, beeinflusst werden. Es ist daher die Aufgabe einer jeden Einzelnen, eine gute Ahnin zu sein, und zwar schon im Hier und Jetzt, in diesem Leben, in diesem Moment und nicht erst, wenn wir nicht mehr sind. Wenn wir das beherzigen, verändert sich die Art und Weise, wie wir in die Welt gehen. Denn das ist eben auch Teil des spirituellen Feminismus: die großen energetischen Zusammenhänge zu erkennen und zu ehren. Das patriarchale Denken mit dem toxisch maskulinen Handeln hat uns in die Klimakrise, das Artensterben und die Umweltverschmutzung getrieben. Immer kürzere Konsumzyklen und schnelllebigere Trends sorgen für die Ausbeutung von Ressourcen, Menschen und des Planeten.

Patriarchale Muster zeigen sich dann, wenn wir weiterhin Plastik kaufen, das später im Ozean landet, da wir nur unmittelbar an uns denken. Sie zeigen sich, wenn wir um die Klimakatastrophe wissen, doch gleichzeitig einberechnen, dass sie uns nicht mehr direkt treffen wird. Wenn es uns egal ist, was die Textilindustrie an katastrophalen Spuren hinterlässt, da wir das ja eh nicht mehr ausbaden müssen.

Es ist essenziell zu begreifen, dass es eine enge Verknüpfung zwischen dem Patriarchat, dem Monotheismus, der Entstehung des Kapitalismus und der Unterordnung von Frauen und Natur als zu beherrschende Ressourcen gibt. Immer getreu der Dominanzidee: Der Mann beherrscht die Natur, und damit hat er das Recht, sie nach seinen kurzfristigen Bedürfnissen zu formen. Sie muss ihm zur Verfügung stehen, ebenso wie die Frau. Die Natur und alles nicht Menschliche darf nach Gutdünken aufgeteilt, ausgebeutet und genutzt werden – bis die Bedürfnisse gestillt sind. Wohin das führt, sehen wir mittlerweile deutlicher denn je: erschöpfte Ökosysteme, erschöpfte Frauen, erschöpfte Seelen. Eine gute Ahnin zu sein bedeutet zu erkennen, dass Feminismus mehr ist, als nur für die Rechte der Frauen zu kämpfen. Spiritueller Feminismus erkennt, dass wir unsere Seelen heilen müssen, bevor wir unsere Gesellschaft heilen und gesunden lassen können. Und unsere Seelen werden nur heilen, wenn die Natur heilt und gesundet. Denn wir Frauen sind verbunden mit dem Land. Leidet das Land, leidet die Erde, leiden wir. Noch versuchen wir, es mit Konsum zu kompensieren, doch wir werden diese Erschöpfung damit nicht beenden können.

Als gute Ahninnen verstehen wir, dass wir in diesem Moment eine Entscheidung treffen können. Wir erkennen, dass diese Entscheidung das Leben derjenigen, die uns folgen werden – ob biologisch oder kollektiv –, beeinflussen wird. Als gute Ahninnen erinnern wir uns an die alte Weisheit und daran, dass es eine weibliche Heiligkeit gibt. Diese wieder auf allen Ebenen zu verkörpern, das ist die Aufgabe einer guten Ahnin. In dem Moment, in dem wir aufhören, in der Kategorie von »ich ich ich« zu denken, und wieder beginnen, in Generationen zu denken, in Linien, in Gemeinschaft, in dem Moment beginnen wir, eine gute Ahnin zu verkörpern, denn wir fangen an, wie eine gute Ahnin zu denken. Und auf Basis dieses Denkens verändert sich unser Handeln.

Eine gute Ahnin muss dabei weder ein Imperium erschaffen noch Tausende Follower bei Social Media haben. Sie geht bewusst durch den Alltag und weiß, dass jeder Schritt Spuren hinterlässt. Und so wählt sie ihre Schritte mit Bedacht, auf dass sie Spuren hinterlässt, denen andere folgen können.

Impuls
Du kannst dir jeden Tag drei Fragen stellen:
Was würde ich mir wünschen, was meine Enkeltöchter über mich sagen?
Wie beeinflusst mein Verhalten die Lebenswelt der kommenden Generationen?
Welche Weisheit meiner Ahninnen kann mich heute begleiten oder unterstützen?

In diesem Sinne: Du bist die Antwort. Auf die Gebete derjenigen, die vor dir kamen und ihr Leben für deine Rechte riskierten. Auf die Fragen derjenigen, die nach dir kommen und deren Fragen du wirst beantworten müssen.

Wir Frauen

»Frauen werden eine Kette bilden, eine größere Schwesternschaft, als die Welt je gekannt hat.«
NELLIE MCCLUNG[68]

Solange wir Frauen uns nicht als ein kollektives Wir erkennen, solange wird sich die Welt nicht wirklich verändern. Es ist Zeit, Brücken zu bauen, anstatt immer nur im eigenen Vorgarten zu buddeln. Denn solange wir nur die Lebenswelten von einigen verändern, sind wir immer noch in den patriarchalen Strukturen von Macht und Dominanz gefangen. Audre Lorde hat es wunderbar auf den Punkt gebracht, ich hatte sie schon zitiert: »Ich bin nicht frei, solange eine einzige Frau unfrei ist, selbst wenn ihre Fesseln sich von meinen unterscheiden.«[69]

Erst wenn wir es schaffen, aus vollem Herzen darauf zu vertrauen, dass es allen besser geht, wenn für alle gesorgt ist – wobei nicht jede das Gleiche braucht oder will –, erst dann werden wir es schaffen, zu einer Gesellschaft zu werden, die auf Gemeinschaft basiert. Dies ist auch ein spiritueller Wandel, der schwer mit dem monotheistischen religiösen Gedankengut zusammenzubringen ist – denn dort kann es ja nur einen geben. Jetzt wird mancher sagen: »Aber die Große Göttin war ja auch nur eine.« Der entscheidende Unterschied war, dass wir alle ihre Kinder waren, ohne etwas tun zu müssen. Die Söhne des Vaters müssen anerkannt werden, die Töchter der Mutter *sind*. Wir waren alle automatisch Schwestern und Brüder. Zu erkennen, wie unsere Spiritualität unser Weltbild und damit auch unser Handeln formt, ist Teil eines spirituellen Feminismus. Denn du kannst tun, was immer du willst, wenn deine Spiritualität vom Patriarchat durchtränkt ist, wirst du es nie schaffen, wirklich fundamentale Veränderungen herbeizuführen. Du wirst nur oberflächlich agieren können. Wenn »wir Frauen« für uns gelten soll, dann ist es einer der ersten Schritte, unsere Spiritualität wieder daran auszurichten.

Die Große Mutter

»Alles hat sich verändert, und doch bin ich mehr ich selbst, als ich es je gewesen bin.«

IAIN THOMAS[70]

Die Idee der Großen Mutter wird gerade im Westen gern idealisiert – es ist fast so, als ob in die Göttinnen-Mutter all die Eigenschaften hineinprojiziert werden, die uns in unserer eigenen

Mutter gefehlt haben. Schauen wir jedoch in indigene Zusammenhänge oder zurück zu unseren Wurzeln, so ist die Große Mutter keine ewig lächelnde, immer säugende Jasagerin, sondern sie hat klare Grenzen und Regeln, die es einzuhalten gilt. Folgen wir denen, dann ist das Leben gut, verstoßen wir gegen sie – na ja, wir sehen ja, wo wir als Gesellschaft gelandet sind. Denn das Patriarchat hat in der Tat alle diese Regeln und Hinweise mit den Füßen getreten, und nun haben wir den Mist. Frau Holle, Perchta, Kali – dies sind einige der bekannteren »schwarzen« Göttinnen, die für diesen Aspekt der unverrückbaren Klarheit stehen, für den Kreislauf von Leben und Tod. Dafür, dass Dinge auch ihr Ende finden und wir uns immer wieder an die universalen Gesetze und Rhythmen der Natur erinnern müssen. Denn darauf bauen die Regeln der Großen Mutter auf – sie sind abgeleitet von den Jahreszeiten, der Spirale, dem Kreislauf von Leben und Tod. Sie sind nicht willkürlich ausgedacht, um Macht und Dominanz auf der einen Seite und Mangel auf der anderen Seite herzustellen. Sie gelten für alle im gleichen Maße. So ist niemand von uns unsterblich, und im Winter ist es kalt.

Wollen wir uns mit der Großen Mutter verbinden, so müssen wir uns zuallererst mit unserer Mutter verbinden. Denn es ist die Mutter, die uns vom Patriarchat genommen wurde. Mit Mutter meine ich diese nährende, aus der Fülle gebende Energie, die uns hält und in der wir uns gehalten fühlen können. Was wir mit der Großen Mutter verbinden, wurde uns vom Patriarchat genommen und vom Christentum unterdrückt. Und wie viele von uns erlebten dieses Mütterliche voll und ganz in ihrer Kindheit? Doch solange wir sagen: »Wir Frauen, außer meine Mutter!«, so lange sind wir nicht in unserer Kraft. Die meisten von uns hätten sich eine verständnisvollere Mutter gewünscht, eine präsentere Mutter, eine liebevollere Mutter ... Was auch immer es war, es ist vorbei. Was es anzuerkennen gilt, ist die Tatsache, dass auch unsere Mütter nicht die perfekten Mütter hatten, ebenso wenig wie die vor ihnen. Denn in einer Gesellschaft, in der Frauen ausgebeutet und unterdrückt werden und in der Mutterschaft als domestizierendes und politisches Instrument eingesetzt wird, können Mütter nur schwerlich in der Fülle sein. Seit Tausenden von Jahren gebären Frauen Kinder, doch seit Beginn des Patriarchats tun sie dies im emotionalen Mangel und immer weniger Verbundenheit und Erinnerung daran, dass Mutterschaft nicht das Aufgeben des Frauseins bedeutet.

Zu oft sehen wir in der Frau, die uns geboren hat, eben nur die Mutter, und wir weigern uns – aus dem Mangel und wegen der emotionalen Rechnung, die wir mit ihr offen haben –, sie aus dieser Rolle zu entlassen. Doch was würde geschehen, wenn wir unsere Mutter als Frau sehen? Patriarchale Rollenmauern würden einstürzen – Millionen von Frauen würden befreit werden aus dem kollektiven Käfig des Nur-Mutter-Seins. Die Erwartungen an Mütter würden sich verändern, und ihre Bedürfnisse als Frauen würden wieder etwas zählen.

Impuls

Wie fühlt sich die Idee an, deine Mutter zu entlassen?
Was macht die Vorstellung mit dir, deine Mutter als Teil deiner Sisterhood zu sehen?
Woran hängst du beziehungsweise das Mädchen in dir noch, was dich daran hindert, deine Mutter gehen zu lassen?

Mir selbst fiel es nicht leicht, meine Mutter aus ihrer Rolle zu entlassen. Denn in mir gab es immer noch das kleine Mädchen, das hoffte, dass ihre Mutter dieses tun oder jenes sagen würde. Das Problem daran ist: Die Mutter von damals existiert nicht mehr – und selbst wenn meine Mutter das Ersehnte heute tun würde, hätte es nicht den gewünschten Effekt. Außerdem entziehe ich mich der Verantwortung, mich selbst um meinen emotionalen Zustand zu kümmern, werde zum Opfer der Umstände und hänge somit weiterhin in den bekannten patriarchalen Strukturen, die mich lähmen. Und so kümmerte ich mich als Erstes darum, mir selbst meine emotionalen Bedürfnisse zu erfüllen, und begann, gut für mich zu sorgen. Denn ja, auch das ist fast schon eine (R)evolution im Patriarchat: Frauen, die sich Zeit für ihre emotionalen Bedürfnisse nehmen und dabei kein schlechtes Gewissen haben. Dabei geht es nicht darum, dass wir konsumieren, sondern dass wir ehrlich mit uns sind und anerkennen, wie es unserem inneren Kind geht. Und wieder: Es ist nicht unsere Schuld, es ist unsere Verantwortung. Sobald wir unser inneres Mädchen kennen, ist es unsere Verantwortung, dafür zu sorgen, dass es genährt ist. Das hat mir persönlich sehr geholfen, aus der emotionalen Bedürftigkeit in Bezug auf die Mutter meiner Kindheit herauszugehen.

Es gab noch eine andere Übung, die mir sehr geholfen hat, meiner Mutter ihr Frausein »zu erlauben«. Denn mir wurde klar, dass »wir Frauen« wirklich alle Frauen miteinbezieht. Klammern wir unsere Mütter aus – aufgrund welcher Erfahrungen auch immer –, schwächen wir das Kollektiv. Ich nenne es Übung, doch für mich war es viel mehr ein Gebet. Und ich möchte es mit dir teilen, denn es hat schon vielen anderen Frauen geholfen und die Beziehungen zu ihren Müttern grundlegend verändert.

Deine Mutter loslassen

Schließ deine Augen und komm voll und ganz im Hier und Jetzt an. Dann stell dir vor deinem inneren Auge deine Mutter vor – erlaube ihr, sich so zu zeigen, wie es für den Moment stimmig ist. Verändere das Bild oder Gefühl nicht, sondern nimm es einfach wahr. Manchmal sehen wir unsere Mutter als Kind oder in dem Alter, als wir Kind waren, oder in ihrem jetzigen Alter. Wie auch immer sie sich zeigt, ihr zu erlauben, genau das zu tun, jenseits von Erwartungen, ist schon in sich kraftvoll.

Dann sprich sie an: »Du bist meine Mutter, ich bin deine Tochter. Daran wird sich nie etwas ändern. Du hast mich geboren, durch dich bin ich in die Welt gekommen, und dafür danke ich dir. Wir sind ein Teil unserer gemeinsamen Linie.«

Lass die Worte wirken – was machen sie mit dir, was machen sie mit ihr? Wenn du Emotionen spürst, lass sie fließen, erlaube ihnen, da zu sein, und gleichzeitig erlaube ihnen, sich zu transformieren. Manchmal sind es emotionale Schatten alter Momente, die sich lösen dürfen. Wir brauchen ihnen nicht nachzuhängen oder sie festzuhalten.

Atme nochmals tief ein und aus und schau deine Mutter an. Dann sprichst du: »Hier und heute entlasse ich dich. Ich entlasse dich von all den Erwartungen und unausgesprochenen Hoffnungen, die ich an dich hatte und habe. Hier und heute entlasse ich dich. Damit befreie ich nicht nur dich, sondern ich befreie auch mich.«

Atme tief ein und aus und lass den Satz wirken. Erlaube auch hier den Emotionen zu fließen. Beim nächsten Atemzug schaust du sie wieder an und sagst: »Du und ich. Wir Frauen.« Wenn du den Satz nicht sagen kannst, spüre hinein, wo der Widerstand ist. Fühle ihn und das, was dahintersteckt. Dann entlasse es und entlasse deine Mutter daraus. Oft melden sich bei dem Satz nochmals Themen, die uns nicht bewusst waren. Dinge, die sich auflösen oder transformieren würden, wenn die Aussage »wir Frauen« wahr wird. Lass es fließen und dann sprich noch einmal: »Du und ich. Wir Frauen.« Sprich es aus. Fühle hin. Und lass es wirken.

Oft braucht es mehrere Anläufe. Auch ich habe etwas gebraucht, bis ich innerlich so weit »erwachsen« war, dass ich meine Mutter in den Kreis der Frauen aufnehmen konnte. Das ist okay. Wichtig ist, dass du dranbleibst und dich immer wieder in diesen Prozess begibst. Er ist eine kraftvolle Chance, unbewusste Themen in dir zu bewegen, die dein Frausein nachhaltig verändern können. Nutze es. Und: Du kannst die Übung auch mit deinen Großmüttern machen – das war für mich eine sehr interessante Erfahrung.

Wenn wir unsere Mutter entlassen, dann befreien wir sie. Diese Praxis ist so viel mehr als nur ein Shift zwischen dir und deiner Mutter – sie bewegt das komplette Kollektiv der Frauen. Aus diesem Grund bezeichne ich es als ein Gebet, denn es ist im Kern eine tiefe Konversation mit der Großen Göttin. Es ist das Erinnern daran, dass wir alle eine Repräsentation ihrer selbst sind. Es ist das Zurückholen der erdverbundenden, frauenehrenden Spiritualität.

Das Priesterinnen-Syndrom

Heutzutage gibt es viele spirituelle Richtungen um uns herum, die für sich beanspruchen, der einzige licht- und liebevolle Weg zur Erleuchtung zu sein, während sie die Göttin und die Gebärmutter instagramable zentrieren. Diese leicht konsumierbare Form der Spiritualität nutzt die uralte Sehnsucht in uns – die Sehnsucht nach der verlorenen Anbindung. Doch anstatt uns zu nähren, fordert sie – und damit bekommen wir dort keine Energie, sondern werden ausgesaugt. Eine Spiritualität, die oberflächlich Liebe, Schwesternschaft und Co. predigt, sich jedoch unterschwellig von genau dem Mangel daran ernährt, ist patriarchal geprägt und wird uns dadurch nie dahin führen, wo wir hinwollen. Ihre DNA trägt einen patriarchalen Code. Damit hindert uns diese Art der Spiritualität daran, das zu tun, weswegen wir hergekommen sind – das System zu verändern.

Oft beobachten wir in diesen Zusammenhängen Frauen, die dem normschönen Bild entsprechen: schlank und weiß, mit langen Haaren und fließenden Kleidern, barfuß in einer wunderschönen Landschaft, wie sie mit anderen Frauen, die ebenso aussehen, zusammenkommen. Es fühlt sich fast so an wie das Victoria's-Secret-Engellaufen der spirituellen Szene. Und all diejenigen, die nicht so aussehen oder nicht so fühlen, wie die Frauen es auf den Bildern suggerieren, geraten automatisch in einen Mangel – der übrigens gewollt ist. Denn Mangel ist der Boden, aus dem heraus sich diese Bewegung nährt. Wobei dies nicht unbedingt bewusst geschehen muss, das innere Patriarchat – das ja auch in der Spiritualität existieren kann – begleitet uns überall. Was wir dort sehen, ist weit weg von dem spirituellen Feminismus, um den es hier geht.

Diese Art von Spiritualität bedient sich auch offensiv der alten heiligen Worte, die sich heute teilweise bedeutungslos anfühlen, da sie von so vielen schon so oft als leere Worthülsen erfahren wurden. Als Worte, die nichts wert waren, sobald hinter die Kulissen geblickt wurde, die jedoch ihren Zweck als Lockmittel erfüllten. Dennoch ist es wichtig, dass wir uns diese Worte zurückholen und sie mit Energie füllen, bilden sie doch die Basis für ein gesellschaftliches Miteinander, das schlussendlich wirklich alle nährt und ernährt. Schwesternschaft, Große Göttin, Gebärmutter – mittlerweile besser bekannt als Womb oder Womb Space, als ob das eigentliche Wort beschmutzt wäre –, all diese Worte sind Teil unseres gesunden spirituellen Seins und dürfen von uns wieder in unser Leben geholt werden. Was dann eben aber auch bedeutet, dass wir sie mit Gehalt füllen dürfen, dass wir also in die aktive Verkörperung gehen. Und uns dabei eben auch den Schatten, dem Schmerz und den unangenehmen Emotionen stellen. Um diese zu verändern und nicht, um in ihnen zu baden.

Die Tendenz zu Anglizismen sorgt ebenfalls dafür, dass wir Dinge nicht so tief und wahrhaftig fühlen – ein Prayer wirkt cool, ein Gebet erst mal altbacken. Doch wir müssen uns unsere Worte zurückholen. Erinnern wir uns an die ursprüngliche Wortbedeutung des Dialogs mit der Erde. Denn das Wort Gebet kommt von Beten. Ich denke dabei an die drei Bethen, die dreifaltige Repräsentation der alten Göttin. Oder an »sich betten«, was bedeutet, sich auf die Erde zu legen, das Beet ist das Bett der Samen. Und wenn wir ins Gebet gehen, dann gehen wir in ein tiefes Gespräch mit Mutter Erde. Die ursprüngliche Wortbedeutung des Gebets ist damit sehr kraftvoll. Holen wir sie uns also zurück.

Mir ist es ein Anliegen, deutlich zu machen, dass wir nicht alle Priesterinnen sein müssen, um spirituelle Wesen zu sein, unsere alte erdverbundene frauenehrende Spiritualität zu verkörpern oder um kraftvolle Gebete zu sprechen. Ich selbst weiß, dass es Lehren und Weisheiten gibt, die seit Generationen weitergetragen werden und uns erlauben, unsere Kraft und Energie gezielt einzusetzen. Ich weiß, dass es Trainings und Traditionen gibt, die uns helfen, unsere Fähigkeiten auszuprägen. Ich bin tief dankbar, in den Genuss von all dem gekommen zu sein. Und wenn sich jemand dazu berufen fühlt, einem solchen Weg zu folgen – auf geht's. Und gleichzeitig geht es hier um etwas anderes. Es geht um die Erkenntnis, dass jede Einzelne von uns heilig und heil ist, ohne dass sie dazu etwas tun muss. Wir brauchen nicht noch mehr vermeintliche spirituelle Leader, wir brauchen spirituelle Gemeinschaft, die bereit ist, politisch aktiv zu werden und Menschen zu verbinden, anstatt sie zu isolieren. Wir brauchen nicht die Priesterin im Tempel, sondern die Gebete auf der Straße. Die Hände, die wir einander reichen, und die Verkörperung des Lebens.

Keine von uns muss etwas Besonderes sein oder auserwählt werden – hallo Prince-Charming-Syndrom –, um aktiv zu werden und wirken zu können. Jede von uns hat einen Körper und damit einen Tempel. Du bist ein heiliger Hain femininer Weisheit, der sich als das Resultat der Gebete deiner Ahninnen über diese Erde bewegt. Dich daran zu erinnern und dies zu verkörpern ist so viel machtvoller, als noch einen Kurs zu machen, um noch mehr zu wissen. Ja, wir brauchen wieder so viel mehr gesunde Spiritualität auf unserer Welt, um gemeinsam eine Veränderung herbeiführen zu können, doch dazu müssen wir nicht alle Priesterinnen und Medizinfrauen werden. Dazu kommt: Der Weg einer Priesterin, Medizinfrau oder auch Völva – wie der, den das Leben für mich ausgewählt hat – ist keiner, der sexy und voller Licht und Liebe ist. Es ist eine Aufgabe, die in Demut erfüllt wird, und nichts, was das Ego befriedigt. Auf diesem Weg gehen wir in den Dienst von etwas, das größer ist als wir selbst. Wir erkennen, dass wir nur Teil von etwas Größerem sind.

Viele alte Prophezeiungen sprechen vom weiblichen Zeitalter, vom femininen Zeitalter. Diese Zeit ist jetzt. Folgen wir den Weisheiten der Naturvölker, der indigenen Großmütter und auch den alten Erinnerungen unserer Ahninnen, dann wird klar: Jetzt ist der Moment, in dem wir Frauen – und damit meine ich alle Frauen und nicht nur die, die eingeweiht sind – uns wieder an unsere Kraft erinnern dürfen. Wir dürfen uns an die schicksalspinnenden Nornen erinnern und beginnen, nun selbst ein goldenes Netz um die Erde zu spinnen. Das Netz der Gesänge, Gebete und Geschichten, die unsere Seele nähren, halten und zum Vibrieren bringen. Die Zeit der Gurus ist vorbei, die Zeit der One Woman Show ist vorbei – wir gehen gemeinsam, betend, singend und Geschichten erzählend, nebeneinander, Hand in Hand.

Spiritueller Feminismus lädt uns ein, unsere Spiritualität im Alltag wieder zu leben und sie wie Fäden des goldenen Netzes neu in die Welt zu weben. Jedes Gebet, das du sprichst, verändert die Welt. Doch nur wenn wir das Spirituelle auch verkörpern, sichtbar und im Bewusstsein des höchsten Guts für alle Beteiligten, kann es tatsächlich wirken. Deswegen ist der Feminismus so wichtig: als irdisches verkörpertes Konzept, das wir in uns durch die Spiritualität erfahren können. Indem wir uns das Feminine der Göttlichkeit wiederholen. Indem wir die Gleichheit der Energien leben. Um ein »Spiritual Feminist« zu sein, brauchst du keine Prüfung und keinen Mitgliedsausweis. Du kannst heute beginnen – und hast es mit den Impulsen dieses Buches sicherlich auch schon. Ich freue mich riesig darauf, an deiner Seite zu stehen und zu gehen. Denn ich weiß: Gemeinsam werden wir die Welt verändern. Für uns und für unsere Enkeltöchter. Denn wir sind das Vermächtnis unserer Ahninnen – und wir haben unseren Weg erst begonnen.

Sisterhood leben

»Eine Frau ist ein winziger göttlicher Funke in einem zeitlosen Schwesternschafts-Gobelin-Kollektiv. Wir alle sind wilde Frauen.«

JAN PORTER[71]

Wenn wir nach vorn Richtung spiritueller Freiheit, wirklich existierender Gleichbehandlung und gelebtem Feminismus schreiten wollen, dann ist ein entscheidender Bestandteil unseres Weges, dass wir uns das kollektive Erleben von Frauen anschauen – und gleichzeitig anerkennen, dass es in diesem Kollektiv eine Bandbreite von Lebenswelten gibt. Denn: Keine von uns wird wirklich frei sein, solange nicht alle Frauen frei sind. Sisterhood bedeutet, gemeinsam zu gehen. Feminismus hört nicht am Ende meiner Lebenswelt auf, sondern beginnt genau dort. An den Stellen, an denen ich gefühlt nicht persönlich betroffen bin. Denn nur weil ich die noch immer existierende Ungleichheit nicht akut spüre, weil ich privilegiert bin; nur weil ich bestimmte Missstände nicht erlebe, weil sie in meiner Blase nicht vorkommen; nur weil ich das Gefühl habe, uns geht es als Frauen doch gut, weil mein inneres Patriarchat immens stark ist, bedeutet es nicht, dass ich nicht verantwortlich bin. Sisterhood bedeutet, alle mitzunehmen.

Feminine Energie denkt im Kollektiv. Denn wenn es allen gut geht, geht es auch der Einzelnen gut. Jede von uns ist ein Teil von allem. Wenn wir Frauen nicht erkennen, dass wir zusammenstehen sollten – wie sollte sich dann etwas ändern? Wenn eine von uns nicht vorn mitmarschiert, ist das okay. Aber sie sollte denjenigen, die mutig vorangehen, keine Stöcke zwischen die Beine werfen. Und wenn eine Frau von ihren Erlebnissen aus ihrer Lebenswelt berichtet, sollte die andere den Schweinwerfer nicht auf eine andere, deutlich privilegiertere Gruppe werfen und die Sprechende damit gaslighten. Sie sollte ihr zuhören, ihr glauben und ihr den Raum geben, den sie braucht. Denn den haben wir alle verdient. Sisterhood bedeutet zu erkennen, dass es eben nicht immer um uns geht, sondern auch ganz oft um die anderen Frauen. Vor allem um diejenigen, die mit weniger Privilegien in diese Welt geboren wurden. Wir starten nicht alle von der gleichen Position, und wir haben nicht alle den gleichen Zugang zu Ressourcen. Unser beruflicher Titel oder unsere Anschrift macht uns nicht besser als irgendeine andere Frau, sondern einfach nur privilegierter. Solange wir etwas anderes glauben, sind wir bis in die Haarspitzen gefüllt vom inneren Patriarchat.

Ich habe beschlossen, dass ich hinter jeder Frau stehe, die laut und mutig ist, die sich für andere Frauen und deren Rechte einsetzt, auch wenn ich nicht genau ihrer Meinung bin. Denn: Sisterhood ist Solidarität. Und Solidarität bedeutet nicht, dass ich genauso denken muss wie die andere. Aber es bedeutet, dass ich ihr den Raum halte, während sie mutig ihren Weg geht. Es ist an der Zeit, dass wir aufhören, uns gegenseitig ungefragt Verhaltensvorschläge zu machen oder zu erwarten, dass sich alle unseren Normen nach verhalten. Es gibt so viele Möglichkeiten zu leben, und die Göttin hat so viele Facetten – feiern wir sie! Es ist an der Zeit, dass wir aufhören, andere Frauen dazu aufzufordern, kleiner, weniger und leiser zu sein. Nur damit wir uns sicherer fühlen oder weniger getriggert. Das nämlich ist der innere Patriarch in Aktion, denn er bekommt Angst um seine Stellung, wenn er mit lauten Frauen in Verbindung gebracht wird. Es ist die sich selbst kontrollierende, domestizierte und gezügelte Frau, die Angst vor der Wildheit der anderen Frauen hat, weil sie sich nicht mehr erinnert, wie Wildheit geht. Doch die Wildheit ist noch immer in uns. Sie war nie verschwunden. Und es ist Zeit, ihr Raum zu geben. Der Moment der weisen wilden Frauen ist da. Es ist an der Zeit zu erkennen, dass wir gemeinsam wirklich diese Welt verändern können. Und wer das nicht will, sollte sich ernsthaft fragen, warum nicht.

Konkret bedeutet Sisterhood, freundlich zur Kassiererin zu sein, der Verkäuferin in die Augen zu schauen, die Postbotin zu grüßen. Es bedeutet, sich neben eine Frau zu stellen, wenn sie in einer prekären Situation ist, und einer Frau zu glauben, wenn sie von ihren Erlebnissen erzählt. Es sind die kleinen Gesten und Momente, in denen wir wieder Vertrauen zueinander aufbauen und die uns dann dazu bringen, auch unserer Kraft als Kollektiv wieder zu vertrauen. Sisterhood bedeutet, dass wir Frauen Komplimente machen, ihre Leistungen laut hervorheben, anstatt sie im Stillen zu neiden, und Frauen wieder mit einem Vertrauensvorschuss zu begegnen, auch wenn das ungewohnt erscheinen mag. Für mich haben solche Dinge Welten verändert. Denn jede Einzelne ist eine Schwester, und wir können auf keine verzichten.

Gemeinsam können wir heute die Welt verändern, so wie es Frauen vor gut einhundert Jahren taten, als sie für das Wahlrecht einzustehen begannen. Auch wenn wir an der Oberfläche die Idee haben, dass rein rechtlich schon alles geklärt ist, so ist es das auf energetischer und spiritueller Ebene noch lange nicht. Es ist Zeit, dass wir als Frauen beginnen, uns wieder zu verbinden, miteinander die Fäden zu spinnen und mit der Unterstützung unserer Ahninnen ein goldenes Netz über die Welt auszubreiten. Denn wenn wir alle wieder zusammenkommen, dann kehrt die Göttin zurück – sind wir doch alle ihre Töchter, jede Einzelne ein Aspekt ihres Selbst. Wenn wir zusammenkommen, dann beginnt sie wieder zu leuchten – in unseren Herzen, Vulvas und Seelen. Ich kann es schon spüren.

Lass uns gemeinsam gehen – für ein feministisches Gesellschaftssystem, in dem das Patriarchat nur noch ein Eintrag in den Geschichtsbüchern ist. Lass uns die Geschichte neu schreiben. Und lass es uns gemeinsam tun.

Spiritueller Feminismus

Zum Abschluss dieses Buches möchte ich noch einmal darauf eingehen, warum ich glaube, dass die Spiritualität essenziell für einen nachhaltigen Feminismus ist. Denn ich werde immer wieder gefragt: Ist Feminismus denn nicht gleich Feminismus? Und darauf muss ich leider antworten: Nein. Denn Feminismus ist oft von weißen Frauen aus der Mittelschicht geprägt, die ihre eigene Perspektive als Maßstab für den aktuellen Stand und die Notwendigkeit des Feminismus nehmen. Das ist jedoch weder inkludierend – siehe Sisterhood – noch nachhaltig. Und vor allem basiert es auf patriarchalen Strukturen – »Ich bin mir selbst die Nächste. Ich kann meine Handtasche kaufen, dann ist doch alles gut. Ich kann ja Teilzeit arbeiten, wo ist das Problem?« Solange wir in einer homogenen weißen, wirtschaftlich wohlgestellten Blase existieren und diese als Maßstab nehmen, so lange sind wir tief durchsetzt vom Patriarchat. Unser innerer Patriarch blendet lächelnd bei einem Aperol Spritz die Leiden und Herausforderungen unserer Schwestern aus, um ja nicht Gefahr zu laufen, aus der flauschigen Blase heraustreten und im Ernstfall noch solidarisch Privilegien abgeben zu müssen. All dies wollen wir in Wirklichkeit nicht.

Man kann nun vielseitige Ursachenforschung betreiben, für mich liegt eine ganz entscheidende Wurzel des aktuellen Zustands im Kappen unserer spirituellen Wurzeln und damit dem Verschwinden unserer Verbundenheit. Der Fall der allmächtigen Muttergöttin war der Beginn der Unterdrückung der Frauen. Der daraufhin entstehende Machtanspruch des Männlichen und der damit verbundene Beginn des Privatbesitzes – der auch die Frau also solche miteinschloss – war der Beginn der patriarchalen Machtstrukturen, wie wir sie bis heute kennen. Sie wurden nur möglich durch die Einführung eines herrschenden Vatergottes, der die Handlungen von Dominanz und Unterwerfung, von Besitzanhäufung und männlicher Blutlinie legitimierte und förderte. Durch die Abkehr von der ursprünglichen inklusiven, gemeinschaftlichen und erdverbundenden Spiritualität sind wir schlussendlich als Gesellschaft da gelandet, wo wir nun sind – mitten in der Katastrophe mit einer niemals dagewesenen Zahl von psychischen Krankheiten und psychosomatischen Symptomen, inmitten einer vergifteten und erschöpften Natur.

Das innere Portal wieder öffnen

»Nein, wir brauchen nicht mehr Schlaf. Es sind unsere Seelen, die müde sind, nicht unsere Körper. Wir brauchen die Natur. Wir brauchen Magie. Wir brauchen Abenteuer. Wir brauchen Freiheit. Wir brauchen die Wahrheit. Wir brauchen Stille. Wir brauchen nicht mehr Schlaf, wir müssen aufwachen und leben.«

BROOKE HAMPTON[72]

In unserer hektischen, logik- und performanceorientierten, immer schnelleren Welt fühlen sich mehr und mehr Menschen überfordert oder wollen viele Dinge einfach gar nicht mehr fühlen. Das Funktionieren als Frau in einem System, das von Männern für Männer gemacht wurde, führt dazu, dass wir immer mehr Erlebnisse emotional abspalten, um irgendwie zu überleben. Dabei verschließt sich der Verstand dem Herzen gegenüber. Wir schalten den mentalen Zugang zu unseren Emotionen ab, doch unser Herz bleibt weiterhin offen. Es fühlt weiterhin, was um uns und mit uns passiert – ob uns das bewusst wird oder nicht. Je nachdem, wie intensiv die Erlebnisse sind, kann es passieren, dass unser Emotionalkörper irgendwann überlastet ist und unter Stress gerät. Denn durch die Abwesenheit der Spiritualität, durch das Fehlen eines spirituellen Zuhauses finden wir keinen Halt und keinen Raum, in dem alles einen Sinn macht und sein darf. Was uns passiert, hat mit Logik nicht viel zu tun. Wir spüren den Schmerz der Bäume, wir spüren die Not der Tiere, wir spüren das Ächzen der Erde – auch wenn wir es so gern abspalten. Am Ende sind wir eben doch Teil von etwas Größerem, auch wenn die patriarchale Ideologie uns glauben machen will, dass wir die Größten wären. In uns gibt es immer noch diesen Teil, der

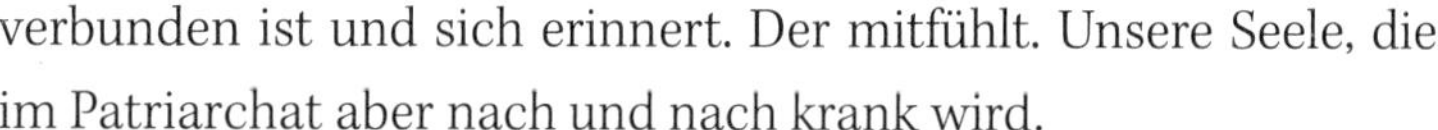

verbunden ist und sich erinnert. Der mitfühlt. Unsere Seele, die im Patriarchat aber nach und nach krank wird.

Im Schamanismus beschreibt man die entstehenden Symptome als »Soul Sickness«, als Krankheit der Seele. Es sind diese Symptome, die wir zunächst wegdrücken; die Zipperlein, für die es keine Heilung zu geben scheint; die Krankheiten, die keine wirkliche Diagnose bekommen. Unsere Ahninnen wussten um diese Zusammenhänge – auch deswegen waren sie im Dialog mit den Tieren und Pflanzen. Deswegen nahm man nicht mehr, als man brauchte. Deswegen sangen sie für das Land und beteten für die Waldgeister. Auch heute wissen viele medizinische und spirituelle Traditionen, dass Geist und Körper verbunden sind. Wie schon erwähnt hilft uns der Emotionalkörper, zwischen beiden eine Brücke zu schlagen. Er ist quasi ein Portal zu den energetischen Ebenen, und man könnte sagen, er besteht aus dem limbischen System, dem vegetativen Nervensystem, dem psychoneuroimmunologischen Netzwerk, dem endokrinen System und dem Immunsystem.

Ungelöste emotionale und spirituelle Belange bleiben – auch über Generationen hinweg – als ungesunde Energien im Emotionalkörper hängen. Wenn wir uns anschauen, was von der Tötung des Drachens über die Erbsünde von Eva, die Hexenverfolgungen und die Entnahme von Gebärmüttern als Maßnahme gegen Hysterie bis hin zur Strafbarkeit der Abtreibung schon an ungesunden Energien in unserem kollektiven femininen Bewusstsein angesammelt wurde, dann ist es kein Wunder, dass Frauen erschöpft sind. Da hilft kein Powernap mehr und auch kein Dornröschenschlaf, es braucht die Wahrheit und ein Erinnern. Wir tragen eine transgenerationale Last, die unermesslich ist und die sich nur erleichtern lässt, wenn wir der Magie wieder erlauben, unsere Seele zu nähren, und uns an unsere Göttlichkeit erinnern.

Diese emotionale Last wird sogar physisch sichtbar: Unter dem Mikroskop kann man sie als stressbedingte Schäden im Stressreaktionssystem und im PNI-Netzwerk (dem psychoneuroimmunologischen Netzwerk des Körpers) wahrnehmen. Dies wird im Wissenschaftszweig der Psychoneuroimmunologie erforscht. Eine der Hypothesen dort ist, dass chronischer Stress mit einer geringeren Aktivität der natürlichen Killerzellen einhergeht und somit zu einem schlechteren Immunschutz führt. Dieser erhöht das Risiko für akute Entzündungen und damit auch für das Entstehen von Autoimmunerkrankungen. Diese dann gewissermaßen im Emotionalkörper sichtbaren Veränderungen können psychosomatische Symptome wie neurogene Entzündungen auslösen. Es ist, als ob wir die ganze Zeit auf einem inneren Scheiterhaufen brennen – ja, so fühlt sich das Patriarchat an.

Wissenschaftlich nennt man diesen Stress nicht den inneren Scheiterhaufen, sondern die allostatische Last, die durch immer wiederkehrenden Stress, nicht abgebauten früheren Stress und/oder traumatische Erlebnisse entsteht – auch intergenerational übrigens. Der Emotionalkörper ist überlastet, und das bedeutet, dass unser Portal zur mystischen Erfahrung nicht mehr richtig funktioniert und es sich im schlimmsten Fall so anfühlt, als ob es sich ganz verschlossen hätte.

Die gute Nachricht ist, dass wir den Emotionalkörper von der spirituellen Ebene her angehen und damit den Körper durch mystische Techniken heilen können. Gleichzeitig öffnet uns ein genesener Emotionalkörper den Zugang zu einem mystischen Bewusstsein. Der Arzt Joseph Tafur beschreibt es wie folgt: »Um gesund zu sein, müssen Menschen sich mit ihrer Umgebung verbinden und gleichzeitig in Frieden mit dieser, ihrer Community, sich selbst und den Gefühlen in ihren Herzen sein. Denn durch das Herz können wir diesen subjektiven Fakt der ozeanischen Grenzenlosigkeit erfahren. Durch das Herz können wir Spirit kennenlernen. Wir fühlen es, auch wenn unser Verstand es nicht greifen kann. Spirit ist Erinnerungen, und Spirit ist Möglichkeiten. Spirit berührt den Körper und ist so echt wie eine Herzattacke und Glückseligkeit. Spirituelle Krankheit bzw. Stress macht uns krank, und spirituelle Heilung hilft uns, dass es uns gut geht.«[73]

Der erste Schritt zur spirituellen Heilung ist die Erinnerung an die alte Spiritualität, in der das Weibliche geehrt und die Frau geachtet wurde – denn diese Erinnerung kann unser System schon so tief berühren, dass wir Entspannung im Emotionalkörper erfahren. Genau deswegen ist spiritueller Feminismus so wichtig. Nur wenn wir unsere Seele mitnehmen, werden wir den Emotionalkörper heilen können. Nur wenn wir Spiritualität wieder als Teil unseres Seins begreifen, werden wir heil. Der erste Schritt dazu ist es, uns wieder mit der Göttin in uns zu verbinden, genauso wie wir es in den Impulsen und den Zeremonien in diesem Buch bereits begonnen haben.

Zeremonie anstatt Technologie

Zeremonie ist Verbindung ohne Drosselung
der Download-Geschwindigkeit.

Wir alle wollen Verbindung, wir wollen uns verbunden fühlen. Wir wollen diesen leeren Ort in uns füllen. Wir wollen uns zu Hause fühlen. Doch leider suchen wir allzu oft an der falschen

Stelle und vor allem in die falsche Richtung. Denn das, worum es eigentlich geht, ist uns über die Jahrtausende sehr effektiv abtrainiert worden. Solange wir uns auf Höher-schneller-weiter, auf Dominanz durch Innovation und Technologie fokussieren und versuchen, dort zu finden, was wir suchen, werden wir innerlich immer leer bleiben. Denn die eigentliche Verbindung wurde in dem Moment gekappt, als der Mensch entschied, sich die Natur zu eigen zu machen und sich über sie zu erheben. Damit hat er sich von ihr abgespalten. Wir aber suchen verzweifelt im Außen nach einer Verbindung, die wir nur im Inneren kultivieren können.

Alles in unserer Welt scheint nach Technologie zu schreien. Doch statt Technologie ist Zeremonie der Schlüssel, um in die Verbindung zu kommen, die wir alle so schmerzlich vermissen. Sie ist der Schlüssel zur Erinnerung daran, wer wir wirklich sind. So ist es kein Wunder, dass so viele der hochtechnologisierten und satt konsumierten Menschen der westlichen Kulturen Flüge in den Amazonas buchen oder sich nach den Trommeln der Ureinwohner Nordamerikas sehnen. Dabei ist es fast so, als ob sich ein uralter Teil in ihnen, als ob sich die Seele daran erinnert, dass Zeremonien die Standleitung zu innerem Frieden sind. Diese Downloads sind unabhängig von der WLAN-Qualität.

Die Magie einer Zeremonie liegt darin, dass sie uns eben nicht nur mit der Welt, sondern vor allem mit uns selbst verbindet. Mit dem, was wir als Seele bezeichnen. Zeremonien sind heilige Momente, die uns seit Urzeiten zusammenbringen und unserer Seele helfen, sich zu verorten. Wir erinnern uns an das Trommeln unserer Ahnen, wenn wir die Trommeln der Ureinwohner Nordamerikas hören; wir erinnern uns an die Heilpflanzen unserer Ahnen, wenn wir im Amazonas sitzen. Unser Emotionalkörper ist das Portal, und wir dürfen es wieder fühlen. Zuerst den Schmerz über den Verlust und dann die Freude über die Verbundenheit. Es ist an uns, diese heiligen Momente wieder ins Hier und Jetzt zu bringen.

Wenn wir uns daran erinnern, dass die Erde kein zu beherrschender Planet ist, sondern ein lebender Organismus – Mutter Erde –, dann können wir auch unsere Lebendigkeit wieder spüren, als Teil dieses Organismus. Dann verbinden wir uns wieder mit der alten Spiritualität, dann erinnern wir die Göttin, und das verändert unser Sein. Zeremonien laden uns seit Urzeiten dazu ein, uns zu verbinden. Sie weben das wahre Internet – das goldene Netz, das genährt wird durch die Gesänge, Geschichten und Gebete derjenigen, die vor uns kamen, und derjenigen, die nach uns kommen werden. Sobald wir uns mit diesem Netz verbinden, sind wir wieder wirklich connected. Wir sind wieder erfüllt, wir werden wieder genährt.

Jedes Mal, wenn die Frauen, mit denen ich arbeite, beginnen, sich in einer Zeremonie zu verbinden und eine Praxis zu kultivieren, passiert das Gleiche: Es kehrt Ruhe ein. Der Drang nach Konsum geht zurück. Die Präsenz nimmt zu. Frieden findet sich. Die Seele verortet sich, wir kommen nach Hause zu uns selbst. Ganz ohne Google Maps. Unsere Seele erinnert sich und schöpft Kraft aus diesen Zusammenkünften und gemeinsamen Momenten. Genau so hast du es vielleicht bei einigen der Göttinnen-Impulse in diesem Buch erlebt, wenn du sie aktiv für dich umgesetzt hast.

Um wirklich ganzheitlich zu sein, braucht Feminismus Spiritualität – denn dort liegt die Nahrung für unsere Seele. Ist die Seele genährt, dann können wir auch wieder Kraft schöpfen. Feminismus ohne Spiritualität kann logisch, aber leer sein. Er erzielt Ergebnisse, doch keine Erfüllung. Es ist Zeit, die toxisch maskuline dominierende, wissenschaftlich logische Energie gehen zu lassen und uns wieder mit der gesunden femininen, weisen und sich hingebenden Energie zu verbinden. Nur so schaffen wir die Balance für uns alle.

Das Vermächtnis unserer Ahninnen

Die feminine Energie fordert von uns, uns dem Hier und Jetzt voll und ganz hinzugeben. Indem wir unser Herz und unsere Seele öffnen. So können wir empfangen, was wir wirklich suchen. Frieden und Heimat. Ein Feminismus ohne Spiritualität blendet das aus. Jede von uns ist Kind des Landes, auf dem sie geboren wurde, Hüterin des Landes, auf dem sie lebt. Wenn wir uns darauf einlassen, dann können wir sogar noch die fernen Trommelschläge unserer Ahnen hören, während wir im Wald die Augen schließen und die Seele öffnen. Wenn wir das feminin Göttliche wieder erinnern und in unseren Zellen vibrieren lassen, werden wir wieder zu den Hüterinnen, die das Land braucht, und zu den Ahninnen, die unsere Enkeltöchter brauchen. Dann hört die Ausbeutung auf – von Frauen und von Land.

Wenn wir uns daran erinnern, werden wir auch bereit sein, wirklich nachhaltige und lebensfreundliche Lösungen für die Probleme unserer Zeit zu finden. Anstatt in Harvard künstliche Bienen zu konstruieren, werden wir in Hamburg Lebensraum für echte Bienen schaffen. Wir erinnern uns dabei an die Bienengöttin und daran, dass die Menschen schon ganz früh um die Wichtigkeit der Bienen wussten – ohne einen wissenschaftlichen Beweis zu brauchen. Wir werden nachhaltig produzierte Kleidung kaufen und sie lange tragen, während wir bereit sind, einen fairen Preis zu zahlen, in Ehrung unserer Schwestern, die sie gefertigt haben. Wir werden wieder als Schwesternschaft zusammenkommen, uns trauen, uns einander zu zeigen und zu fühlen, mit langen Umarmungen von Gebärmutter zu Gebärmutter, anstatt den ewig nächsten Kontakt oder Follower zu suchen.

Wir brauchen die Natur, sie braucht uns nicht. Wir brauchen Mutter Erde, sie braucht uns nicht. Wir brauchen die tiefe Verbindung und Erinnerung an diesen Organismus – denn durch ihn leben wir, und nur mit ihm überleben wir. Nicht andersherum. Wir brauchen die Spiritualität. Unsere Seele braucht ein Zuhause. Und wir brauchen die wiederhergestellte Balance der Energien. Es ist Zeit, dass wir uns daran erinnern.

Spiritualität braucht Feminismus, damit dort wieder der Raum für die feminine Energie entsteht, der ihr zusteht; damit sie sich im 21. Jahrhundert wieder erden kann und damit Frauen wieder die Kraft der spirituellen Verbindung erfahren. Feminismus braucht Spiritualität, damit unser Aktivismus aus einer nährenden Quelle entstehen kann und damit die Veränderungen auf allen Ebenen stattfinden können. Ich habe schon immer gewusst, dass es in sich selbst bereits ein politischer Akt ist, in meinem Körper geboren zu sein und ihn zu bewohnen. Ich habe schon immer gespürt, dass die Zeit, in der wir leben, ein besonderes Potenzial birgt. Dass Frauen wie ich als spirituell verbunden und geerdet in einer patriarchalen Gesellschaft politisch und aktivistisch sind, ist wahrscheinlich der Alptraum des Patriarchats. Für mich ist es der einzige Weg.

Und für dich?

Die Gebete meiner Ahninnen hallen in mir nach.
Die Geschichten meiner Ahninnen weisen mir den Weg.
Die Gesänge meiner Ahninnen geben mir den Takt vor.

Ich bin das Vermächtnis meiner Ahninnen.
Ich bin das Resultat ihrer Gebete.
Ich bin der Moment, auf den sie gewartet haben.

Ich marschiere für alle Frauen.
Ich singe für die Erde.
Ich stehe auf für uns alle.

Für all die Frauen, die vor mir kamen.
Für all die Frauen, die mit mir gehen.
Für all die Frauen, die nach mir kommen.

Ich bin eine Spiritual Feminist.
Das ist mein Erbe.
Und ich trete an, es zu verkörpern.
Und dies ist erst der Anfang.

So ist es.
So ist es.
So ist es.

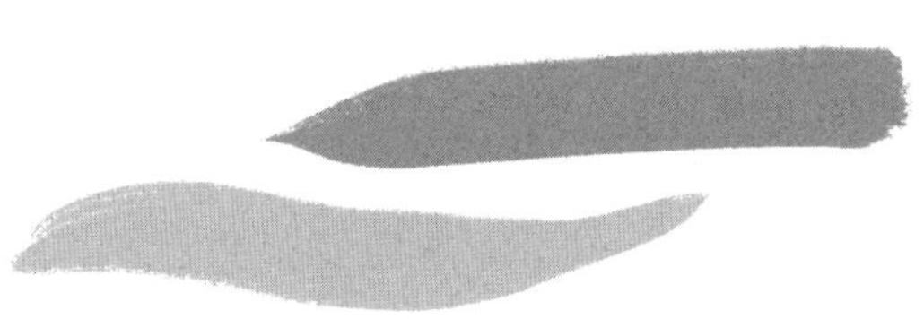

Quellennachweis

1 https://www.wildmohnfrau.at/mutterland zitate-und-frauengraffiti (zuletzt abgerufen am 24. November 2021).

2 https://www.doriswolf.com/wp/die-zeit-der-metalle/die-luege-vom-krieg-den-es-schon-immer-gegeben-hat-2/ (zuletzt abgerufen am 24. November 2021).

3 Nachzulesen in einem Aufsatz von Albrecht Mahr unter: https://www.socialnet.de/materialien/116.php/ (zuletzt abgerufen am 24. November 2021).

4 Siehe Erika Nelson, »Bernardino de Sahagún and collaborators, *Florentine Codex*«, in *Smarthistory*, 9. August 2015, https://smarthistory.org/bernardino-de-sahagun-and-collaborators-florentine-codex/ (zuletzt abgerufen am 24. November 2021).

5 Zitiert von der Seite www.fembio.de. https://www.fembio.org/biographie.php/frau/biographie/gerda-lerner/ (zuletzt abgerufen am 24. November 2021).

6 http://www.gerda-weiler-stiftung.de/aufgaben.html (zuletzt abgerufen am 24. November 2021).

7 Zitiert von der Seite www.fembio.de. https://www.fembio.org/biographie.php/frau/biographie/gerda-lerner/ (zuletzt abgerufen am 24. November 2021).

8 Doris Wolf: Was war vor den Pharaonen? Die Entdeckung der Urmütter Ägyptens, Kreuz 1994, Seite 37.

9 Im Original aus Andrea Dworkin: Letters from a warzone, https://www.feministes-radicales.org/wp-content/uploads/2010/11/Andrea-DWORKIN-Letters-from-a-War-Zone-Writings-1988.pdf (zuletzt abgerufen am 24. November 2021), übersetzt von der Autorin.

10 Siehe Heide Göttner Abendroth: Geschichte matriarchaler Gesellschaften und Entstehung des Patriarchats, Band III, Westasien und Europa, W. Kohlhammer, Seite 230.

11 Audre Lourde: Sister Outsider, Carl Hanser 2021. Leseprobe unter: https://files.hanser.de/Files/Article/ARTK_LPR_9783446269712_0002.pdf (zuletzt abgerufen am 24. November 2021).

12 https://www.yes-deutschland.de/youth-in-europe-study/auswertungen/befragung-2020/anzahl-der-umzuege.html (zuletzt abgerufen am 24. November 2021).

13 https://www.stern.de/wirtschaft/job/umfrage-zum-umzugsverhalten-frauen-ziehen-fuer-die-liebe-um--maenner-fuer-den-job-3622102.html (zuletzt abgerufen am 24. November 2021).

14 Im Original von der Seite von Ana Mendieta, Connecting to the earth, 2019, https://ima.org.au/exhibitions/ana-mendieta-connecting-to-the-earth/ (zuletzt abgerufen am 24. November 2021), übersetzt von der Autorin.

15 Aus dem Buch Kinderfrei statt kinderlos, Büchner 2019, Seite 23.

16 https://www.zeit.de/gesellschaft/zeitgeschehen/2014-12/kinderlose-toleranz (zuletzt abgerufen am 24. November 2021).

17 https://www.sueddeutsche.de/leben/kinderlosigkeit-frauen-die-nichts-bereuen-1.3117997-2 (zuletzt abgerufen am 24. November 2021).

18 Ebenda.

19 https://www.nzz.ch/gesellschaft/frauen-die-sich-sehr-bewusst-gegen-kinder-entscheiden-verstossen-eigentlich-immer-noch-gegen-die-norm-ld.1586891 (zuletzt abgerufen am 24. November 2021).

20 Hammes, Manfred: Hexenwahn und Hexenprozesse, Gondrom 1996.

21 Siehe Gerhard Schildt: Frauenarbeit im 19. Jahrhundert, Centaurus 1993, Seite 63.

22 R. Johanna Regnath, Christine Rudolf (Hg.): Frauen und Geld, Ulrike Helmer 2008, Seite 9.

23 https://zauberblick-hamburg.de/allgemein/wie-viel-geld-geben-frauen-fuer-kosmetik-aus (zuletzt abgerufen am 24. November 2021).

24 https://www.sn-online.de/Nachrichten/Wissen/Uebersicht/Frauen-geben-fast-doppelt-so-viel-Geld-fuer-Kleidung-aus-wie-Maenner (zuletzt abgerufen am 24. November 2021).

25 https://www.augsburger-allgemeine.de/panorama/Mode-Frauen-haben-doppelt-so-viele-Schuhe-wie-Maenner-id28849077.html (zuletzt abgerufen am 24. November 2021).

26 Im Original unter https://www.saatchigallery.com/artist/wangechi_mutu (zuletzt abgerufen am 24. November 2021), übersetzt von der Autorin.

27 https://therumpus.net/2016/10/the-rumpus-interview-with-jane-alison/ (zuletzt abgerufen am 24. November 2021).

28 Zitiert nach Doris Wolf: https://www.doriswolf.com/wp/die-christianisierung-europas/die-pornographisierung-der-nackten-goettinnen-statuetten-2/ (zuletzt abgerufen am 24. November 2021).

29 Doris Wolf: Das wunderbare Vermächtnis der Steinzeit. Und was daraus geworden ist, BoD 2017, Seite 74ff.

30 https://www.doriswolf.com/wp/die-christianisierung-europas/die-pornographisierung-der-nackten-goettinnen-statuetten-2/ (zuletzt abgerufen am 24. November 2021).

31 https://www.healthrelations.de/aerztliche-fachgebiete-frauen-maenner/ (zuletzt abgerufen am 24. November 2021).

32 Kirsten Armbuster: Der Jacobsweg – Kriegspfad eines Maurentöters oder Muschelweg durch Mutterland? Die Wiederentdeckung der Wurzeln Europas, Teil 1, BOD 2013, Seite 90.

33 Von der Website: https://artedea.net/man/ (zuletzt abgerufen am 24. November 2021).

34 Erwähnt im Journal of Translational Medicine, April 2010, https://patents.justia.com/assignee/cryo-cell-international-inc/ (zuletzt abgerufen am 24. November 2021).

35 https://www.ibka.org/de/artikel/ag98/frauen.html (zuletzt abgerufen am 24. November 2021)

36 Gerda Weiler: Der enteignete Mythos, Verlag Frauenoffensive 1991, Seiten 72, 76.

37 https://de.wikipedia.org/wiki/Frauenleiden (zuletzt abgerufen am 24. November 2021).

38 Sarah Addison Allen: The Peach Keeper, Hachette UK 2021, Kapitel 10., übersetzt von der Autorin.
39 Zitiert vom Umschlagtext des Buches Kathe Hodges: I Know a Woman. The inspiring connections between the women who have shaped our world, AURUM PR 2018, übersetzt von der Autorin.
40 Im Original in: Leigh Bardugo: Wonderwoman Warbringer, Random House Children's Books 2017, übersetzt von der Autorin.
41 Im Original: https://miraclesaremade.com.au/listen-to-the-bees-and-let-them-guide-you/ (zuletzt abgerufen am 24. November 2021), übersetzt von der Autorin.
42 Im Original: https://www.wsj.com/articles/SB10001424127887323884304578328271526080496 (zuletzt abgerufen am 24. November 2021), übersetzt von der Autorin.
43 Im Original nachzulesen unter: https://www.bbc.com/news/uk-41165076 (zuletzt abgerufen am 24. November 2021).
44 Sheryl Sandberg: Lean In. Frauen und der Wille zum Erfolg, Ullstein 2015.
45 https://www.credit-suisse.com/about-us-news/de/articles/news-and-expertise/queen-bee-syndrome-dethroned-201611.html (zuletzt abgerufen am 24. November 2021).
46 Ebenda.
47 Siehe noch einmal: https://www.bbc.com/news/uk-41165076 (zuletzt abgerufen am 24. November 2021).
48 https://bpspsychub.onlinelibrary.wiley.com/doi/full/10.1111/bjso.12408 (zuletzt abgerufen am 24. November 2021).
49 https://www.forbes.com/sites/kimelsesser/2020/08/31/queen-bees-still-exist-but-its-not-the-women-we-need-to-fix/ (zuletzt abgerufen am 24. November 2021).
50 Auf der Website: https://artedea.net/juno-umfassende-frauengottin/ (zuletzt abgerufen am 24. November 2021).
51 Im Original: https://globalwarming-arclein.blogspot.com/2018/09/why-women-need-tribe.html?m=0 (zuletzt abgerufen am 24. November 2021), übersetzt von der Autorin.
52 https://www.zeit.de/zeit-geschichte/2014/03/hexen-inquisition-teufel/komplettansicht (zuletzt abgerufen am 24. November 2021).
53 Im Original zitiert auf https://www.penguin.co.uk/articles/2021/march/francine-toon-pine-inner-witch-violence-against-women.html (zuletzt abgerufen am 24. November 2021), übersetzt von der Autorin.

54 Buch Exodus 22, 17.
55 Zitiert aus dem Mittelalter Lexikon: https://www.mittelalter-lexikon.de/wiki/Frauenfeindlichkeit (zuletzt abgerufen am 24. November 2021).
56 https://www.ibka.org/de/artikel/ag98/frauen.html (zuletzt abgerufen am 24. November 2021).
57 https://www.doriswolf.com/wp/die-christianisierung-europas/das-patriarchat-v-die-christianisierung-europas/ (zuletzt abgerufen am 24. November 2021).
58 Siegfried Vierzig: Das Böse. Urban-Kohlhammer 1984, Seite 33.
59 Siehe Buchholz, Michael B.: Die unbewusste Familie. Psychoanalytische Studien zur Familie in der Moderne. Springer 1990.
60 Siegfried Vierzig, Sehnsucht nach den Müttern. Von der Renaissance des Weiblichen in der Religion, W. Kohlhammer 1991. Zitiert von der Website https://www.doriswolf.com/wp/die-christianisierung-europas/das-patriarchat-v-die-christianisierung-europas/ (zuletzt abgerufen September 2021).
61 http://raisingimagination.com/patriarchy-has-no-gender/ (zuletzt abgerufen am 24. November 2021).
62 Aus einem Interview in: https://www.huffpost.com/entry/the-courage-to-sin-mary-daly_b_807922 (zuletzt abgerufen am 24. November 2021), übersetzt von der Autorin.
63 Im Original aus Ijeoma Umebinyuo: Questions for Ada, CreateSpace Independent Publishing Platform 2015, übersetzt von der Autorin.
64 Joseph Tafur: Der Geist von Ayahuasca, Arkana 2019, Seite 289.
65 Im Original aus Felicity Hayes-McCoy: Summer at the Garden Cafe, Hachette Books Ireland 2017, übersetzt von der Autorin.
66 Im Original aus Kate Hodges: Warriors, Witches, Women. Mythology's Fiercest Females, White Lion Publishing 2020, übersetzt von der Autorin.
67 Elena Favilli, Francesca Cavallo: Good Night Stories for Rebel Girls. 100 außergewöhnliche Frauen, Hanser 2017.
68 Im Original: https://www.nellies.org/2015/03/22/womans-history-month-nellie/ (zuletzt abgerufen am 24. November 2021), übersetzt von der Autorin.
69 Audre Lourde: Sister Outsider, Carl Hanser 2021. Leseprobe unter: https://files.hanser.de/Files/Article/ARTK_LPR_9783446269712_0002.pdf (zuletzt abgerufen am 24. November 2021).

70 Im Original aus Iain Thomas: I wrote this for you, Andrews McMeel Publishing 2018, übersetzt von der Autorin.

71 Im Original aus Jan Porter: Soul Skin, CreateSpace Independent Publishing Platform 2017, übersetzt von der Autorin.

72 Im Original unter http://lindalyoung.com/tag/brooke-hampton (zuletzt abgerufen am 24. November 2021), übersetzt von der Autorin.

73 Joseph Tafur: Der Geist von Ayahuasca, Arkana 2019, Seite 288.

Sachregister